手嶋大侑著

平安時代の年官と地方社会

――都と諸国の人的ネットワーク――

吉川弘文館

目　次

序章　年官制度研究の軌跡と本書の課題……一

一　年官制度の概要……一

二　年官制度の研究史……四

1　俸禄制度としての年官……四

2　人間関係に基づく任官制度……八

3　平安貴族社会と年官……一〇

三　年官研究の課題――地方の視座――……一三

四　本書の構成……一四

第一部　本籍地回避の原則と年官

第一章　受領の地方支配と本籍地回避……二三

はじめに……二三

一　日本古代における本籍地回避の原則……二三

1 本籍地回避の原則の定義……三
2 本籍地回避の原則とその法令化……二五
二 居住国の地方官に就く地方有力者……二八
三 国内有力者層の編成と本籍地回避の原則……三三
1 国衙機構ポストの運用……三三
2 任用国司・史生の運用と本籍地回避の原則……三六
四 九世紀後半の地方支配の課題——任用国司を中心に——……三八
五 本籍地回避の原則の部分的放棄……四二
おわりに……四六
第二章 年官制度の展開——中央と地方をつなぐ新たな方途の成立——……五五
はじめに……五五
一 年官による申任の変化……五六
二 年官と中央社会——安和二年宣旨の検討——……六二
三 地方有力者にとっての年官——各種任官方法の検討から——……六四
四 除目における選考順……六九
おわりに……七三

付論　高子内親王家の庄園経営……八一
はじめに……八一
一　高子内親王家領庄園の伝領……八二
二　「検校介永原朝臣」……八五
三　高子内親王と永原永岑……八七
1　高子内親王と永原氏……八八
2　永原永岑の離庄……九一
四　高子内親王家の庄園経営……九三
おわりに……九六

第二部　年官と地方支配

第一章　平安中期における受領と年官……一〇四
はじめに……一〇四
一　仲介料の獲得……一〇五
二　受領による任国統治の様相——在国の任用国司——……一〇七
1　在国の任用国司……一〇七
2　任用国司に就く者……一一〇

3 現地有力者・郎等にとっての任用国司……一一〇
三 現地有力者の編成と年官……一一三
四 年官による申任と受領……一一八
おわりに……一二三

付論1 花山院と藤原実資……一二九
はじめに……一二九
一 花山院別当藤原実資……一三一
二 実資の花山院別当在任期間……一三四
三 花山院と実資の家司・家人……一三八
おわりに……一四三

第二章 平安中期の年官と庄園……一五一
はじめに……一五一
一 播磨利明の事例――摂関家領（勧学院領）播磨国滝野庄――……一五二
二 滝野庄の経営と年官……一五六
三 平惟仲領庄園と年官……一五九

おわりに……一六三
第三章　平安後期における年官の変容……一七〇
はじめに……一七〇
一　平安中期における年官による推薦……一七一
二　特定の国の国司を所望しない推薦……一七七
三　地方有力者の肩書の変化……一七九
1　揚名国司を望む地方有力者の減少……一八〇
2　在庁職としての国司号……一八三
四　平安後期以降における年官の機能……一八六
おわりに……一九〇
付論2　『除目申文之抄』と藤原伊通の除目書『九抄』……二三三
はじめに……二三三
一　『除目申文之抄』の概要……二三四
二　『除目申文之抄』の性格……二三六
1　申文の記載方法……二三六
2　史料的性格……二三八

三　『除目申文之抄』と『九抄』……二三九
1　『除目申文之抄』と『九抄』逸文……二三九
2　所収申文の検討……二三三
四　『魚書秘伝別抄』に見える『九抄』……二三六
おわりに……二四〇

終章　平安貴族社会と年官……二五三
一　本書の成果……二五三
二　年官の歴史的推移と歴史的意義……二五六
1　年官の歴史的推移とその評価……二五六
2　年官の歴史的意義……二五七
三　平安時代の理解をめぐって——今後の展望——……二六〇

初出一覧……二六六
あとがき……二六七
索　引

序章　年官制度研究の軌跡と本書の課題

一　年官制度の概要

年官は、天皇、院宮、親王・内親王、公卿、女御などの上級の皇族・貴族に、毎年与えられた下級地方官（国司掾、目、諸国史生等）への官職推薦権であり、院宮に与えられた叙爵・加階の申請権である年爵と合わせて、年給と総称される。また、院宮には、地方官だけでなく京官へ推薦する年官も与えられた。

年官の起源は、その初見記事に「此事格式不レ載、宣旨非レ切、徒見二流例一、未レ詳二本源一」[1]とあり、明確にすることはできない。ただし、年官が院宮給から始まったと考えられること、そして複数の院宮の並立または地方官の利権化という状況から、平安時代前期の淳和朝・仁明朝頃に成立したものと推測されている[2]。その後、九世紀末までに、内給（天皇の年官）、親王給、公卿給、女御給が成立し[3]、寛平年間（八八九～八九八）になると、宇多天皇によって給主ごとの給数が整備され、年官は制度として確立された[4]。時野谷滋氏によると、諸史料に見える年官の給数はすべて「行成抄」に拠っており[5]、近年、国立歴史民俗博物館所蔵『敍除拾要』（広橋家旧蔵）が「行成抄」（「行成卿除目小葉子」）の伝本であることが判明したので[6]、『敍除拾要』を基本にして、そこに記載のない女御と尚侍は『江家次第』『大間成文抄』によって、給数を示すと次の通りになる[7]。

給主	年官枠（給数）
天皇	掾二人　目三人　一分二〇人
院宮	掾一人　目一人　一分三人　京官一人　年爵一人
親王	目一人　一分一人　＊式部卿…一分二人を追加
太政大臣	目一人　一分三人
左右大臣	目一人　一分二人
納言	目一人　一分一人
参議	目一人
女御	目一人　一分一人
尚侍	目一人　一分一人
典侍・掌侍	一分一人

九世紀末に制度化された年官は、以降の平安時代を通して、平安貴族社会の最上層に位置する上級の皇族・貴族の特権として運用されていくが、そのなかで、規定の等級以上の官職（介、掾）や京官への推薦を認める臨時の年官（臨時給）が与えられることもしばしば行われた。さらに後述する多様な任官作法の成立も相俟って、平安時代の下級官職（主に任用国司）の大部分は年官で任官されるようになった。

本書は、平安時代の除目で大きな比重を占めた年官を主たる考察対象とするが、その考察の前提として、年官に特有の任官作法の主なものについて簡単に説明しておきたい。

二　合

二合とは、二つの年官の権利を合わせて、一つ上の等級の官職に推薦する方法のことである。具体的には、二分（諸国目）に推薦する年官と、一分（諸国史生など）に推薦する年官を合わせて、三分（諸国掾）へ推薦する方法である。

二合の権利は、親王・内親王、公卿、女御、尚侍に対して認められていた。親王・内親王については、巡を作って二合の権利を与える「巡給」という方法が採られており、親王・内親王は巡年にあたる年に二合することができた(8)。公卿については、『寛平御遺誡』（『年中行事抄』所引逸文）で、納言以上に四、五年ごとに許されることになったが、十一世紀前半までに、大臣は隔年で許されるようになった（『叙除拾要』）。参議は二合を認められていなかったが、安和二年（九六九）に五節舞姫を献上した翌年のみ二合の権利が認められるようになった(9)。また、公卿は子息を推薦する場合に限り、原則一度だけ、二合が認められた（子息二合）(10)。女御については、十世紀後半までに二合が認められていたようであり(11)、尚侍も十一世紀前半頃に認められたと思われる(12)。

未給

未給とは、年官が与えられた年に行使しなかった年官（未使用の年官）のことである。そうした年官は、給主の権利としてストックされ、後年の除目で使用することができた。

名替・国替・名国替

名替とは、一度確定した任官（甲人をA国の国司に任命）を、後になって、任人のみを替える作法のことである（甲人→乙人）。これと同様に、後になって、国を替える（A国の国司→B国の国司）ことを国替といい、任人と国の両方を替える（甲人・A国の国司→乙人・B国の国司）ことを名国替という。また、名替などを申請する際、対象の任官で作成された任符を年官申文とともに提出する場合があったが、そうした申請は「任符返上」と称された。なお、名替・国替・名国替は、同じ任官枠で繰り返し行われることもあった。

その他、下級国司を推薦する年官を京官（内舎人含む）に推薦する年官に振り替えることや、年官を年爵に振り替えることもあった。このように年官は、さまざまな作法をもって、柔軟に運用されていたのである。

二　年官制度の研究史

前節では、年官制度の概要と年官特有の作法を確認した。本節からは、これまでの年官研究を整理して、年官の理解・評価の変遷と年官研究の課題を確認し、研究史上における本書の位置と課題を明確にしたい。

1　俸禄制度としての年官

公廨稲収納説

年官に関する初めての論考は、明治二十三年（一八九〇）に発表された小中村清矩氏の「年官年爵并成功重任考」である[13]。小中村氏は、年官・年爵を「延喜以後の史学に於て、最も弁解し難き」ものだが、「王綱弛頽以来の事蹟中、最も考究すべき」ものとして、その研究の重要性を指摘し、「年官とは、其原国司の公廨を配分する事に起れり」「其官爵に充る人は、実に其人あるも、只官爵に任叙せらるゝのみにて、其れに依りて、賜はるべき位田従五位下の、位田八町及び配分の公廨は、三宮へ収納する事なり」と述べ、年官は任官した者（国司）の公廨稲を、年爵は叙位した者の位田からの収益を給主の得分とする制度だとした[14]。

小中村氏が示した理解を継承し、明治三十三年に「年給考」を発表したのが、八代国治氏である[15]。八代氏は、小中村氏と同様、「国司の公廨及び位田を、其の給主に収納するを年給と云ふ」とした上で、年官・年爵に関する基本事項（年給の起源、内給・院宮給・公卿給・女御尚侍給・典侍掌侍給・臨時給・未給・准三宮・二合・名替・国替・更任・一分代・二分代・三分代・合爵）について考察した。

この研究において、八代氏は、年官・年爵について、「封戸職田の制破れて、昔時の如くならず、収入減少せしを以て、終に天皇太上皇より以下、大臣参議にまで給するに至りて、一定の制となりしものなるべし」と述べ、律令制が崩壊し、封戸などの俸禄が形骸化した時期に、天皇以下の収入を確保するために登場した制度であると論じた。また、「大宝の美制も全からず、漸次弊害を生ずるに至れり、殊に地方官に至りては、（中略）制度漸く乱れ、国司等は地利を貪り、官物を掠めて政治を怠る（中略）天下の国司等、皆地利に傾き、貪慾を恣にし、大同以来漸く調庸を輸せず、欠負未納を塡補する能はざるに至る（中略）かくの如き時に当りて、年給盛んに行はれ、紊乱しつゝある国司制をして、一層退乱せしめたり」や、「国司の勢力頓に衰へ、終に朝廷の威令洽く行はれざるに至りしもの、固より種々の原因あるべしと雖も、年給制度亦其の媒介を為したるや疑ひなきなり」とも述べているように、八代氏は、年官・年爵を、平安時代における律令制・地方政治・国司制度の崩壊の要因の一つとして位置づけたのである。

以上のような八代氏の理解は、当時の年官の評価に少なからぬ影響を与え、以降、戦後に及ぶ長い間、年官は、律令制の地方支配・国司制度の崩壊を助長した反律令的俸禄制度として評価されることとなった(16)。

任料収納（売官）説

小中村・八代両氏は、年官を、それで中任した者の国司としての給与を給主の得分とする俸禄制度と理解した。こうした理解に対して、年官を売官制度とみる理解が登場した。

まず注目すべきは、明治四十三年（一九一〇）刊行の『古事類苑』俸禄部である。そこには、「年官年爵」の項が立てられ、次のような注目すべき説明が載せられている。

(上略)年官、年爵ハ、陽ニハ親近ノ人ニ授クル為メニシテ、陰ニハ人ニ売与シテ財ヲ得ルガ為メナラン、故ニ其主或ハ資ヲ納レズシテ、人ニ付スル事モ常ニコレアリ(下略)

『古事類苑』は、年官・年爵を、①「親近ノ人」に官職・位を授けるもの、②他人に(官職・位)を売与して「財」(得分)を得るもの(売官売位)とし、①をその主たるものと説明した。後述するように、現在は、年官には給主の関係者に官職を与える制度としての側面と、給主が任料を得るための売官制度としての側面があり、前者をその本質とする理解が主流になっているが、そうした理解は、すでに『古事類苑』が提示していた。しかし、①の理解に関しては、その後の研究に継承されず、しばらくの間、影を潜めることになる。

では、『古事類苑』が指摘した②はどうか。昭和十年(一九三五)、竹内理三氏は「成功・栄爵考―特に寺院経済史の一節として―」[17]を発表し、そのなかで、年官の給主の得分は、年官によって任官した官職に付く俸料であったが[18]、後々になると、俸料をまたずして、任官希望者から任料を納めさせるようになり、年官に売官の風が生じたと指摘した。

そして年官の売官的側面は、次の時野谷滋氏の研究によって年官の本質とされるようになる。時野谷氏の研究は、小中村・八代両氏が定着させた年官理解を一新したものとして、年官の研究史上、大きな意味を持つ。その研究の最初は、昭和二十五年(一九五〇)に発表された「年給制度の基礎的考察」である[19]。この論文において、時野谷氏は、これまでの公廨稲収納説を否定して、給主の得分は任官希望者からの任料であることを論じ、年官は売官制度であると主張した。こうした時野谷氏の研究は、「従来の所説に比べて納得せしむるところ多く」[20]と評されたように、多くの研究者に支持され、以降、年官は売官制度と理解されるようになった。

次いで、時野谷氏は、昭和五十二年（一九七七）に著書『律令封禄制度史の研究』（吉川弘文館）を刊行し、その第二篇に「年給制度の研究」（全五章）をまとめた。このうちの第一章と第二章は、先の論文を加筆修正したものになるが、第三章・第四章・第五章は、書き下ろし論文である。この研究のなかで、時野谷氏は、年給制度の歴史を、成立期（天長期～寛平期〈八二四～八九八〉）・盛行期（昌泰期～康保期〈八九八～九六八〉）・衰退期（安和二年頃～承久期〈九六八～一二二一〉）・崩壊期（承久期以降）に分けて理解して、[21]その歴史的過程を論じた。これは、研究史上初めて、年官制度の歴史的推移の全体像を示したものであった。

また、時野谷氏は、八代氏と同様、年官を「反律令的封禄制度」と評価して、『古事類苑』が指摘した①「親近ノ人」に官職・位を授けるものという側面を、史料解釈の誤りから導き出されたものとして退け、「原則として年官は、自己の親近者以外を以て申任する」ものと論じたことも注意しておきたい。[22]

時野谷氏の研究は、①年官の給主の得分は任料であることを実証した点、②年官の全体像を提示した点で、重要な研究として位置づけられ、現在においても年官の基本的研究としての位置にあると言えよう。そして、この研究以降、『古事類苑』が指摘した「陽ニハ親近ノ人ニ授クル為メ」という側面は、年官の理解・分析視角から大きく後退することになり、以降、年官は給主が任料を得るための売官的俸禄制度として理解されるようになった。

以上のように、時野谷氏の研究はそれ以前の年官に対する理解を一新した。ただし、時野谷氏は、その著書のなかで、年官・年爵は、律令制の俸禄である「食封制度の衰退に対する弥縫策の一つとして起った」「反律令的俸禄制度」であり、そうした年官・年爵が「律令国家の機構を侵蝕する要素を本質的にもっていたことはいうまでもない。そしてそういう反律令的要素が、他の多くのそれと共に働いて、律令的国家機構の諸部門を崩してゆき、そして崩し尽くしたときに自らも滅びるのである」と述べており、[23]日本史上における年官の評価については、八代氏の評価とそれほど変わっていないように思われる。したがって、戦前以来の年官を律令制の崩壊を助長した反律令制的俸禄制度とする評価は一九七〇年代まで続いていたと言えるだろう。

2　人間関係に基づく任官制度

年官は売官制度である、この理解の見直しが始まるのは一九八〇年代からである。まず取り上げたいのが、昭和五十八・五十九年（一九八三・八四）に発表された須田春子氏の研究である。[24]

須田氏は、年官・年爵は売官売位であるという前提で考察するが、そのなかで、「院宮年給の爵人は、加階・叙爵ともに殆んどすべてが一族近親か、または職庁関係官員であるのに対し、任人は無縁の人々と云えよう」と指摘した。[25]ここで指摘されたのは、年官ではなく年爵になるが、『古事類苑』の指摘以降、影を潜めていた「親近ノ人ニ授クル為メ」という側面が指摘されたことは重要である。

また、昭和六十一年（一九八六）には、永井晋氏の「十二世紀中・後期の御給と貴族・官人」が発表された。[26]永井氏は、美福門院（藤原得子）と八条院（暲子内親王）の年官・年爵を検討し、両者の年給に与っていた者の多くは、彼女たちの院司や親族関係者であり、「御給による叙位任官は給主と被給者の間に展開する私的関係によって行なわれる官位昇進であり、家格相応あるいはそれ以上の官位昇進を望む貴族官人にとって格好の昇進の機会であった」と述べ、年官・年爵が給主の持つ人脈に基づいて行使されていたこと、また年官・年爵による任叙が中下級官人の昇進にとって重要な意味を持っていたことを指摘した。

時野谷氏の研究以降、年官・年爵は売官売位だと理解され、被推薦者から任料・叙料をもらう以上、給主と被推薦者は他人だと無条件に考えられてきた。しかし、須田・永井両氏の研究が、給主と被推薦者の間には個人的関係が存在していたことを指摘したことで、ようやく『古事類苑』が指摘した〝「親近ノ人」に官職・位を授けるもの〞という側面が注目されることになったのである。(27)

そして両氏の研究をさらに発展させたのが、尾上陽介氏である。まず尾上氏は、平成六年（一九九四）に「年爵制度の変遷とその本質」を発表し、(28)「年給は非律令的な封禄制度としてのみではなく、各給主の近親者や宮司・院司などを毎年申任叙する人数枠を保証する意味をもつもの」とした上で、年爵による叙位事例の検討から、「被給者が給主となんらかの関係を有する場合が圧倒的に多い」ことを指摘した。これらのことを踏まえ、年爵の本質は「「労」に対して給わるもの」であるとするが、売位の実例も存在することから、年爵は、①「宮司・院司などの職員としての労に報いたり、あたかも蔭位の制のように貴族の特権を一族として維持して行くことを目指す」側面と、②「売位によって給主が利益を得る封禄制度」という側面を併せ持つ制度だと論じた。その上で「年爵制度はいわゆる権門体制を生み出す要因の一つとなったと再評価すべきである」と提言した。

次いで、平成十三年（二〇〇一）に、「年官制度の本質」を発表し、(29)年官による申任事例の検討を通して、給主と被給者の間には何らかの関係が存在していたことを明らかにした。そして年官制度の本質は「給主の家政機関など近辺に仕える者や給主と血縁関係にある者を申任することにより、年労に報いることや一族の特権を維持していくこと」だとするが、年爵と同様、年官にも売官的側面が確認されることから、年官は多面的な構造を持つ任官制度だと結論づけた。

このような須田・永井・尾上三氏の研究により、年官・年爵を売官売位制度と見る時野谷氏以来の理解は一新され、年官研究は新たな段階に進んだと言える。特に、尾上氏の一連の研究(30)によって、年官・年爵は、①関係者の労を処遇するため（労処遇的側面）、②一族の特権を維持するため（貴族再生産的側面）、③任料・叙料を得るため（売位売官的側面）

に使用された、多面的な制度であること、そしてその本質が①②にあると指摘されたことは、以降の年官研究に大きな影響を与えた。

たとえば、佐古愛己氏は、年官・年爵における任料・叙料の支払い事例について検討し、その大半は「故人未給」による特殊事例と評価されることから、「年給の本質は給主と人格的関係のある人物に対する叙位任官を目的とする制度」だと論じている。(31)

以上のように、近年では、年官は給主の人間関係に基づいて運用される任官制度であり、任料を得るための売官的運用は副次的なものであると理解することが主流になってきた。本書も、こうした研究潮流に乗り、給主の持つ人間関係に基づいて運用される制度として年官を理解し、考察していきたい。

3 平安貴族社会と年官

前述のように、一九八〇年代以降、年官の理解は大きく変化した。また、この時期には、王朝国家論や王朝国家体制論(32)などをきっかけに、各分野で平安時代の研究が進み、十世紀以降の国家・社会体制は、律令制が衰退・崩壊したものではなく、律令制の再編を経て形成されたものと捉えられるようになった。(33)こうした平安時代史研究の進展および平安時代史像の転換によって、戦前以来、律令制の崩壊を助長した反律令制的制度と見なされてきた年官の評価も一変した。

その際、注目されるのは、初期権門体制を論じた吉川真司氏の一連の研究である。(34)吉川氏は、九世紀中頃、特に承和年間（八三九〜八四八）から、律令官人制を支えた位階制（叙位制度）・禄制の再編、また院宮王臣家・諸司の社会的集団としての自立と活動の活発化が起こり、中下級官人層や富豪層が院宮王臣家・諸司に分属するようになることを論じ、その動きの帰結として、十世紀後期（村上朝）に初期権門体制が成立するという。初期権門体制の時期の貴族社会では、最上層に位置する権門（院宮王臣家）・諸司の下に、受領や実務官人を輩出する家司女房層（中下級官人層の後身）と家人・雑任層（富豪層の後身）が分属・奉仕する構造を持ち、社会の広範囲に権門・諸司を軸にした上下・水平方向の相互依存的な社会的ネットワークが築かれていたとする。そしてこうした社会構造がそのまま国家体制に反映されたのが初期権門体制であり、それは中世権門体制に連続する、その初期的形態であったという。

　このような議論のうち、律令官人制の再編を論じた研究において吉川氏は、次のような注目すべき理解を示している。

> 位禄定に「殿上分」・キサキ・源氏が含まれ、天皇・院宮・大臣家が推薦権を有したことも重要である。ここでは官職の如何に関わりなく特権的に給与が与えられているのであり、叙位除目における年給制度に通じる方式と言えよう。特定官職の優遇とともに、かかる「恩寵」的特権が存在したことも律令官人制再編の特徴と見るべきで、それは叙位除目と給与の双方に作用していたのである。

　この研究で年官は分析されていないものの、吉川氏は、年官・年爵を律令官人制の再編によって形成された平安貴族社会における権門の「恩寵」の一つとして理解した[35]。さらに氏は、平安貴族社会の相互依存関係を論じるなかで、年官・年爵を売位売官制度とする一方で、「推薦者（権門）と被推薦者の関係は多くの場合ドライではなく、日常的な主従関係や友誼関係の維持・再確認という意味を持っていたと思われる[36]」と指摘している。詳細かつ具体的な分析は欠くものの、吉川氏が示した年官に対する理解は基本的に賛同すべきものと考える。本書では、次節で述べる問題意識のもと、この理解を深めていきたいと思う。

　また、吉川氏以外では、玉井力氏が、再編された貴族社会の「恩寵」による任官方式として年官を理解し[37]、また、大津透氏も、財政史の立場から、年官を院宮・公卿に奉仕する下級官人が任用国司としての俸料（公廨）を得るための給与制度と理解して、貴族社会における新しい給与制度として年官を評価している。(38)

三　年官研究の課題――地方の視座――

ここまで述べてきたように、現在、年官は、(1)給主の関係者（従者や血縁者）に官職を与えたり、(2)任料を得るために行使されたりする多面的な性格を持つ任官制度と理解され、その評価・位置づけも、律令制の崩壊を促進させた、反律令制的な制度ではなく、律令制の再編によって形成された平安貴族社会に対応した制度として捉えられるようになってきた。しかし、次のような課題も残されていると思う。

第一に、年官制度の歴史的推移とその評価である。前述した時野谷氏は、年官を売官制度として捉えて、その成立期から崩壊期までを論じたが、氏以降の研究によって、年官制度は給主の関係者に官職を与えることを本質とする制度であることが明らかにされた。したがって、年官を給主の関係者に官職を与える制度として捉える立場から、改めて年官制度の歴史的推移を検討し、評価する必要がある。

第二に、平安貴族社会における年官の意義を明らかにすることである。前述のように、近年では、年官は平安貴族社会のなかで理解されるようになってきたが、前節第3項で取り上げた諸研究は年官の分析・評価を主目的としたものではなかった。したがって、具体的な分析結果を踏まえた上で、平安貴族社会における年官の位置づけとその歴史的意義を提示すべきだと考える。

本書では、以上の課題に取り組んでいくが、その際、重視したいのが地方の視点を踏まえて年官の分析を行うという点である。というのも、従来の年官の分析方法の問題点として地方の視座の乏しさがあったと考えるからである。

年官によって申任できる官職の大半は、国司の掾・目、諸国史生などの地方官であった（十世紀末期以降は介も対象）。年官が国司を申任する制度である以上、その運用に地方社会が関係していたことは想定され得ることである。しかし、これまでの研究は、中央の貴族社会のなかだけで年官を論じる傾向が強く、地方社会のなかで年官を論じる視座が乏しかった。平安時代における年官の運用実態やその意義を明確にするためには、中央の視座だけでは不十分で、地方の視座も合わせて考察する必要がある。したがって、本書では、中央と地方、双方の視座から年官を考察し、その運用の実態を明らかにしていく。

その際、注目されるのが、近年の任用国司をめぐる議論である。十世紀以降の任用国司については、泉谷康夫氏が、九世紀の国司受領化によって、任用国司は地位や権限を低下させ、国務から排除されていったと論じて以降、(39)形骸化した存在として理解されてきた。そのため、十世紀以降の任用国司についての研究は、一九七〇年代以降、停滞していたが、近年、再び注目が集まり、注目すべき研究が発表された(40)。

まず除目制度・国司制度を踏まえて任用国司を検討した小原嘉記氏は、十世紀以降の任用国司は、名目的な官職である揚名官化の流れにあったとした上で、地方有力者が本国の任用国司に就く事例について言及し、地方有力者は「都鄙にわたる奉仕の見返りとして年官で住国国司（揚名官）の名誉を得ていた」と論じた(41)。

十世紀以降の任用国司を名誉的な揚名官（揚名国司）として評価した小原氏に対して、十世紀以降の任用国司に一定の意義を見出して議論を展開したのが渡辺滋氏である。渡辺氏は、従来、形骸化した存在だと考えられていた平安中後期の任用国司について再検討を行い、十世紀以降においても、すべての任用国司が形骸化し、国務から疎外されたわけではなく、国務に従事していた任用国司も一定数存在していたこと、また、そうした任用国司には現地有力者が任じられ、現地有力者は任用国司として国務に携わることで国内における自己の立場や政治的発言権を確保していたこと、そして彼らは年官によって本国の任用国司に任じられる場合があったことなどを論じた(42)。また、平安中期の地方有力者が本国の国司の地位を獲得する過程を検討した研究では、その手段として年官に注目しており、年官は中央の給主と地方の有力者をつなげる有力な紐帯であったと評価した(43)。

小原・渡辺両氏の研究は、中央と地方の関係のなかで年官による申任を捉え、分析しているが、この分析視角は継承すべきだと考える。また、渡辺氏の、年官を「推薦者・被推薦者の両方にとって、おそらく「有用」な関係を築く（あるいは強化する）恰好の契機」であり、中央の給主と地方の有力者をつなげるものであったとする指摘(44)は、前述した吉川氏の「日常的な主従関係や友誼関係の維持・再確認という意味を持っていた」という指摘とともに注目すべきものである。

以上、本章では、年官研究の課題と、従来の年官分析の問題点を確認してきた。これらのことを踏まえ、本書では、吉川・渡辺両氏の指摘を継承し、年官を推薦者（給主）と被推薦者の関係を確認する――人的ネットワークを形成・維持・強化する――手段として捉えた上で、中央と地方の両視座から年官の活用の実態とその役割を解明し、年官の歴史的推移とその評価、そして平安貴族社会における年官の歴史的意義の提示を目指したい。

四　本書の構成

第二・三節では、年官制度の研究史を整理して、年官研究の課題や本書で重視したい議論・視点、深めたい論点を確認してきた。以上を踏まえ、本章の最後に本書の構成を述べておきたい。

第一部「本籍地回避の原則と年官」では、年官の活用と密接に関わる、地方有力者を本国の任用国司に申任することと本籍地回避の原則――本籍のある国の国司に任命することを避ける原則――について検討し、年官が中央と地方をつなぐ手段として活用され始める過程を明らかにする。

第一章「受領の地方支配と本籍地回避」では、十世紀後半の天暦期（九四七〜九五七）頃に本籍地回避の原則の対象から任用国司が外れることを、九世紀後半における受領の任国支配（受領による国内有力者の編成）のあり方から考察し、十世紀後半の本籍地回避の原則の部分的放棄は九世紀後半からの流れで理解されることを論じる。

第二章「年官制度の展開―中央と地方をつなぐ新たな方途の成立―」では、第一章の結論を踏まえ、十世紀後半以降、年官で地方有力者を本国の任用国司に申任するようになり、年官は中央と地方の人的ネットワークを形成・維持・強化する手段として活用され始めることを論じる。

また、第二章では、年官が、地方有力者を本国の任用国司に申任する手段として利用される背景には、九世紀中頃より成長する《院宮王臣家―国司―地方有力者》という政治的・社会的関係があったことを指摘するが、付論「高子内親王家の庄園経営」では、九世紀後半における高子内親王家の庄園経営を題材に、その関係のあり方を具体的に論じる。

第二部「年官と地方支配」では、第一部の結論を踏まえ、平安中期における受領の任国支配や荘園経営のあり方を検討し、年官が中央と地方の人的ネットワークを支え、地方支配に活用されていたことを明らかにするとともに、そうした年官の役割がいつ頃まで確認できるのかを論じる。

第一章「平安中期における受領と年官」では、年官で地方有力者を本国の任用国司に申任する事例に、その国の受領が仲介者として関与していた可能性に着目し、受領による任国支配に年官が活用されていたことを論じる。

付論1「花山院と藤原実資」では、花山院と藤原実資の関係を分析し、両者の関係の解明と摂関期貴族社会の人的ネットワークの構造を示すとともに、第一章で重視した任官における仲介行為が、人的ネットワークの維持に重要な意味を持っていたことを論じる。

第二章「平安中期の年官と庄園」では、播磨国の摂関家領(勧学院領)滝野庄と紀伊国の平惟仲領庄園を題材に、庄園経営にとって重要な現地有力者との良好な関係の形成・維持・強化に年官が活用されていたことを論じる。

第三章「平安後期における年官の変容」では、年官による推薦のあり方と地方有力者の肩書の分析を通して、十世紀後半以降の年官が持つ〝中央と地方の人的ネットワークを形成・維持・強化する機能〟が十一世紀後半以降に形骸化していくことを論じる。

付論2「『除目申文之抄』について」では、本書で多く活用する宮内庁書陵部図書寮文庫所蔵『除目申文之抄』と藤原伊通の除目書『九抄』」では、本史料が平安末期の貴族である藤原伊通が編んだ除目書『九抄』の一部の写本であることを明らかにする。

そして終章「平安貴族社会と年官」では、以上の各章の結論をまとめて、年官の歴史的推移とその評価、そして平安時代における年官の意義を提示するとともに、今後の展望についても述べる。

注

(1)『日本三代実録』貞観七年(八六五)正月二十五日条。

(2) 年官を売官制度として理解した時野谷滋氏は、国司のポストを利権と見なす風潮が強まった淳和・仁明朝の交にその成立時期を求めた(時野谷滋「年給制度の研究」同『律令封禄制度史の研究』吉川弘文館、一九七七年)。一方、尾上陽介氏は、年官・年爵を「給主の近親者や宮司・院司などを毎年申任叙する人数枠を保証するものとして生まれ」たとして、複数の上皇・后宮が出現する淳和朝をその成立時期とした(尾上陽介「年爵制度の変遷とその本質」『東京大学史料編纂所紀要』四、一九九四年)。なお、年官に対する理解の推移については、本章第二節で詳述する。

（3） それぞれの初見は以下の通り。内給は、寛平二年（八九〇）、宇多天皇が「内給一分一人」を、故円仁の遺弟子が師の宿願であった禅院を建立するための費用として施入した事例（『日本高僧伝要文抄』二、慈覚大師伝）。親王給（内親王給含む）は、親王・内親王給の支給方法を整備した貞観七年（八六五）正月二十五日公卿奏議（『日本三代実録』同日条）、公卿給は、貞観十三年に三宮に准じて藤原良房に年官を与えた事例（『日本三代実録』同年四月十日・十四日・十八日条、同五月六日・二十日条、『菅家文草』第十「為㆓太政大臣㆒謝㆘加㆓年官㆒賜㆗随身㆖第一表」「為㆓太政大臣㆒重謝㆓年官随身㆒第二表」「為㆓太政大臣㆒重謝㆓年官随身㆒第三表」）。女御給は、貞観八年正月十三日に女御藤原多美子に毎年「二分官一人、一分官一人」を与えた事例（『日本三代実録』同日条）。

（4） 時野谷滋前掲注（2）論文。

（5） 同右。

（6） 西本昌弘「広橋家旧蔵『叙除拾要』について―藤原行成の除目書と思われる写本―」（同『日本古代の年中行事書と新史料』吉川弘文館、二〇一二年、初出二〇〇三年）。

（7） 『叙除拾要』の当該部分は次の通りである。釈文については、西本昌弘編『新撰年中行事』（八木書店、二〇一〇年）に従った。

内給掾二人、目三人、一分廿人、或二分申内舎人

一院・三宮掾一人、目一人、一分三人、爵一人〔中宮女爵〕、京官一人

親王二分一人、一分一人、作巡而三（二カ）合、第一親王毎年給之、依別勅也

寛平御後、有例巡給、別巡給云々

延喜十二年宣旨、或説無別巡給云々

『皇后腹親王有別巡給事、式部卿加一分二人事』

皇后腹親王有別巡給式部卿加一分二人

大臣太政大臣、目一人、一分三人、左右大臣、目一人、一分二人 但隔年二合

納言目一人、一分一人、四年一度二合〔或五年、但以息子二合〕

宰相目一人、進五節之時二合、息子如前
尚侍近代二合
典侍
掌侍各一分一人

また、女御と尚侍については、『江家次第』巻四・除目に「尚侍　女御並目一人、一分一人、二合年限无之」と、『大間成文抄』第一・当年給に「女御尚侍二分一人、一分一人、二合年限不定云々」とある。

なお、年官で申任できる官職は、諸国掾は「三分」、諸国目は「二分」のように、公廨稲の配分率にしたがって表記する場合があり、「一分」は、諸国史生・国博士・国医師・弩師・国検非違使などが該当する。

(8) 尾上陽介「親王の年官について―巡給制度の考察―」(『早稲田大学大学院文学研究科紀要　哲学・史学編』別冊一七、一九九一年)。

(9) 安和二年二月十四日宣旨(『政事要略』二十六)。

(10) 尾上陽介「年官制度の本質」(『史観』一四五、二〇〇一年)。

(11) 時野谷滋「女御給」(古代学協会・古代学研究所編『平安時代史事典』角川書店、一九九四年)。

(12) 『叙除拾要』に「尚侍近代二合」とある。

(13) 小中村清矩「年官年爵并成功重任考」(『陽春廬雑考巻四』吉川半七、一八九八年、初出一八九〇年)。

(14) 時野谷滋前掲注(2)論文によると、公廨稲収納説は室町時代の一条兼良から始まり、位田収益収納説は江戸時代の近藤芳樹から始まったという。

(15) 八代国治「年給考」(『国史叢説』吉川弘文館、一九二五年、初出一九〇〇年)。

(16) たとえば、黒板勝美『国史の研究　各説』(文会堂書店、一九一八年)や川上多助『平安朝史　上』(内外書籍、一九三〇年)は、年官を、国司制度を崩壊に導いた遙任国司を助長したものと位置づけて平安時代を論じた。また、国司制度の変遷を論じた吉村茂樹『国司制度崩壊に関する研究』(東京大学出版会、一九五七年)も、年官に対して同様の評価を下し、「年官制が国司の俸料のみを目的とし、而も国司の職を財産視する事によつて国司の任命を大いに紊乱せしめ、その仁にあらざるものを之に任じ、以てその給主の得分を増益せんが為めの制度であつた事が、国司制度の崩壊を速かならしめた事実は看過すべからざる重大問題である」と述べた。

(17) 竹内理三「成功・栄爵考―特に寺院経済史の一節として―」(『竹内理三著作集　第五巻　貴族政治の展開』角川書店、一九九九年、初出一九三五年)。

(18) 年爵は、叙位した者の位田・位禄等だとした(位田・位禄等収納説)が、時野谷氏が指摘するように、竹内氏が示した理解は、公廨稲収納説・位田収益収納説をそれぞれ拡大したものと評価される(時野谷滋前掲注(2)論文)。

(19) 時野谷滋「年給制度の基礎的考察」(『史学雑誌』五九―三、一九五〇年)。

(20) 『史学雑誌　回顧と展望』(六〇―五、一九五一年、井上光貞氏執筆)。

(21) なお、時野谷氏は衰退期を応徳三年(一〇八六)頃で前期と後期に区分している。

(22) ①の根拠となった史料は、貞観十三年(八七一)に藤原良房が「准三宮」を辞退するために提出した抗表の「臣所レ有一両僕隷、皆是陛下幼年之侍童也。随レ分得レ官者、或年三四人。陛下以為、慰二旧功力一。臣以為、拝家数人、未レ報二万乗之先恩一、何擬二三宮一以二新制一」という部分である(『菅家文草』「為二太政大臣一重謝二年官随身一第二表」、『日本三代実録』貞観十三年四月十八日条)。

(23) 時野谷滋前掲注(2)著書「序に代えて」。

(24) 須田春子「准后・女院の乱立と「院宮給」(一)」(『古代文化史論攷』四、一九八三年)、同「准后・女院の乱立と「院宮給」(二)」(『古代文化史論攷』五、一九八四年)。

(25) 須田春子前掲注(24)一九八三年論文。

(26) 永井晋「十二世紀中・後期の御給と貴族・官人」(『国学院大学大学院紀要　文学研究科』一七、一九八六年)。

(27) 須田・永井両氏の研究は、年官・年爵のうち、主に年爵を検討して、本文で述べたような結論を導き出したが、年官についても、任用国司を検討した泉谷康夫氏によって、給主の身内の者が推薦される場合があったことが指摘されている(泉谷康夫「任用国司について」同『日本中世社会成立史の研究』高科書店、一九九二年、初出一九七四年)。

(28) 尾上陽介前掲注(2)論文。

(29) 尾上陽介前掲注(10)論文。

(30) 年給に関する尾上氏の研究は、本文で扱った二つ以外にも、前掲注(8)論文、「内給所について」(虎尾俊哉編『日本古代の法と社会』吉川弘文館、一九九五年)、「鎌倉時代の年爵」(『明月記研究』二、一九九七年)がある。

（31）佐古愛己「「故人未給」にみる年給制度の本質」（同『平安貴族社会の秩序と昇進』思文閣出版、二〇一二年）。
（32）戸田芳実『日本領主制成立史の研究』（岩波書店、一九六七年）、同「中世成立期の国家と農民」（同『初期中世社会史の研究』東京大学出版会、一九九一年、初出一九六八年）、坂本賞三『日本王朝国家体制論』（東京大学出版会、一九七二年）。
（33）吉川真司『律令官僚制の研究』（塙書房、一九九八年）、大津透『律令国家支配構造の研究』（岩波書店、一九九三年）、佐藤泰弘『日本中世の黎明』（京都大学学術出版会、二〇〇一年）など。
（34）吉川真司「律令官人制の再編過程」（前掲注（33）著書、初出一九八九年）、同「摂関政治の転成」（前掲同著書、初出一九九五年）、同「平安京」（同編『日本の時代史5 平安京』吉川弘文館、二〇〇二年）、同「院宮王臣家」（同『律令体制史研究』岩波書店、二〇二二年、初出二〇〇二年）、同「律令体制の展開と列島社会」（前掲『律令体制史研究』初出二〇〇六年）。
（35）吉川真司前掲注（34）一九八九年論文。
（36）吉川真司前掲注（34）一九九五年論文。
（37）玉井力『平安時代の貴族と天皇』（岩波書店、二〇〇〇年）。
（38）大津透「財政の再編と宮廷社会」（『岩波講座日本歴史　第5巻　古代5』岩波書店、二〇一五年）。
（39）泉谷康夫「受領国司と任用国司」（前掲注（27）著書、初出一九七四年）。
（40）任用国司研究については、手嶋大侑「変貌する国司―受領は悪吏だったのか―」（有富純也編『日本の古代とは何か―最新研究でわかった奈良時代と平安時代の実像―』光文社、二〇二四年）も参照されたい。
（41）小原嘉記「平安後期の任用国司号と在庁層」（『日本歴史』七三五、二〇〇九年）。
（42）渡辺滋「平安時代における任用国司―受領の推薦権を中心に―」（『続日本紀研究』四〇一、二〇一二年）、同「日本古代の国司制度に関する再検討―平安中後期における任用国司を中心に―」（『古代文化』六五―四、二〇一四年）。
（43）渡辺滋「請人・口入人の持つ力―地方有力者が任用国司の地位を獲得する過程から―」（井原今朝男編『生活と文化の歴史学3　富裕と貧困』竹林舎、二〇一三年）。
（44）同右。

第一部　本籍地回避の原則と年官

第一章　受領の地方支配と本籍地回避

はじめに

日本古代には、土人（土民）をその国の国司に任命することを避ける原則（以下、本籍地回避の原則）が存在しており、地方有力者が本国の国司に就くことは、原則としてできなかった。

日本古代の本籍地回避の原則は、古代中国に存在した「本籍廻避」制を継受したものとされる(1)。その「本籍廻避」制は、前漢の時代から確認でき、皇帝権力・中央集権が強化された隋代以降に厳格化されたという(2)。したがって、古代中国の「本籍廻避」制やそれを継受した日本古代の本籍地回避の原則は、中央集権的地方支配体制を実現させるためのものであったと考えられる。

こうした日本古代の本籍地回避の原則については、管見の限り専論は見当たらない。ただし、泉谷康夫氏は、任用国司を分析するなかで、「周知のとおり土人の国司任用は禁じられていた」が、十世紀以降、「任用国司に土人を補任したのではないかと思われる例がみられるようになってくる」と指摘し(3)、渡辺滋氏は、平安中後期の任用国司を検討するなかで、十世紀以降、下位の国司から順に、本籍地回避の原則が適用されなくなり、地方有力者を本国の任用国司に任命する人事が行われるようになったことを明らかにした(4)。

このように、先行研究は、十世紀以降、地方有力者が本国の任用国司に任じられるようになったことを明らかにしたが、本章で論じるように、浪人という限定はあるものの、地方有力者を本国の国司に任じる動きは、すでに九世紀後半の受領による任国支配のなかに確認することができる。したがって、本籍地回避の原則の適用対象から任用国司が外れ（本籍地回避の原則の部分的放棄）、地方有力者が本国の任用国司に任命されるようになることは、十世紀に突如起こったものではなく、九世紀後半の動きが歴史的前提になっていたものと考えられる。

そこで本章では、地方有力者が本国の任用国司に就く動向に着目して、九世紀後半の地方支配のあり方を検討し、それを踏まえて、十世紀における本籍地回避の原則の部分的放棄について考えていきたい。

一　日本古代における本籍地回避の原則

1　本籍地回避の原則の定義

最初に、議論の前提として、土人を本国の国司に任命することを避ける原則を「本籍地回避の原則」と定義する理由を述べておこう。

本原則の定義を考える際に注目されるのは、天暦九年（九五五）十月十一日の宣旨（『外記宣旨』所収。以下、天暦九年宣旨。全文は第一部第二章）である。天暦九年宣旨は、年官によって「土貫之人」を本国の国司に任命することを糾弾し、それを防ぐ対策として「年給名簿」（年官申文）を提出する人、すなわち年官の給主に「其貫属」を注記させることを命じたものになる。このような内容を持つ天暦九年宣旨で注目すべきは、同宣旨が注記を命じた「其貫属」である。天暦九年宣旨が言う「其貫属」が何を指すのか。この点に関して参考になるのが、『北山抄』（巻三・拾遺雑抄上・除目事）に載る院宮の年官申文の書様とそれに関する記述である。

其院宮

位姓尸名左右京、若其国人〔以二当国百姓一不レ可レ住〔任〕二掾・目一。可レ注二進其貫属一之由、有二起請一也。而近代、不二必注レ之。他倣レ之〕。

望二其掾闕一載二両国一者、加二等国二字一。

位姓尸名右京人

望二其目闕一若申二内舎人一、注二書二分代一。

年　月　日或有二右状一

無二署所一。

それによると、年官申文には、被推薦者の位階・氏・姓・名（位姓尸名）の下に「左右京、若其国人」を記すとある。被推薦者の名前の下に記すのだから、ここの「左右京、若其国人」は被推薦者の本籍地（本貫地）のことと理解されるが、さらに注目されるのは、被推薦者の本籍を申文に注記する理由として、「以二当国百姓一不レ可レ住〔任〕二掾・目一。可レ注二進其貫属一之由、有二起請一也。而近代、不二必注レ之。他倣レ之」（傍線部）とあることである。つまり『北山抄』は、「当国百姓」（土人）をその国の任用国司（掾・目）に任じないようにするために、年官申文に被推薦者の本籍（貫属）を注記するのだ、という認識を示しているのである。そしてこの対策が天暦九年宣旨で命じられた対策と同じであることは明らかであろう（おそらく天暦九年宣旨の対策が『北山抄』に継承されたものと思われる）。このことから、天暦九年宣旨が言う「其貫属」とは、年官による被推薦者の本籍のことと判断され、同宣旨が命じた「土貫之人」の本国の国司への任命対策は、年官申文に被推薦者の本籍地を注記させるものであったと理解される。

以上のような天暦九年宣旨の内容のなかで、特に重要なのは、被推薦者の本籍地の注記が土人を本国国司に任命することの対策になった——朝廷が対策になると考えていた——という点である。なぜなら、このことは、本籍地こそが国司任命候補者が土人であるか否かを判断する基準になっていたことを示すからである。したがって、土人をその国の国司に任命することを避ける原則は、より具体的に〝本籍国の国司への任命を避ける原則〟と理解され、それゆえ「本籍地回避の原則」と定義できるのである。

2　本籍地回避の原則とその法令化

では、日本古代において本籍地回避の原則はどのように確認されるのだろうか。渡辺滋氏の研究(5)に導かれつつ、史料に見える本原則を確認しておきたい。

まず養老選叙令・国博士条には、「凡国博士・医師者、並於二部内一取用。若無者、得下於二傍国一通取上」(6)とあり、国博士・国医師の現地人（土人）採用を規定する。渡辺氏によると、日本令に土人の国司任命禁止を示す明確な規定はないが、本条で「廻避制の適用下限（＝国博士・国医師のみは現地採用も可能）」を示すことによって、土人の国司任命禁止を示しているという。

次に、『令集解』喪葬令・官人従征条の古記を見ると、そこには、

古記云、（中略）問、外官不レ限二高卑一、皆給二殯斂調度并賻物一。京官六位以下、給二賻物一、唯殯斂不レ給。若為其理。答、外官所二以殯斂給一者、以二去レ家懸遠一故加給耳。問、然者外官任二土人一、若為処分。答、案二戸婚律一、監臨之官、娶下所二監臨一女上為レ妻者、杖八十。即任二土人一勿レ論。

とあり、外官（国司）死去時に「殯斂」「賻物」を支給するかが議論されている。傍線部によると、古記は、土人が外官（国司）であった場合の「殯斂」支給はどうするのかという問いに対して、戸婚律（娶所監臨女条）で、国司（「監臨之

官」）が任国の女を娶ることは処罰の対象となっている（禁止されている）のだから、土人が国司に任命されることは論じるまでもない（「任二土人一勿レ論」）としている。[7]渡辺氏は、この古記の理解から、八世紀前半に土人の国司任命はありえないとする意識が存在していたことを読み取っており、従うべき読解だと考える。

次に、少し時代は下るが、『日本三代実録』元慶七年（八八三）十二月二十五日条を確認したい。

> 是日、勅、諸国史生、不レ任二用当土之人及无位之輩一憲章既存、遵行有レ日。而非受業博士・医師、依二前後格一、責二解由一、没二公廨一、用二四年秩限一、停二受業師料一等之事、一同二史生一。至二于補任一、偏拠二令文一、尚依二受業之例一、無レ嫌二当部之人一。名与レ実違、事与レ情戻。自今而後、宜丁准二史生例一、非受業人不丙可レ任乙当国博士・医師甲。

この勅（以下、元慶七年勅）は、諸国史生の例に準じて、「非受業人」[8]を本国の国博士・国医師に任命することを禁止したものであるが、ここで、第一に注目すべきは、「諸国史生、不レ任二用当土之人及无位之輩一憲章既存」（傍線部）である。ここから、元慶七年までに、「当土之人」つまり土人を本国の史生に任じることを禁止する「憲章」が成立していたことが判明する。そして、諸国史生は、法制上、「国司」に含まれ、国司四等官の下に位置づけられる存在であったことを考慮すれば[9]、この「憲章」は、土人の「国司」任命を明確に禁じた法令の初見だと評価される。また、それは、諸国史生への土人の任命を禁じることによって、史生の上に位置づけられる国司四等官への土人の任命の禁止をも視野に入れた法令と理解することができるだろう。

第二に注目すべきは、波線部の「遵行有レ日」である。というのも、この文言の存在から、元慶七年の時点で、「憲章」が成立してからある程度の月日が経っていたことが知られるからである。ただし、「憲章」の成立時期については、現段階で明確にすることは難しい。ここでは、元慶七年以前を遡る九世紀後半までに、本籍地回避の原則の法令が成立していた点を確認しておきたい。

そして第三に、元慶七年勅の政策も注目される。元慶七年勅は、非受業の土人を国博士・国医師に任じることを禁じたものである。これについて、泉谷康夫氏は、「このような土人任用の禁止は、当時盛んになりつつあった在地土豪層の国衙行政への進出を阻止する役割を一応は果たしたものと思われる」と評価するが[10]、本籍地回避の原則の観点からは次のような評価も可能である。

本来、国博士・国医師は現地人（土人）採用が原則であったが、大宝三年（七〇三）に、現地に適任者がいない場合は、中央で式部省が選んだ者が任命されることになり、以後、国博士・国医師の多くは中央で選ばれた者が任命されるようになったと考えられる[11]。ただし、九世紀以降も土人の採用は行われており[12]、国博士・国医師は、依然として土人の任命が可能なポストであった。この点を念頭に置くと、元慶七年勅は、非受業という場合に限るものの、本来、土人の任命が可能であったポストにまで本籍地回避の原則を適用させた——本籍地回避の原則の適用範囲を拡大した——政策だと評価されるのである。九世紀後半は、本籍地回避の原則が従来よりも意識された時期であったと言えよう。

では、その後はどうだろうか。まず元慶七年勅は、『類聚三代格』巻五に「応レ停三非受業人任二当国博士・医師一事」太政官符として収録されているから[13]、元慶七年勅は「延喜格」に収められたことが知られる[14]。

さらに、延喜式部式・譲条には、

凡諸道博士・得業生等兼国之輩、若譲二他人一者、雖二学生・医生一、不レ得レ任二当国之人一。

とあり、諸道の博士や得業生が、兼任する国博士・国医師のポストを他人に譲る場合、譲る相手が学生や医生であっても、「当国之人」に譲ることが禁止されている。この規定が非受業の者への譲与を想定したものであるならば、本条は元慶七年勅の方針を継承したものと理解されよう。また、『延喜式』には、先の「憲章」に関連する規定も確認

される。延喜式部式・諸国史生条である。そこには、

凡諸国史生者、大国五人、上国四人、中国三人、下国二人。但遠江・美濃・讃岐等国准㆓大国㆒、甲斐・出羽・安芸・周防・紀伊等国准㆓中国㆒、土左国准㆓上国㆒、若狭・佐渡等国准㆓下国㆒、並不㆑得㆑任㆓当国人㆒。

とあり、諸国史生への「当国人」の任命が禁止されている。これは「憲章」を引き継いだものと理解される[15]。このように、九世紀後半までに成立した「憲章」や元慶七年勅は、延喜格式に継承されており、十世紀前半までは有効法令であったと考えられる。

以上、日本古代における本籍地回避の原則を、史料に即して見てきた。その結果、第一に、八世紀より、土人を本国の国司に任命することは避けるべきとする意識が存在していたこと[16]、第二に、遅くとも九世紀後半までには、本籍地回避の原則を明確に規定した法令が成立し、それらは延喜格式に継承されたこと、そして第三に、九世紀後半は、本籍地回避の原則が法令化されたことに加えて、その適用対象を拡大する勅が出されたように、本原則が強く意識された時期であったことを確認できた。これらの点を踏まえ、次節以降では、九世紀の地方支配について検討していきたい。

二　居住国の地方官に就く地方有力者

本節からは、本籍地回避の原則の観点から、九世紀後半の地方支配のあり方を検討していく。その際、まず注目したいのは次の史料である。

〔史料1〕貞観八年（八六六）十月八日太政官符（『類聚三代格』巻六）[17]

太政官符

応レ停レ給下不レ帰二故郷一国司并博士・医師交替丁上事

右得二越中国解一偁、謹検二和銅五年五月十六日格一偁、諸国司等遷代之日、充二給夫馬一、令レ送二故郷一者。承前国宰偏依二此格一、浪人便任二史生以上一及土人被レ拝二博士・医師一之輩、充二給件丁一、其来尚矣。夫交替丁者、既作二送帰之資一、非二是輸物之備一。而不レ熟二格旨一、歴世給来。因レ茲貪人求レ利、苛二勘功物一、彫弊之民、挙レ門逃亡。求二之政途一、蠧害最甚。望請、被レ従二停止一、済二此窮民一。謹請二　官裁一者。右大臣宣、奉　レ勅、依レ請。自余諸国亦宜レ准レ此。

貞観八年十月八日

この官符は、越中国解を受けて出されたもので、その内容は、任期を終えても故郷に帰らない国司や国博士・国医師への「交替丁」の支給停止を諸国に命じたものである。

さて、この官符で問題にされたことは、交替丁（遷代する地方官に支給された脚夫）[18]を支給された①「史生以上」の国司に任じられた浪人（「浪人便任二史生以上一」）や、②「博士・医師」に任じられた土人（「土人被レ拝二博士・医師一之輩」）が、「利」を求めて「功物」を苛烈に要求し、それによって、民が逃亡している状況である。この状況を正しく理解するために、まず、①や②が要求した「功物」について考えたい。

延喜斎宮式・修理条には「凡仕丁卌八人之中、六人分下充造二寮并厨家一之料上。便寮官一人専二当其事一、勘二納功物一、随二其破損一、可レ加二修理一」とあり、「功物」が見える（傍線部）。『訳注日本史料　延喜式（上）』（集英社）は、この「功物」を「仕丁の労役を免れるために、寮に代納した一定額の料物」（三四八頁）だとする。また、「応三依レ旧差二遣対馬嶋防人一事」の事書を持つ寛平六年（八九四）八月九日太政官符（『類聚三代格』巻十八）では、対馬嶋の防人を

「配遣」する代わりに輸させる「役料」のことを「功物」と表記する。つまり、同官符の「功物」は、対馬嶋の防人の役を務める代わりに納める料物を指す。これらの用例から、一般的に「功物」とは、役を免れるために代納する一定額の料物のことと理解される。

この理解のもと、改めて史料1の「功物」を考えると、本官符の「功物」とは、交替丁としての労役を免れるために代納する一定額の料物と理解される。すると、この官符で問題にされたのは、①国司（史生含む）に任じられた浪人や、②国博士・国医師に任じられた土人が、自らに支給される交替丁の代替料として、民たちに料物（功物）を要求した状況であったことがわかる。

ところで、交替丁とは、本来、任期を終えて任国を離れる地方官のために、帰郷の費用として支給されるものである。しかしながら、ここで糾弾対象となっている①や②は、そうした交替丁を受け取らない代わりに、その代替料として「功物」を要求していた。このことは、①や②にとって、交替丁が必要なかったことを意味しており、それは、彼らが任期を終えても任国を去らない存在だったからだと考えられる。

地方官が任期終了後も任国を離れないパターンとしては、次の二つが想定される。一つは、京から下向した地方官が任期終了後も帰京せず、そのまま土着する場合。もう一つは、もともと任国に居住していた者が居住国の地方官に就く場合である。まず②については、「土人」とあるから、後者の場合と理解される。では、①はどうか。①については、どちらの可能性も考えられるが、次に検討する史料2を踏まえると、②と同様、後者の場合と理解すべきだと考える。

〔史料2〕『日本三代実録』貞観八年（八六六）閏三月五日条

加賀国司言、居㆓住国内㆒之輩便任㆓国司㆒并士〔土〕民為㆓博士・医師㆒者、二ヶ年間不㆑給㆓事力㆒。勅許㆑之。但得試之人不レ在二此限一。

これによると、この時、加賀国司の申請によって、(1)本国の国司に任じられた国内に居住する者や、(2)国博士・国医師に任じられた土民に対して、二年間の事力の支給が停止されたことが知られる。事力とは、大宰府官人や国司、国博士・国医師などの地方官に、公廨田などを耕作させる労働力として支給された正丁のことである[19]。史料2には、(1)や(2)に事力の支給を停止する理由について何ら言及がないので、支給停止理由は不明とせざるを得ないが、(1)や(2)に事力を支給することが加賀国の国内統治にとって不都合であったから、右のような申請がなされたと理解することはできる。おそらく(1)や(2)が事力支給にかこつけて行っていた行為が問題視されたのではないだろうか[20]。

右の推測が正しいとすれば、史料1と史料2はともに、国司や国博士・国医師に対して認められた権利（交替丁や事力の受給権）にかこつけた行為を問題視し、それを停止しようとした同年の史料となる。したがって、両史料は同質の問題を扱ったものと理解されるから、史料1①「浪人便任二史生以上一」と史料2(1)「居二住国内一之輩便任二国司一」が、史料1②「土人被レ拝二博士・医師一之輩」と史料2(2)「士〔土〕民為二博士・医師一者」がそれぞれ対応し、同じ存在を指すものと理解される。

このように二つの史料を読解すると、貞観八年において、その行動が問題視された存在は、(A)居住国の国司に任じられた浪人（①・(1)）と、本籍（居住）国の国博士・国医師に任じられた土人（②・(2)）となる。ただし、②・(2)に関しては、史料2に「但得試之人不レ在二此限一」とあり、式部省の試験に及第した受業（得試之人）の国博士・国医師は処分の対象外であった。したがって、②・(2)が指す存在は、(B)本籍（居住）国の国博士・国医師に任じられた非受業の土人であったと理解される。そして、史料1に「自余諸国亦宜レ准レ此」とあることから、(A)や(B)のような存在は諸国にいたものと考えられる。

以上の検討により、九世紀後半の地方社会には、(A)居住国の国司に任じられた浪人と、(B)本籍（居住）国の国博士・国医師に任じられた非受業の土人が存在していたこと、また、(A)や(B)は、国司や国博士・国医師に認められた権利を根拠に不当な行為を行っていたと考えられ、それが国内統治上の弊害になっていたことを確認できた。

では、(A)や(B)のような浪人や土人は具体的にどのような者を想定できるのだろうか。本節の最後に、この点について述べておきたい。

まず、(A)(B)のような浪人や土人は、国司や国博士・国医師に任じられた存在である以上、国内における有力者層であったと理解される。したがって、(A)や(B)は地方有力者が居住国の地方官に任じられた存在だと言える。この点を踏まえた上で、(A)について考えると、彼らは、留住・土着した前任国司・王臣やその子孫をはじめとした「富豪浪人」を、その具体的存在として想定することができよう。

(B)については、九世紀後半頃の国博士・国医師の実例を見ると、「従六位下備中権博士賀陽朝臣真宗」（『日本三代実録』貞観四年〈八六二〉三月四日条）、「尾張医師従六位上甚目連公冬雄」（『日本三代実録』貞観六年八月八日条）、下野国「権医師大初位下下毛野朝臣御安」（『日本三代実録』元慶三年〈八七九〉六月二十六日条）、近江国「権医師犬上郡郡老少初位下神人氏岳」（『日本三代実録』仁和元年〈八八五〉七月十九日条）など、郡領氏族出身者（郡司層）が任じられた例を確認することができる。[21]彼らが受業かどうか判断することはできないが、[22](B)の土人は、郡司層を含む地方有力者と理解してよいだろう。

以上のように、九世紀後半には、前任国司・王臣やその子孫などの富豪浪人や、郡司層といった新旧の地方有力者が居住国の地方官に任じられていた。このうち、本章の関心から注目されるのは、(A)居住国の国司に任じられた浪人である。したがって、次節以降は、(A)を中心に論を進めていきたい。

三　国内有力者層の編成と本籍地回避の原則

1　国衙機構ポストの運用

前節での検討により、九世紀後半の地方諸国には、居住国の国司や国博士・国医師に任じられた地方有力者がいたことが明らかになった。では、彼らは、どのような背景のもとで、居住国の国司などに任じられたのだろうか。

周知の通り、九世紀という時期は、国務に対する責任や権限が赴任した国司のうちの最上位の者（主に守）＝受領に集約されていく、いわゆる国司受領化が進む時期であり[23]、その過程において、郡司層をはじめとした地方有力者たちは、受領の下に組織され、国務に従事するようになることが明らかにされてきた[24]。

その動向を見てみよう。弘仁三年（八一二）、郡司任用における詮擬が国擬に一本化され、同十三年には、国司が郡司候補者を選定する際に三年の試用期間が認められた[25]。これらによって、国司は郡司に対する影響力・支配力を強め、郡司は国司の下僚として位置づけられるようになり[26]、特に弘仁十三年の政策によって、国司は、多くの郡司層を複数の擬任郡司に任命して、彼らを徴税・進納業務に従事させることが可能になった[27]。

また、国司は、郡司層だけでなく、富豪浪人や、諸司雑任・院宮王臣家家人などの身分を持つ国内有力者たちも組織し、国務に従事させるようになっていく。弘仁二年、河内国では、本司に直さずに国内に居住する散位・位子・留省を、三年に限って「国中雑任」に登用することが認められた[28]。さらに、貞観年間（八五九～八七七）には、国内に居住する「諸司史生已下諸衛舎人并諸院・諸宮・王臣家色々人及散位・位子・留省等」を、国司の任期中に一度、徴税・進納業務に登用することが諸国の例になっており、延喜二年（九〇二）には、そうした登用形態が公認され、恒常的体制となった(29)。

このように、九世紀を通して、受領は国内の有力者を国務に従事させる権利を獲得し、彼らを自らの下に編成する動きを見せたが、その動きと関連すると思われるのが国衙機構における新たなポストの設置である。

その一つが国掌である。泉谷康夫氏によると、国掌は、貞観十年（八六八）を初見として、貞観年間頃より、国司の申請によって諸国に新設されたポストであり、その設置目的は、「在地土豪中の有能な者を起用」し、地方行政の立て直しを図るためであったという。また、国掌の任命は国司の申請に基づいて行われたとされ、国衙機構上の地位は史生よりも下位で、国書生と同じ雑任であった(30)。

国検非違使も九世紀に新設されたポストの一つである。渡辺直彦氏によると、国検非違使は、国内の非違糾察のため、九世紀中期以降、国司の申請によって設置されたポストである。その初見は斉衡二年（八五五）であり、待遇は諸国史生と同等のものであったとされる(31)。また、実例として、元慶三年（八七九）の「河内国高安郡人（中略）河内国検非違使従七位下八戸史野守」（『日本三代実録』元慶三年十月二十二日条）や、仁和元年（八八五）の「近江国検非違使権主典前犬上郡大領従七位上犬上春吉」（『日本三代実録』仁和元年七月十九日条）が確認されるように、国検非違使には、郡司層をはじめとした国内有力者が任じられており、その補任は国司の申請に基づいて行われた(32)。

以上のように、九世紀後半には、国司によって新たなポスト（国掌、国検非違使）が設置され、そのポストには、国司の申請に基づいて国内有力者が任じられた。こうしたあり方は、受領による国内有力者の編成という側面を持っていたと言え、言い方を変えれば、九世紀後半の受領は、国内有力者を自らの下に編成するために、国掌や国検非違使というポストを運用していたとも言える。そしてこうした状況を念頭に置けば、任用国司や史生のポストも、国掌や国検非違使と同じく、受領が国内有力者を編成するために運用されていたと考えることができないだろうか。

この考えに対しては、次の二点も傍証となろう。一つ目は、九世紀後半において受領は、任用国司・史生の申任権を保持しており、実際にそれを行使していたことである。

天長元年（八二四）八月二十日太政官符（「択二国守一事」『類聚三代格』巻七）により、「令三一良守兼二帯諸国一、小大之政従二其所一レ請。一両僚属亦依レ請任レ之」ことが認められ、以降、「良吏」（受領）は「僚属」つまり任国の任用国司以下を申任できるようになった(33)。たとえば、天長初頃、近江介藤原弟雄の意向によって安倍安仁が近江権大掾に任じられたが(34)、これは「良守」が「僚属」を申任した実例だと理解されている(35)。また、『寛平御遺誡』（『年中行事抄』外国除目事、所引）には、

諸国新任官長、請二申任用一者、或掾或目、医師・博士等、惣不レ可レ許レ之。唯諸司・諸所有レ労之中、為二他人一被三遍知レ堪二其用一者、量レ状許レ之。若不分明者亦忌レ之。莫レ忘莫レ怠。

とあり、宇多天皇が、新任の国司官長（受領）が任用国司（掾・目）や国博士・国医師を申請することを問題視し、それを認めないように指示していたことが知られる。こうした訓戒の存在は、九世紀末には、新任の受領によって任用国司や国博士・国医師の申任が行われていたことを物語っている(36)。

このように、天長元年以降、受領には、任用国司以下に対する申任権が認められており(37)、受領はその権利を行使して、任意の者を申任していたことが知られる。

二つ目は、国内有力者（浪人）を居住国の任用国司・史生に編成した体制を、受領が維持しようとしていたと考えられることである。これについては、史料１・２に改めて着目したい。第二節で見たように、史料１は越中国司から、史料２は加賀国司からの申請を受けて出されたものであった。このことから、両史料で糾弾される(A)や(B)の行為を、

越中・加賀両国司が問題視していたことは間違いない。しかし、この時、両史料で命じられたことは、(A)(B)の行為の根拠になった権利のはく奪（交替丁、事力の支給停止）であり、(A)(B)の存在自体は否定されていない。つまり、越中国司や加賀国司は、国内有力者が任用国司・史生や国博士・国医師に就くことを問題視していなかったと理解される。この点を重視すれば、この時の越中・加賀両国司の申請目的は、国内有力者を任用国司・史生や国博士・国医師に編成した体制を守りつつ、彼らによる弊害のみを排除しようとした点にあると言えよう。

以上のように、九世紀後半の受領は、任用国司・史生の申任権を持ち、それを行使し、また、国内有力者を本国の任用国司・史生に編成した体制を維持しようとしていたと考えられる。さらに当該期には、受領の下に国内有力者を編成する動きがあり、その一環として国掌や国検非違使のポストが運用されていた。これらのことを合わせ考えると、九世紀後半の受領は、国掌や国検非違使といった新設のポストだけでなく、国衙機構上、自身の下僚に位置づけられる任用国司以下のポストをも運用し、そこに国内有力者を任じることによって、現地勢力を自らの下に編成しようとしていたと考えられる。

受領が地方有力者を居住国の任用国司・史生に申任した九世紀の確実な事例は確認できないが、前述した状況から、こうした動向を想定することは無理なことではないと思う。そして、前節で確認した(A)には、前述の動向を背景に、受領によって任じられた者が含まれていたのではないだろうか。

2　任用国司・史生の運用と本籍地回避の原則

ここまで、九世紀後半の地方諸国には、居住国の任用国司・史生に任じられた浪人が存在し、彼らのなかには、受領によって任じられた者がいたであろうことを論じてきた。ただ、次に問題となるのは、(A)のような存在と本籍地回避の原則の関係である。

第一節で確認したように、九世紀後半は本籍地回避の原則が法令化されるなど、本原則が厳格化された時期であったが、それと同じ時期に、国内有力者を国衙機構ポストに任じる動きが確認されること、そして居住国の任用国司や史生に任じられた地方有力者の存在が確認されることは注目される。これは偶然ではなく二つの動きは連関していたと思われる。そうだとすれば、次のような理解が可能である。すなわち、九世紀後半より、受領による国内有力者の編成の一環として、国衙機構のポスト、特に任用国司や史生に国内有力者を任じようとする動きが起こったため、本籍地回避の原則は強く意識されるようになり、法令化に至った、と。

しかしながら、「憲章」が成立した後でも、国内有力者を本国の任用国司や史生に任じる動きは止まらなかった。それは、(A)居住国の国司に任じられた浪人の存在から明らかである。ただし、本籍地回避の原則が遵守されていなかったわけではない。このことを示すのが、やはり史料1と史料2である。

史料1・2の傍線部を見ると、史料1では、「浪人便任㆓史生以上㆒」と「土人被㆑拝㆓博士・医師㆒之輩」が「及」で区別され、史料2では、「居㆓住国内㆒之輩便任㆓国司㆒」と「士〔土〕民為㆓博士・医師㆒者」が「并」で明確に区別されていた。両史料で、国司に任じられた者（浪人）と国博士・国医師に任じられた者（土人）が明確に区別されていることを重視すれば、この区別は、当時、〝居住国の国司に任じられた土人〟はいなかったことを示しているのではないか。この読解が認められるとすれば、貞観八年（八六六）時点において、本籍地回避の原則は遵守されていたと考えられる。[38]

では、(A)の存在は、本籍地回避の原則に抵触しなかったのだろうか。この点については、(A)が「浪人」であったことが重要である。日本古代における「浪人」は、戸籍に登録された本籍地（本貫）を離れた者であり、[39]それは本籍地と居住地が一致しない者と捉えなおすことができる。そして本籍地回避の原則は本籍地の国の国司に任命することを避ける原則であったから、浪人を居住国の国司に任じることは、厳密に言えば、本籍地回避の原則に反しない人事であったと理解される。史料1・2で越中・加賀の国司の申請がそのまま認められたことは、当時の朝廷も(A)の存在を否定していなかったことを示しており、それは(A)が本籍地回避の原則に反しない存在であったからではないかと思われる。

以上より、九世紀後半の受領は、本籍地回避の原則を守るために、次のように国衙機構の諸ポストを運用していたものと考えられる。それは、国内の有力浪人（前司・王臣やその子孫、富豪浪人）は任用国司・史生を含めた諸ポストに任じ、国内の有力土人（郡司層など）は国司以外の国博士・国医師や国掌、国検非違使に任じる、というものである。こうした運用によって、受領は、国衙機構ポストを活用した国内有力者の編成と、本籍地回避の原則の遵守を両立していたと理解されよう。

四　九世紀後半の地方支配の課題——任用国司を中心に——

九世紀後半の受領は、本籍地回避の原則に反しない任官として、国内の有力浪人を本国の任用国司や史生に任じていたと考えられるが、当該期の史料を見ると、受領の指示に従わなかったり、受領と対立したりする任用国司の存在が確認され、国内有力者の編成が順調でなかったことが窺われる。そこで本節では、受領に従わない任用国司に着目して、九世紀後半の受領が直面していた問題と、それへの対応策について確認しておきたい。

まず国司襲撃事件を見たい。この事件は受領の治政に反発した現地勢力（郡司、百姓など）が武力を行使して受領を襲撃するものであり、最悪の場合、受領が殺害されることもあった[40]。一例を見てみよう。

仁和元年（八八五）、筑後守都御酉が射殺された。その犯人は、筑後掾藤原近成（首謀者）、筑後少目建部貞道、左京人大宅宗永、蔭子在原連枝、蔭孫大秦宗吉、蔭子清原利蔭、藤原宗扶、前医師日下部広君、白丁八多久吉岑、前掾藤原武岡、左京人大宅近直であり[41]、御酉殺害には、現任の任用国司（掾、少目）が関与していた。国司襲撃事件に任用国司が関与していたことは他の事例からも知られるところであり[42]、この点から、泉谷康夫氏は、国司受領化に伴って地位が低下し、国務から排除された任用国司は、受領と対立するようになったと指摘し、任用国司が在地側に付いたのは、「彼等がその出自において在地土豪と共通する側面を多分にもっていたため」だとした[43]。

任用国司と現地勢力の結託については、次の史料も参考になる。『日本三代実録』貞観十五年（八七三）十二月二十三日条には、陸奥守安倍貞行の起請三事が載っており、その第二事には、

其二事曰、国中之政、莫レ重二収納一。然則分配之吏、可レ勤二其事一。而任用之官、未二必其人一、或被レ誘二郡司税長一、納レ藁為レ稲、或見レ賂二富饒酋豪一、以レ虚為レ実。

とある。これによると、陸奥守安倍貞行は、「郡司税長」や「富饒酋豪」と結託した任用国司を問題視していたことが知られる。梅村喬氏は、ここから、任用国司と在地勢力の結合の強さを指摘するとともに、「任用」という語義の分析から、任用国司について「中央貴族から出自する守介らの五位国司とはやや性格を異にする、在地に基盤をもつ下級国司層と考えることができるのではないであろうか」と述べる[44]。

このように、九世紀後半の任用国司には、受領と対立する者がおり[45]、そうした任用国司は現地勢力と結び付いていたと考えられる。

また、対立まではいかなくても受領の指示に従わない任用国司も確認される。それを示すのが、次の史料3である。

〔史料3〕元慶三年（八七九）九月四日太政官符（『類聚三代格』巻七）

太政官符

応レ停三止任用之吏恣決二郡司及書生国掌等一事

右得二豊後守従五位下藤原朝臣智泉解状一偁、凡一国興廃唯繋二官長一、庶務理乱非レ由二佐職一。又郡司之罪、法立二科条一、有下降二考第一且没中職田上、事不レ獲レ已、為レ加二見決一、其尤重者至二于解却一、而任用之吏不三必其人一、寄二事於公一、報レ怨在レ私、或信二僕従之言一枉決二郡司一、或逆二官長之意一強罪二書生一、因レ茲、堪レ事之人皆恥二出仕一、無頼之輩僅以従レ職、仮令循良之宰有レ施二政術一、郡司既非二其人一、無レ所二弁済一、況亦吏民不レ和、部内騒動、不レ改二旧轍一何期二新治一。望請、任用之官不レ聴二見決一、若有三雑任致レ怠必可二見決一者、官長者判二過状一而後行レ之。然則朝威弥厳、出仕自衆、謹請二官裁一者、大納言正三位兼行右近衛大将陸奥出羽按察使源朝臣多宣、奉　レ勅、依レ請。但五位介不レ在二此限一、然与奪之官、職務稍重、莫レ令三雑任以致二不遜一、立為二恒例一、諸国准レ此。

元慶三年九月四日

本官符は、豊後守藤原智泉の解状によって、従来、任用国司が持っていた郡司や書生・国掌などの雑任に対する処罰権を停止し、それを受領に移すことを命じた著名な史料である。これによって、受領の権限は拡大し、任用国司の権限は縮小したわけであり、本官符は国司受領化を示す重要なものとして評価されてきた[46]。

ここで注目したいのは、智泉解状が言及する以下の状況である（傍線部）。すなわち、任用国司が、私怨（「報レ怨在レ私」）や「僕従之言」によって郡司を処罰したり、受領の意に反して書生を処罰したりした結果、処罰された郡司や書生らは恥じて出仕しなくなったという状況である。まずここから、九世紀後半に受領の意に従わず、郡司や書生などの雑任を処罰する任用国司が存在したことが知られる。

また、ここで糾弾された任用国司の行為は、任用国司という地位に認められた権利（処罰権）を受領の意に反して行使したものと言え、それは、地方官の地位に認められた権利が根拠になっているという点において、史料1・2で問題視された(A)(B)の行為と同質のものであったと理解される。すると、九世紀後半には、任用国司に認められた権利を行使して地方支配や国務運営を乱す者がおり、そうした存在をどう統制するかが、受領の課題になっていたと言える(47)。そして、こうした状況には、国内の有力浪人を本国の任用国司・史生に任じる動きが関係していたものと思われる。

前述のように、受領と対立する任用国司は現地勢力と結び付いており、先行研究は、その理由として両者の出自や基盤が共通する点を指摘する(48)。この指摘は首肯すべきものであるが、ここまでの検討を踏まえると、任用国司と現地勢力の親和性が高いのは、両者がともに国内有力者層（地域における利害を代表する存在）の場合があったからと考えることはできないだろうか。もちろん、すべての任用国司が国内の有力浪人であったとは考えていないが、当該期の任用国司に国内の有力浪人が任じられていたことは間違いないから、国内有力浪人を本国の任用国司や史生に任じるようになったことで、任用国司と現地勢力の親和性が高まり、両者が結託しやすい状況が生まれたとも考えられよう(49)。

また、史料3で言及された状況についても、居住国の任用国司に就いた国内有力浪人の存在を考慮すれば、その一つのパターンとして、任用国司の地位にある国内有力浪人が同じ国内有力者である郡司や雑任を不当に処罰した状況を想定することができよう。その場合、国内有力者にとって、他の国内有力者はその地域における競合者でもあったから(50)、その状況は国内有力者同士の争いでもあったと理解される(51)。任用国司に任じられた国内有力浪人は、自らの利権・地位の確保のために——地域における競合に勝つために——任用国司という地位に認められた権限を利用して競合者（郡司や雑任）を処罰する場合もあったのではないだろうか。

以上、推測による部分が多くなってしまったが、任用国司と現地勢力の親和性などの点から、九世紀後半の任用国司をめぐる問題には、国内の有力浪人を本国の任用国司・史生に任じる動きが関係していたと思われることを指摘した。では、こうした問題に対して、受領はどのような対応を見せたのだろうか。

結論を先に言えば、史料1〜3こそ、その対応策であったと考える。というのも、第一に、史料1〜3はいずれも国司の申請に基づくものであり、第二に、これらの政策は、任用国司以下の権限を縮小させ、それを根拠にした不当な行為を制止するものであったからである。特に第二の点は、まさに国内有力浪人を任用国司に編成したまま、前述の課題を解消する対応策として相応しいものであったと言える。前述したように、史料1・2の目的は、国内有力者を任用国司・史生や国博士・国医師に編成した体制を守りつつ、彼らによる弊害を取り除くことにあったと考えられるが、任用国司の処罰権の停止を求めた史料3にも同様の側面があったと理解される。つまり、史料1〜3は、任用国司以下の権限を縮小させることで、国内有力者が任用国司以下のポストに就いた際に起こり得る問題を解消し（未然に防ぎ）、国内有力者を任用国司などに編成した体制を安定化させる目的で実施された一連の政策であったと評価されるのである。

以上を踏まえると、九世紀後半という時期は、受領による任用国司以下のポストを運用した国内有力者の編成、それに関わる任用国司の問題とそれへの対応が進められた時期であり、それは、国内有力者を任用国司・史生に任じて編成した地方支配体制の整備・安定化が図られた時期と評価することができるのである。

五　本籍地回避の原則の部分的放棄

ここまでの検討結果をまとめると、以下の通りである。

（一）九世紀後半の地方諸国には、居住国の任用国司・史生に任じられた有力浪人（前司・王臣やその子弟、富豪浪人）や、居住国の国博士・国医師に任じられた有力土人（郡司層など）がおり、特に前者の存在が注目される。

（二）当該期の受領は、国内有力者を自らの下に編成するために任用国司や史生などの国衙機構ポストを運用し、そこに国内有力者を任じていたと考えられる。その際、任用国司や史生には「浪人」身分の者だけを任じることによって、受領は、国衙機構ポストを活用した国内有力者の編成と、本籍地回避の原則の遵守を両立していたと理解される。

（三）しかし、同時期には、受領の統制を外れる任用国司がおり、そうした任用国司をどう統制するかが問題であった。こうした状況に対して、受領は、任用国司以下の権限を縮小させて問題の解消を目指し、国内有力者を任用国司以下に編成する体制の整備・安定化を進めていた。

本節では、右の諸点を踏まえて、十世紀における本籍地回避の原則の部分的放棄について考えていきたい。

九世紀後半、受領は現地有力者（浪人）を任用国司や史生に任じて編成する動きを見せていたが、十世紀以降はどうなるのか。これについては、第一に、平安中期の受領は、現地有力者を本国の任用国司に任じて国務に関わらせていたこと[52]、第二に、受領の推薦権によって現地有力者を任用国司に申任することは十世紀以降も確認されること[53]、この二点から、十世紀以降も継続していたと理解される。

また、すでに明らかにされているように、十世紀以降になると、土人も本国の任用国司に任じられていた[54]。この変化を本章の立場から捉えれば、受領は、土人・浪人の区別なく、すべての現地有力者を任用国司に任じられるようになったと評価できる。そしてそれは、現地有力者を自らの下に編成しやすくなったことを意味するから、十世紀以降、国衙機構ポストを運用して現地有力者を編成する受領の動きはより展開したと言うことができよう。

このように、九世紀後半に本格的に始まった受領による現地有力者の編成の動きは、十世紀につながり展開するなかで、土人である現地有力者も本国の任用国司に任じられるようになったと考えられる。そしてその時期は十世紀後半であり、天暦期（九四七〜九五七）には、年官で土人を本国の任用国司に申任するようになっていた（第一部第二章で詳述）(55)。

しかし、天暦九年宣旨の存在から、少なくとも十世紀後半の天暦期までは、朝廷に本籍地回避の原則を遵守しようとする姿勢は残っていたものと考えられる(56)。おそらく、十世紀前半の朝廷はまだ本籍地回避の原則を遵守する姿勢――律令制を維持しようとする姿勢を保持していたものの、十世紀以降、地方支配に関わる朝廷の関心は受領だけになっていき、任用国司はその関心から外れたこと(57)、また、本籍地を調べる勘籍制が形骸化したことが背景にあって(58)、現実には、土人である地方有力者も本国の任用国司に任じられるようになっていったのではないだろうか。

ところが、天暦九年宣旨を最後に、任用国司を対象に本籍地回避の原則の遵守を命じる政策や、朝廷・支配者層がそうした姿勢を維持していたことを示す史料は確認されなくなる。さらに、国家の支配理念を検討した有富純也氏によれば、朝廷は、十世紀半ばを境にして、諸国勧農政策を含む地方行政全般に対する関心を減退させ、勧農を受領に完全に任せるようになったといい、その背景には、天皇が全国を支配するという律令制の理念の放棄があったとする(59)。以上のことを合わせ考えるならば、十世紀後半の天暦期頃に、朝廷は地方支配に対する関心をなくし、受領に地方支配を委任するようになるとともに、律令制的地方支配体制も維持しなくなったので、すでに朝廷の関心から外れていた任用国司に対する本籍地回避の原則の適用をやめたと理解することができよう(60)。

また、本章で論じてきたように、地方有力者を本国の任用国司に任じることは、九世紀後半以来、受領が任国支配の一環として行ってきたことだと理解される。このことを踏まえると、十世紀後半における本籍地回避の原則の部分的放棄は、地方有力者を本国の任用国司として国務に従事させるという、九世紀後半以来の受領が行ってきた任国支配のあり方を朝廷が全面的に容認したものと評価することができる。

この点については、弁済使も参考になる。弁済使とは、受領が任国支配のなかで私的に設置した使であり、その職務は、京庫の管理や朝廷や封主への進納、またはそれに関わる公文の処理などであった[61]。弁済使の初見である天暦元年（九四七）閏七月二十三日太政官符（『政事要略』巻五十一・調庸未進）には、「近年以来、諸国之司、有置弁済使者、非公家之所知、納官物於其所、成私計於其中。頽風一扇、利門争開、調使空帯此処之号、公物多失奔競之間（中略）府庫為之空虚、公用依其闕乏（中略）私置弁済使、一切停止」とあり、天暦期の朝廷が弁済使の存在を問題視し、その設置を禁止したことが知られる。ところが、この官符以降も弁済使は置かれ続けた上、十世紀後半には、弁済使を含めた受領の地方支配体制を前提に、中央の収取制度の再編が行われた[62]。

このように、受領の任国支配体制の整備のなかで、受領によって設置された弁済使は、当初、朝廷に問題視されたが、十世紀後半以降、その存在は容認されるようになった。こうした弁済使に対する朝廷の姿勢は、地方有力者を本国の任用国司に任じることに対するそれと同じである。つまり、朝廷は、天暦期頃を境に地方支配に対する姿勢を転換させ、それまでに受領が独自に形成してきた地方支配体制を全面的に認めるようになるのであり、その具体例が、国内有力者を本国の任用国司に任じることや弁済使の存在であったと言えよう。受領の郎等が本格的に国務に関与し始めたり、受領による国衙機構の再編が行われたりする時期が十世紀後半や末期であることも[63]、天暦期頃を境にした朝廷の地方支配に対する姿勢の転換の結果だと考えられる[64]。

以上より、十世紀後半における本籍地回避の原則の部分的放棄は、九世紀後半以来、受領が進めてきた国内有力者を任用国司として国務に従事させる地方支配体制を、朝廷が全面的に容認したことを意味するものと評価されるのである。

おわりに

本章では、十世紀後期における本籍地回避の原則の部分的放棄について、九世紀後半の地方支配のあり方を踏まえて検討してきた。その結果を簡単にまとめると、以下の通りである。

九世紀後半以降、受領は、国内有力者の編成の一環として、現地有力者を本国の任用国司に任じて国務に従事させる地方支配体制の整備を進めており、そうした動きは十世紀以降も継続・展開していった。このような受領によって構築された国内有力者を任用国司とする地方支配体制は、令制的観点からすると、本籍地回避の原則に反するものであったが、十世紀後半に朝廷が地方支配に対する意欲・関心を後退させ、地方支配を受領に委任するようになったことで、全面的に認められるようになった。

十世紀後半に、本籍地回避の原則は部分的に放棄された。これにより、地方有力者を本国の任用国司に任命することが広く行われるようになっていく。そして、次章以降で論じるように、こうした変化を背景に、年官は中央と地方の諸関係を構築・維持・強化する手段としてその価値を高め、受領による任国支配や中央の皇族・貴族による庄園経営などの地方支配に活用されるようになるのである。

注

（1）　渡辺滋「日本古代の国司制度に関する再検討―平安中後期における任用国司を中心に―」（『古代文化』六五―四、二〇一四年）。

(2) 濱口重国「隋の天下一統と君権の強化」（同『秦漢隋唐史の研究　下巻』東京大学出版会、一九六六年、初出一九四二年）。
(3) 泉谷康夫「任用国司について」（同『日本中世社会成立史の研究』高科書店、一九九二年、初出一九七四年）八一～八二頁。
(4) 渡辺滋前掲注(1)論文。
(5) 渡辺滋前掲注(1)論文。以下、本節で参考にする渡辺氏の研究はこの研究を指す。
(6) 早川庄八「選任令・選叙令と郡領の「試練」」（同『日本古代官僚制の研究』岩波書店、一九八六年、初出一九八四年）注(14)によると、大宝選任令の国博士条はほぼ全文が復元でき、養老選叙令と異なるのは、本文注「並同二主政等一」（養老選叙令では「並同二郡司一」）だけであったという。
(7) 「任土人勿論」を戸婚律・娶所監臨女条の本文と見なす見解がある（利光三津夫「養老律叢残」『史学雑誌』六八―一〇、一九五九年。律令研究会編『訳註日本律令　二　律本文篇上巻』東京堂出版、一九七五年）。利光三津夫氏によると、「任土人勿論」は娶所監臨女条の例外を定めた文章であり、これが設けられた理由は郡司を同条の対象から外すためであったと推定されるという（前掲論文）。しかし、そのように「任土人勿論」を理解すると、土人が国司であった場合の「殯斂」の支給はどうするのか、という問いに対する古記の回答の意味が通らなくなるので、氏の理解には従えない。
(8) 国博士・国医師における受業・非受業（非業）とは、式部省の試験に及第し、一定の実力を有すると認められた者が受業で、そうでない者が非受業であった（中沢巷一「国博士・医師に於ける受業と非業について」『法学論叢』七八―一・二、一九六五年）。
(9) 北林春々香「八、九世紀における諸国史生の様相」（『史論』五一、一九九八年）。
(10) 泉谷康夫「国掌について」（同『律令制度崩壊過程の研究』高科書店、一九七二年、初出一九六五年）四三九頁。なお、泉谷氏は、元慶七年にこうした政策が実現された背景として、この時期に諸国に設置された国掌に土人（在地土豪）が任じられるようになったので、その代わりとして国博士・国医師への任命禁止がなされたのではないかと指摘し、国医師を検討した渡部育子氏も、泉谷氏の見解に賛同している（渡部育子「国医師についての基礎的考察」『秋大史学』二四、一九七七年）。
(11) 養老選叙令・国博士条、『続日本紀』大宝三年三月丁丑条、『令集解』選叙令・国博士条古記「但今行事、従二朝廷一補任耳」。
(12) たとえば、貞観期の播磨国博士として和邇部臣宅継が見えるが、彼は播磨国飾磨郡の人であった（『日本三代実録』貞観二年〈八六〇〉十二月八日条、同貞観五年九月十日条）。
(13) 『日本三代実録』で「憲章既存、遵行有日」「前後」「宜准史生例、非受業人不可任当国博士・医師」とある部分が、『類聚三代格』では、それぞれ「既存憲章」「度々」「宜件色補任一准史生」となっており、本文に若干の異同が見られる。

(14) 新訂増補国史大系『類聚三代格』の標目によれば、元慶七年勅は延喜式部格に収載されていたという。

(15) 虎尾俊哉編『訳注日本史料　延喜式中』（集英社、二〇〇七年）同条の頭注（四七六頁）、渡辺滋前掲注(1)論文。

(16) 次の表1に示した通り、八世紀には、土人を本国の国司に任命したと考えられる人事も多数確認される。

表1　九世紀以前における土人の国司任命事例

年	氏名	国司（兼官）	本籍地	典拠
天平二（七三〇）	城上連真立	大和大掾（侍医）	大和国（注1）	『大古』一・四一三
勝宝八（七五八）	高麗朝臣福信	武蔵守（紫微少弼）	武蔵国	『大古』四・一七七
宝字三（七五九）	上道朝臣斐太都	備前守（右勇士督）	備前国	『続紀』同年・一一・丁卯
宝字八（七六四）	村国連嶋主	美濃少掾	美濃国	『続紀』同年・九・甲寅
景雲元（七六七）	利波臣志留志	越中員外介	越中国	『続紀』同年・三・己巳
同右	道嶋宿禰三山	陸奥少掾	陸奥国	『続紀』同年・七・庚戌
景雲二（七六八）	同右	陸奥大掾	陸奥国	『続紀』同年・二・癸巳
同右	船木直馬養	越前員外掾	越前国（注2）	『続紀』同年・七・壬申
景雲三（七六九）	道嶋宿禰三山	陸奥員外介	陸奥国	『続紀』同年・二・甲辰
宝亀元（七七〇）	高麗朝臣福信	武蔵守（造宮卿）	武蔵国	『続紀』同年・八・丁巳
宝亀三（七七二）	大和宿禰西麻呂	大和介	大和国	『続紀』同年・四・庚午
宝亀五（七七四）	河内連三立麻呂	河内権介（春宮員外大進）	河内国	『続紀』同年・九・辛酉
宝亀九（七七八）	高麗朝臣石麻呂	武蔵介	武蔵国	『続紀』同年・二・辛巳
延暦二（七八三）	高麗朝臣福信	武蔵守（弾正尹）	武蔵国	『続紀』同年・六・丙寅
同右	調忌寸家主	近江大目	近江国（注3）	『平』四二八一

注1　城上連氏は、神亀元年（七二四）、胛巨茂（太羊甲許母）に賜姓されたことに始まり（『続紀』同年・五・辛未）、その氏名は、胛巨茂と縁のあった大和国広瀬郡城戸郷にちなむことが推測されている（福原栄太郎「長屋王家形成についての基礎的考察」『続日本紀研究』二七七、一九九一年）。

2　船木直馬養の本籍地が越前国であることは、『日本後紀』（逸文）延暦十三年（七九四）十月庚戌条（『類聚国史』巻七十八・献物）。
3　調忌寸氏は近江国愛智郡の擬任郡司として確認される（『平』一一六・一一七）。
出典表記　大古…大日本古文書、続紀…続日本紀、平…平安遺文。

八世紀において本籍国の国司に任命された人物を見ると、孝謙称徳天皇や藤原仲麻呂など当時の政権主導者との親密な関係が窺われる者や地方において特殊な業務を担当していた者が多いことに気づく。たとえば、上道正道や村国嶋主は藤原仲麻呂の側近であり、高麗福信は仲麻呂や孝謙称徳天皇に重宝されていたことが知られる。また、利波志留志は越中国東大寺領荘園の専当国司として活動し、道嶋三山は伊治城の建設を担当していた。八世紀における本籍国の国司への任命は、政権主導者との関係や地方における特殊事情を背景にした任命と理解できるかもしれないが、こうした諸事例をどう評価するかについては、今後の課題としたい。なお、『令集解』の田令・凡公私田条や儀制令・遇本国司条を見ると、土人が国司に就く場合の議論が確認される。これらの議論は、表1に示したような八世紀後半に集中して確認される土人の国司任命を念頭に置いた議論ではないだろうか。

(17)　『政事要略』巻五十九によると、同官符が貞観民部格所収官符であったことが知られる。また、『日本三代実録』同日条にも、省略したかたちで収められているが、『日本三代実録』の記事は、後述する「浪人」「土人」の区別をしておらず、誤解を招く文章になっており、注意が必要である。

(18)　交替丁については、市大樹「国司制の成立と伝制」（同『日本古代都鄙間交通の研究』塙書房、二〇一七年、初出一九九六年）を参照されたい。なお、本官符が引く「和銅五年五月十六日格」は、『続日本紀　二』（新日本古典文学大系、岩波書店、一九八九年。以下、岩波本）補注(5)・五四によると、『貞観交替式』所収「式云、凡国司遷代者、皆給二夫馬一。長官夫卅人、馬廿疋。六位以下官長夫廿人、馬十二疋。判官夫十五人、馬九疋。主典夫十二人、馬七疋。史生以下夫六人、馬四疋。其取二海路一者、水手之数、准二陸道夫一。但依レ犯解任之輩、不レ在二給限一」だと推測されるという。また、『政事要略』巻五十九・遷替送丁事の「私記」には、「外国司等給二夫馬一者、送二妻子及随身資具等一也」とあり、交替丁や馬は、国司の赴任に付き添った国司の妻子の帰京費や随身の資産や道具の輸送費に用いられたとある。

(19)　事力の支給数は、大宰帥の二〇人から諸国史生の二人まで、差を設けて規定されており（軍防令　給事力条）、これは職分田（公廨田）の支給基準（田令・在外諸司職分田条）に対応したものとなっている。また軍防令・給事力条には国博士・国医師への事力支給の規定はないが、『続日本紀』天平神護二年（七六六）五月乙丑条で国博士・国医師への事力支給が述べられているので、令施行後に支給対象になったのだろう。阿部猛「事力考」（同『平安貴族社会』同成社、二〇〇九年、初出一九六九年）も参照。

(20)『続日本紀』養老五年（七二一）六月乙酉条には、事力に関して「若有二収課一、一月卅銭」とあり、事力の労働代価として物品を徴収する場合は月三〇銭とすると決められたことが知られる。また、同天平八年（七三六）五月丙申条には「諸国司等、除二公廨田・事力・借貸一之外、不レ得二運送一」と見え、国司が「公廨田」「事力」「借貸」以外を京へ運ぶことが禁じられた。ここの「公廨田」は公廨田からの収穫稲、「借貸」は国司借貸による利稲のことであり、「事力」は事力から徴収した労働代価を指すとする見解がある（岩波本『続日本紀　二』補注(4)・一三三「事力」、三九三頁）。これらから、八世紀において、事力を支給された地方官たちが労働の代価を徴収していた状況が窺える。こうした状況を念頭に置けば、この時、加賀国司が問題視した行為というのは、(1)や(2)が自らに支給された事力の代替料を徴収する行為だと考えることができ、そうであるならば、それは史料1が糾弾する交替丁の代替料の徴収という行為と同じということになる。

(21) 郡領氏族については、森公章「郡司表（稿）〔第3版〕」（『平成26年度～平成30年度科学研究費補助金（基盤研究C）研究成果報告書』二〇一九年）を参照した。

(22)『日本三代実録』貞観四年（八六二）三月二十日条には、下野介伴河雄の奏言として「今在任博士四人・医師三人、皆非二練道受業之輩一」とあり、下野国の博士・医師は全員非受業であったことが知られる。

(23) 北條秀樹「文書行政より見たる国司受領化―調庸輸納をめぐって―」（同『日本古代国家の地方支配』吉川弘文館、二〇〇〇年、初出一九七五年）、泉谷康夫「受領国司と任用国司」（前掲注(3)著書、初出一九七四年）。

(24) 山口英男「十世紀の国郡行政機構―在庁官人制成立の歴史的前提―」（同『日本古代の地域社会と行政機構』吉川弘文館、二〇一九年、初出一九九一年）。

(25)『日本後紀』弘仁三年六月二十六日条、弘仁十三年十二月十八日太政官謹奏（『類聚三代格』巻七）。

(26) 山口英男「郡領の詮擬とその変遷」（前掲注(24)著書、初出一九九三年）、森公章「律令国家における郡司任用方法とその変遷」（同『古代郡司制度の研究』吉川弘文館、二〇〇〇年、初出一九九六年）。

(27) 米田雄介「擬任郡司制の成立と展開」（同『郡司の研究』法政大学出版局、一九七六年）、森公章「九世紀の郡司とその動向」（前掲注(26)著書）。

(28)『日本後紀』弘仁二年四月十一日条。

(29)延喜二年（九〇二）四月十一日太政官符（『類聚三代格』巻二十）。なお、戸田芳実氏によれば、貞観期の国例の淵源は、延暦期に初見する「不論土人・浪人」政策に求められるといい、これが国衙による浪人からの夫役徴発というかたちで展開し、貞観期の国例につながったという（戸田芳実「平安初期の国衙と富豪層」同『日本領主制成立史の研究』岩波書店、一九六七年、初出一九五九年）。

(30)泉谷康夫前掲注(10)論文。後掲の史料3も参照。

(31)渡辺直彦「諸国検非違使・検非違所の研究」（同『日本古代官位制度の基礎的研究　増訂版』吉川弘文館、一九七八年）。

(32)渡辺直彦前掲注(31)論文。なお、渡辺氏は、国検非違使への補任ルートとして、年官による申任も存在したが、設置初期の国検非違使の多くは国司の申請によって補任されたとする。また、国検非違使については、三善清行『意見十二箇条』第十条にも「今任二此職一者、皆是当国百姓、納二贖労料一者也」とあり、本国の百姓が「贖労料」を納めて国検非違使に任じられている状況が糾弾されている。史料の性格上、誇張が含まれていようが、この史料からも、国検非違使に国内の者が任じられていたことが知られる。

(33)渡辺滋「平安時代における任用国司―受領の推薦権を中心に―」（『続日本紀研究』四〇一、二〇一二年）。なお、平安中期以降、受領による任用国司の推薦は「国請」と称される。

(34)『日本三代実録』貞観元年四月二十三日条。なお、国司ではないが、同じ地方官の例として、天安初頃に、大宰大弐の正躬王によって橘良基と巨勢夏井が大宰少監に申任された例がある（『日本三代実録』仁和三年六月八日条）。

(35)渡辺滋前掲注(33)論文。

(36)本条で史生への言及はないが、掾や目への申任が行われていた以上、それらよりも下位に位置づけられる史生の申任も行われていたものと推測される。

(37)国博士・国医師については、『令義解』選叙令・国博士条に「国司簡下択才術之可レ用者上、申二太政官一。即式部判補也」とあるように、国司の推薦に基づいて行われていたが、大宝三年に、国内に適任者がいない（国司が土人の適任者を推薦できない）場合は式部省の詮擬によることになった。しかし、この改定は国司の詮擬権をはく奪したものではないから、大宝三年以降も国内の者を任じる場合の詮擬権は国司にあったと考えられる。

(38)注(16)の表1によると、土人の国司任命と考えられる事例は九世紀になると確認されなくなる。九世紀前半をどう評価するかは問題になるが、この点も、九世紀には、本籍地回避の原則が守られていたと考える傍証になろう。

(39) 直木孝次郎「奈良時代における浮浪について」（同『奈良時代史の諸問題』塙書房、一九六八年、初出一九五一年）など。

(40) 国司襲撃事件については、泉谷康夫前掲注(23)論文、森公章前掲注(27)論文などを参照されたい。

(41) 『日本三代実録』仁和元年十二月二十三日条など。

(42) たとえば、紀伊守伴龍男と紀伊国造紀高継が対立した際、掾林並人は紀高継側に付き、伴龍男を訴えたことが知られ（『続日本後紀』嘉祥二年〈八四九〉閏十二月二十一日条）、また、石見国邇摩郡大領伊福部安道と同国那賀郡大領久米岑雄が守上毛野氏永を襲撃した事件では、介忍海山下氏則と掾大野安雄は郡司側に付いていた（『日本三代実録』仁和二年五月十二日条）。なお、後者の事例の場合、介と掾が守と対立していたが、介と掾とでは、任命される者の出自や権限に違いが見られる。したがって、任用国司が現地勢力側に付いた理由を考える際、介と掾以下は区別して考える必要があろう。

(43) 泉谷康夫前掲注(23)論文二八頁。なお、任用国司の出自が在地土豪と共通する点については、泉谷康夫前掲注(3)論文を参照。

(44) 梅村喬「民部省勘会と勘解由使勘判」（同『日本古代財政組織の研究』吉川弘文館、一九八九年、初出一九七五年）一五九頁。

(45) 『意見封事十二箇条』第八条には、「比年任用之吏、或結二私怨一以誣二告官長一、或矯二王事一以愁二訴国宰一、或陳下犯二官物一之状上、或訴二政理違法之由一、此等条類、千緒万端」とある。

(46) 泉谷康夫前掲注(23)論文。

(47) 九世紀の解由制度を検討した梅村喬氏は、九世紀の良吏に求められたこととして、在地勢力と結び付く任用国司層の統制を指摘している（梅村喬前掲注(44)論文）。

(48) 泉谷康夫前掲注(23)論文、梅村喬前掲注(44)論文。

(49) 前述した御酉殺害事件の犯人たちを見ると、藤原武岡は前掾であり、大宅宗永・在原連枝・大秦宗吉・清原利蔭・大宅近直は蔭子・蔭孫・左京人であったので、彼らは留住・土着の前司・王臣やその子孫であったと理解される。また、前医師の日下部広君は、筑後国山門郡に草壁郷があることから、筑後国人だと考えられる。このように、御酉殺害に関与した者たちは、留住・土着した前司・王臣やその子孫などの有力浪人と国医師に就任できる力を持つ有力土人だったと理解され、彼らはまさしく、九世紀後半における国内有力者層と言える。そして、彼らとともに、守の御酉を殺害した掾藤原近成と少目建部貞道も筑後国の有力浪人だったとすれば、掾藤原近成と少目建部貞道は、(A)居住国の国司に任じられた有力浪人の実例と評価できるのではないだろうか。

(50) 国内有力者同士が競合・対立していたことは、たとえば、「今愚昧百姓不レ悟二此理一、告人嘱二請甲宮一而乗レ威、前人媚二託乙家一以挟レ勢」(寛平八年四月二日太政官符『類聚三代格』巻十九)とあり、国内の百姓がそれぞれ別の院宮王臣家の威を借りて争っていたことが知られる。
(51) 史料3には、不当に処罰された郡司や雑任は「皆恥二出仕一」とある。こうした状況は、中央官人である任用国司からの処罰よりも、同じ国内有力者からの処罰によって生まれたものと考えるほうが理解しやすいのではないだろうか。
(52) 渡辺滋前掲注(1)論文、本書第二部第一章。
(53) 渡辺滋前掲注(33)論文。
(54) 泉谷康夫前掲注(3)論文、渡辺滋前掲注(1)論文。
(55) 渡辺滋氏は、十世紀後半から本籍地回避の原則を明白に逸脱した事例が確認されるようになることを指摘している(前掲注(1)論文)。
(56) 寺内浩氏は、大帳・正税帳による監査体制が十世紀中期まで維持されていたことを明らかにしたが(寺内浩「大帳・正税帳制度の解体」同『受領制の研究』塙書房、二〇〇四年、初出一九九四年)、このことは、十世紀前半まで朝廷が従来の体制を維持しようとしていたことを示している。このように、本籍地回避の原則以外の点においても、朝廷が律令体制の維持を転換させるのは、十世紀中期だと指摘されている。
(57) 十世紀以降、朝廷は、財政的事柄だけを基準に、受領の成績だけを審議するようになった(寺内浩「受領考課制度の成立」前掲注(56)著書、初出一九九二年)。このことから、十世紀以降の朝廷の関心は専ら税収の確保とそれを請け負う受領にあったと理解される。
(58) 土人を本国の任用国司に任命することが行われるようになった背景として、泉谷氏は、「十世紀に入り戸籍制度が次第に有名無実化して勘籍の行われなくなってゆくのと相表裏し、(中略)任用国司に土人を補任したのではないかと思われる例がみられるようになってくる」と言及し、勘籍制の形骸化を指摘する(泉谷康夫前掲注(3)論文八二頁)。勘籍とは、主に出身や得度の際に行われた、戸籍に基づいて対象者の所貫や身分を明らかにする作業のことであり、堀部猛氏によると、勘籍を受ける本人が本貫地の京・国で整えた「手実」(三比または五比の戸籍内容〈姓名、年齢、本貫地、戸主名〉が書かれたもの)と、民部省保管の戸籍を照合し、対象者の所貫・身分を確認するものであった(堀部猛「日本古代の勘籍制」『正倉院文書研究』一四、二〇一五年)。そして勘籍制は十世紀三〇年代頃までは機能していたとされる（野村忠夫「勘籍の本質と機能―官人出身の手続きをめぐって―」同『官人制論』雄山閣出版、一九七五年）。本章第一節第1項で論じたように、土人か否かを判断する基準が本籍地であったと考えられることから、おそらく国司を任命するどこかの段階で、任官候補者の本籍地が確認されたのではないかと思われる。もしそうであるならば、泉谷氏の指摘のように、本籍地の調査制度である勘籍の形骸化を土人の国司任命が行われるようになった要因として想定することは可能だと思われる。

(59)　有富純也「摂関期の地方支配理念と天皇―祥瑞・勧農・受領罷申―」（同『日本古代国家と支配理念』東京大学出版会、二〇〇九年、初出二〇〇七年）。

(60)　ただし、十世紀後半以降においても、受領は本籍地回避の原則の適応対象であった（渡辺滋前掲注(1)論文）。

(61)　弁済使については、勝山清次「「弁済使」の成立について」（同『中世年貢制成立史の研究』塙書房、一九九五年、初出一九七六年）、寺内浩「弁済使の成立過程」（前掲注(56)著書、初出一九九八年）。

(62)　大津透『律令国家支配構造の研究』（岩波書店、一九九三年）。

(63)　飯沼賢司「在庁官人制成立の一視角―子姪郎等有官散位を中心として―」（『日本社会史研究』二〇、一九七九年）、久保田和彦「国司の私的権力機構の成立と構造―十一～十二世紀における国司権力の再検討―」（『学習院史学』一七、一九八一年）、大石直正「平安時代の郡・郷の収納所・検田所について」（豊田武教授還暦記念会編『日本古代・中世史の地方的展開』吉川弘文館、一九七三年）、佐藤泰弘『日本中世の黎明』（京都大学学術出版会、二〇〇一年）など。

(64)　佐藤泰弘氏は、十世紀前半の受領を律令制の枠内にあったと指摘する。傾聴すべき重要な指摘だと考える（佐藤泰弘「受領の成立」吉川真司編『日本の時代史5　平安京』吉川弘文館、二〇〇二年）。

第二章　年官制度の展開

——中央と地方をつなぐ新たな方途の成立——

はじめに

年官は、天皇、院宮、親王・内親王、公卿、女御などの上級の皇族・貴族（給主）に与えられた官職推薦権であり、年官によって推薦できる官職の大半は、国司の掾や目（任用国司）、諸国史生などの下級地方官であった。その年官は、九世紀前半に成立し、宇多天皇の寛平期（八八九〜八九八）に給数が整備されて制度として確立した(1)。以降、年官は、平安時代を通して、給主の意向を比較的自由に人事に反映させることができる特権として、多様な運用がなされてきた。具体的には、被推薦者から任料を受け取る見返りとして推薦したり（売官）(2)、自身への奉仕の見返りとして従者を推薦したりしていたこと(3)が明らかにされ、後者の運用のあり方に年官の本質を見出す見解も提示されている(4)。

このように、年官に関する研究は蓄積されており、その性質や運用の実態についても明らかになりつつある。しかし、序章で述べたように、これら先行研究は、年官を中央の貴族社会内で論じたものばかりであり、地方の視座が乏しいという分析視角上の問題があった。そうしたなかで、近年の任用国司をめぐる研究(5)は、中央と地方の関係のなかで年官を分析している点で注目され、特に平安中期の地方有力者が官職を獲得する過程を分析した渡辺滋氏の研究(6)は重要だと考える。その研究において渡辺氏は、十世紀以降の年官は、地方の有力者にとっては本国の任用国司のポストを獲得できる重要な制度として、中央の給主にとっては「地方社会の「富」と連結し、それを吸い上げる有効な手段」として認識されるようになり、年官は「推薦者・被推薦者の両方にとって、おそらく「有用」な関係を築く（あるいは強化する）恰好の契機」であり、中央の給主と地方社会の間の「有力な紐帯として機能し続けていた」と論じた。

渡辺氏の研究は重要な指摘を多く含んでおり、参考にすべき部分は多いが、本章では、とりわけ次の点を重視したい。それは、年官を中央と地方の人間関係を形成・維持・強化する手段として評価した点である。この点は、年官の歴史的意義を考究する際、重要な分析視角になると考えるので、継承して議論を深めていきたい。

以上を踏まえ、本章では、中央と地方の関係のなかで年官が果たした役割を明らかにする前提として、年官が中央と地方の諸関係を支える手段として機能するようになる過程やその理由について考察していきたい。

一　年官による申任の変化

まずは、年官による申任事例を分析し、年官によって地方有力者が本国の任用国司に申任され始める時期を明確にしたい。

表2は、十世紀の年官事例のなかから、地方有力者（土人）を本国の任用国司に申任したと考えられる事例を年代順に整理したものである。(7) これによると、年官によって地方有力者を本国の国司に任命する事例は、十世紀後半の天暦期（九七四〜九五七）頃から確認されることがわかる。

表2　年官による土人の国司任命事例（十世紀）

年	任人	任官国司／推薦国司	年官	出典
天暦三（九四九）	江沼忠純	加賀権掾	朱雀上皇承平三年給	北、魚
天暦八（九五四）	越智直安材	伊予権少目	村上天皇天暦二年内給	魚
同右	調光平	近江権少目	康子内親王巡給	魚
貞元二（九七七）	磯部貞扶	伊勢目	東宮（師貞親王）天延四年給	魚、魚別
天元二（九七九）	播磨造利明	播磨少掾	円融天皇内給	大、除申、魚、魚別
天元四（九八一）	民連全成	尾張掾	藤原頼忠康保元年給二合	大、魚別
永観二（九八四）	上毛野朝臣公平	上野権大掾	円融天皇ヵ天元二年給	大、魚別
永延二（九八八）	佐伯公平	讃岐少目	源時中臨時給	魚・魚別
長徳元（九九五）	各務為信	美濃介	東三条院臨時給	大、魚別
長徳二（九九六）	播磨造延行	播磨少掾／播磨少掾	一条天皇臨時給	大、長
同右	壱志公元秀	伊勢少掾	具平親王巡給二合	長
同右	各務隆成	美濃少掾	東三条院当年給	大
同右	紀朝臣利廉	紀伊大目	平惟仲長徳元年	長
同右	紀朝臣利兼	紀伊権大目	皇后藤原遵子去年給	大、長
同右	宗形宿禰夫正	筑前権大目	花山院去年給	長
同右	尾張宿禰正茂	尾張権大目	一条天皇内給	長
長保元（九九九）	佐伯宿禰扶尚	讃岐大目／讃岐権大目	源時中長徳元年給	大
同右	長谷部是真	尾張介	冷泉上皇安和二年給	大
同右	十市明理	美濃介	冷泉上皇御給	大

十世紀後半	各務村連秀長	美濃権史生	内給	西

出典表記　西…西宮記、北…北山抄、大…大間成文抄、魚…魚魯愚抄、魚別…魚魯愚別録、除申…除目申文抄、中文抄、長…長徳二年大間書。

また、表2から読み取れる情報と関連して注目されるのが、鎌倉時代初期頃に成立したとされる『外記宣旨』所収の天暦九年（九五五）十月十一日の宣旨である。[8] その全文を以下に掲げる。

左大臣宣、奉レ勅、以二土貫之人一（不脱カ）任二当国之司一、於レ制已存、憲法所レ重。而年来預二年給一家、間有レ請二補之一、乖レ運違レ理不レ可レ然。宜レ令下進二年給名簿一之人注中其貫属上。自今以後、立為二恒例一者。

天暦九年十月十一日　少外記御船傅説奉

同宣旨の内容は次のようなものである。すなわち、「土貫之人」を「当国之司」に任じないことについては、すでに「制」が存在し、「憲法」が重きを置くところである。しかし、近年、「年給」に預かる家は、（年官によって）「土貫之人」を当国の国司に申任しており、これは、（除目の）「運」用に乖き、「理」に違うことであり、然るべきものではない。よって、今後は、「進二年給名簿一之人」に「其貫属」を注記させるようにし、これを恒例とせよ。

第一部第一章で検討したように、天暦九年宣旨は、年官による土人の国司任命を防ぐ対策として、年官申文に被推薦者の本籍地を記入させるようにしたものであるが、本章では、次の点に注目したい。それは、「以二土貫之人一（不脱カ）任二当国之司一、於レ制已存、憲法所レ重。而年来預二年給一家、間有レ請二補之一」（傍点筆者）の部分である。ここから、天暦九年頃、年官によって土人を本国の国司に任命することが行われていたことが知られる。また、こうした年官による申任は「年来」の問題として言及されているから、右のような申任は、天暦九年頃から行われ始めたと考えられる。そして、この状況は表2から読み取れる申任状況と一致する。

以上、年官による申任事例と天暦九年宣旨から、年官によって地方有力者が本国の任用国司に申任され始めるのは十世紀後半（天暦期）以降であることが明らかになった。

十世紀後半にこのような変化が現れるのは、この時期に朝廷の地方支配に対する姿勢が後退して、受領に地方支配が全面的に委任され、本籍地回避の原則が部分的に放棄されたことによる。ただし、それだけでなく、九世紀中頃より活動を活発化させ、社会的集団として成長する院宮王臣家の存在も見逃せない。年官の給主を当主とする院宮王臣家は、九世紀中頃以降、受領（国司）と地方有力者（富豪層）の双方との関係を基盤に地方進出を拡大させるが、そうした関係は十世紀以降も成長を続けたとされる。(9) また、同時期には、受領による地方有力者の編成も進み、こちらも十世紀以降につながっていく（第一部第一章）。このように、九世紀中・後半以降、院宮王臣家・受領・地方有力者の三者は、それぞれと関係を構築しつつ、活動を展開していったが、そうした諸関係も背景にあって、年官で地方有力者を申任することが行われ始めたものと思われる。(10)

では、年官によって地方有力者を本国の任用国司に申任することは十一世紀以降も続くのだろうか。この点を、播磨国の播磨氏と伊予国の越智氏の任官を例に確認しておきたい。

播磨国の播磨氏

『除目申文抄』名替転任には、「天元三年春　播磨利明任二播磨少掾一云々。尻付云、停二去年内給権少掾良明一改任」とあり、天元三年（九八〇）、円融天皇の内給（名替）で播磨利明が播磨少掾に申任されたことが知られる。(11) これが、年官によって播磨氏を播磨国司に申任した初例である。

次に確認される事例は、長徳二年（九九六）に臨時内給によって播磨少掾に申任された播磨延行であるが、(12) 延行に

関しては、さらに宮内庁書陵部図書寮文庫所蔵『除目申文之抄』に、

　散位播磨宿禰延行
　　望二申播磨大掾一
　長保六年正月廿六日（関白被レ申、若勅書歟）

という申文が見える。延行は、長保六年（一〇〇四）にも、播磨大掾に推薦されていた[13]。この事例では、彼が播磨少掾、そして大掾の地位を獲得する手段として、年官に頼っていたことが注目される。

少し時代は下るが、承暦元年（一〇七七）には、白河天皇の内給（名替・任符返上）によって播磨時任が播磨大掾に推薦され、その結果、播磨掾に任官されたことが知られる[14]。また、永長二年（一〇九七）、皇太后藤原歓子の年官によって播磨成信が播磨掾に任ぜられたことも確認されるが、この任官は、年爵への振替のため、康和二年（一一〇〇）に停止された[15]。

伊予国の越智氏

次は、越智氏の任官状況を確認していきたい[16]。

『魚魯愚抄』第五には、「天暦八　伊予国権少目正六位上越智直安材天暦二年内給」とあり、天暦八年（九五四）、天暦二年の内給（未給）によって越智安材が伊予権少目に申任されたことが知られる。これが、年官による越智氏の伊予国司申任の初例になるが、同様の任官は、十一世紀に入っても継続して確認される。

『大間成文抄』第一・当年給には、次の年官申文が収められている。

　尚侍従二位藤原朝臣婉子家
　　正六位上越智宿禰助時

望二伊予掾一

右、当年給二合、所レ請如レ件。

治安三年正月廿日従四位上行下野介藤原朝臣兼貞

この中文による任官結果として「伊予掾正六位上越智宿禰助時尚侍藤原朝臣婉子当年給二合所レ任」と見え[17]、治安三年（一〇二三）、尚侍藤原婉子の当年給二合によって、越智助時が伊予掾に申任されたことが知られる。また、『魚魯愚抄』第六には、永承四年（一〇四九）春、娟子内親王の長久二年（一〇四一）未給によって越智国秀が伊予掾に申任され、同年秋に品治吉末への改任が行われ、さらに翌五年にまた改任が行われて、越智友近が伊予掾に申任されたことが見える[18]。

また、具体的な任官年は不明になるが、使用された年官から十一世紀末頃と推測される事例として、民部卿源経信の永保二年（一〇八二）の年官で越智時任が伊予大目に申任されており[19]、任官後に改任された事例として、前太皇太后宮昌子内親王の永祚二年（九九〇）未給で伊予掾に申任された越智隆盛[20]、永久五年（一一一七）、左大臣源俊房の当年給二合で伊予大掾に申任された越智貞吉が確認される[21]。

以上、播磨国の播磨氏と伊予国の越智氏の任官状況を見てきたが、両氏族ともに、年官によって本国の任用国司に申任された事例は十一世紀に入ってからも確認することができた。今回検討しなかった国の場合でも、十一世紀以降の事例を確認できるから[22]、年官によって地方有力者を本国の国司に申任する動向は全国的な動向として理解され、それは十一世紀以降も継続して行われていたと判断される。

二　年官と中央社会——安和二年宣旨の検討——

前節では、年官による申任事例を分析し、十世紀後半の天暦期頃から、地方有力者を本国の国司に申任する事例が見え始め、十一世紀以降に続いていったことを確認した。また、その変化の背景には、本籍地回避の原則の部分的放棄とともに、院宮王臣家・受領・地方有力者の社会的関係が存在していたであろうことを指摘したが、これら以外にも、年官で地方有力者を申任するようになった要因はあったと考える。そこで本節では、十世紀後半に見られる年官による申任の変化の背景について、中央社会の変化に着目して検討していきたい。

その際、注目されるのが安和二年（九六九）の宣旨（『政事要略』巻二十六）である。

右大臣宣、奉レ勅、参議治部卿正四位下兼行伊予守藤原朝臣斉敏、参議左大弁従四位上兼守大蔵卿行備後権守藤原朝臣文範等去年十一月三日奏状偁、謹検二案内一、大臣已下参議已上所レ勤公役、専無二差別一。所レ賜封禄、甚以懸隔。其参議之封只六十戸。仍為レ優二勤労一、殊賜二兼国一。而諸国公廨、多申二減省一、無レ挙二本数一。処分之率已少、国司之員倍多。適所レ当之料、動致二物貧一、難レ支二急用一。就レ中五節之事所レ費不レ少。彼茅土高貴之家猶傾二資産一、而多レ労。華戸閑素之輩還損二公威一、而有レ恥。方今雖レ募二一分之年給一、曽無二一人之企望一。僅要二判官一、更辞二主典一。世俗所レ変人心難レ奪。然則年官・月俸有レ名無レ実。望請、殊蒙二天恩一、早降二一合之宣旨一、将レ支二五節之用途一者。奏請之旨、尤可二許容一。抑奉二五節舞姫一、非二宰相之職一。納言以上同営二此事一。自今而後、大臣已下参議已上、今年献二五節舞姫一者、其明年給、殊許二一合一。但納言以上、若当二一合年一、廻充二他年一。立為二恒例一者。

安和二年二月十四日

大外記兼播磨権少掾菅野朝臣正統奉

この宣旨は、年官の原則として「二合」の権利を持たない参議に対し、(23)五節舞姫を献上した年の翌年のみ、「二合」して掾（三分官）に推薦することを認めたもので、藤原斉敏らの奏状を受けて出されたものである。その奏状を見ると、近年は、「二分之年給」（目に推薦する年官）に与かりたい者を募集しても、一人も希望者がおらず、わずかに「判官」（三分官）を求める者がいるだけだという状況が述べられている（傍線部）。

時野谷滋氏は、この奏状の目的が、通常二合の権利がない参議にも、五節舞姫献上の翌年に限り、二合を認めてもらうことにあったのだから、二分の年官の希望者の減少という状況は誇張して述べられている可能性があり、記述をそのまま実状と理解することはできないが、ただそれでも、一分・二分の年官の希望者が減少していた状況は認めてよいとする。(24)

時野谷氏は、斉敏らの奏状の記述から、年官二分への希望者の減少という状況を読み取ったわけだが、ここで注意すべき点がある。それは、前節で検討したように、十世紀後半以降、地方有力者たちは本国の任用国司の地位を所望し続けていたと考えられることである。こうした地方の人々の動向を踏まえて、奏状の記述を考えると、奏状が述べるところの二分の年官を「企望」しなくなる者とは、主に中央で活動する者を指すと理解すべきであろう。この読解が成り立つとすれば、十世紀後半の中央社会では、国司の目を希望する――年官による推薦に与りたい――官人が減少しつつあったことになる。

ここで、地方社会に目を転じると、十世紀後半から、地方有力者たちは、年官によって本国の任用国司に申任され始めていた。同時期の中央と地方で、年官に関する変化が確認されることは、決して偶然ではないだろう。両者は連動したものと理解すべきである。そうだとすれば、十世紀後半より、中央の官人たちは国司の目を所望しなくなり、年官による推薦に与ることを希望する者は減少したが、こうした状況に対応するため、給主たちは、年官で推薦する者を地方社会にまで求めるようになったのではないだろうか。中央の者が目のポストを希望しなくなったことで、地方の者が年官に与る機会が増え、十世紀後半以降、地方有力者を本国の任用国司に申任する年官事例が多くなっていったと考えられるのである。

十世紀後半に確認される中央と地方の変化を、以上のように理解できるとすれば、年官によって地方有力者が本国の任用国司に申任され始める背景には、本籍地回避の原則の部分的放棄や院宮王臣家・受領・地方有力者の政治的・社会的関係に加えて、中央における年官希望者の減少という社会状況の変化があったと理解される。十世紀後半における年官の変化は、中央と地方、両社会の連関のなかで起こっていたと言えよう。

三　地方有力者にとっての年官——各種任官方法の検討から——

本章第一節では、地方有力者を本国の任用国司に申任する年官事例を多く見てきたが、こうした事例の多さは、地方有力者が本国の任用国司の地位を獲得する手段として年官を重視していたことを示している。また、そうした状況は、天暦九年宣旨が土人の国司任命を糾弾する際、年官による申任だけを糾弾対象としていたことからも窺える。

しかしながら、平安時代における任用国司への任官方法は年官以外にも、四所籍、内舎人、文章生、上召使・三局史生・三省史生、諸道・諸院挙、諸司奏、所々奏、諸請(国請)があった(25)。それにも関わらず、年官以外の方法で地方有力者が本国の任用国司に任官された事例は多くない(26)。複数の任官方法があるなかで、なぜ地方有力者は年官による推薦を求めたのだろうか。本節では、任用国司への任官方法の比較検討を通して、この問題を考えたい。

四所籍

四所籍とは、内豎所・大舎人寮・校書殿（文殿）・進物所の「四所」に「籍」を持つ官人を、本所・本司が提出する労帳に基づいて諸国掾・目に任じる方法であり、各「籍」における一労者から巡任された(27)。提出される労帳に任官候補者の年労と上日が記されたことからも明らかなように(28)、年労・上日が四所籍で任官される理由であった。

内舎人・文章生

「内舎人」とは、中務省作成の内舎人労帳に基づき、内舎人としての年労が多い者から順番に諸国掾・目に任じる方法であり(29)、「文章生」も同様に、大学寮作成の文章生歴名（労帳）に基づき、文章生としての年労（在籍年数）の多い者から順番に諸国掾・目に任じる方法である（任官方法としての内舎人・文章生には「　」を付す）。したがって、内舎人・文章生としての年労（在籍年数）が「内舎人」「文章生」で任官される理由であった(30)。

上召使・三局史生・三省史生

上召使とは、太政官召使を(31)、三局史生とは、太政官と左右弁官の史生を、三省史生とは、式部・兵部・民部の史生を、それぞれの本司の推薦によって諸国目に任官する方法である。上召使と三局史生については、延喜太政官式・召使任官条に、「凡太政官并左右弁官史生・召使等、毎年一人除二諸国主典一（中略）。其労成任官者、並不レ依二年労一、只計二上日一」とあり、本司の推挙を受ける際、召使・史生としての上日が基準になっていたことが知られる。ただし、三局史生については、永延三年（九八九）に、「勤功」（勤務成績）によって内官二分に任官されることとなり、長徳二年（九九六）に、その基準が年労に改められたが、左右史生から選ばれた庁直抄符史生（預抄符史生）に関しては、「勤功」により内官二分に、「年労恪勤」により諸国目に任官されることとなった(32)。また、柴崎謙信氏によれば、三局史生と同時期に、上召使の任官基準も、上日から年労に変更されたと考えられるという(33)。

三省史生の場合も、その尻付は「式部史生労」「兵部史生労」「民部史生労」であり、康和元年（一〇九九）民部省中文に「因㆓准先例㆒、依㆓年労恪勤㆒、以㆓史生従七位上清原真人石末㆒、拝㆓任諸国目闕㆒」、永久四年（一一一六）式部省中文に「為㆓当省史生㆒之者、依㆓年労恪勤㆒、遷㆓任諸国之目㆒、承前之例也」と見えることから、年労が推薦理由になっていたと思われる。(34)

諸道・諸院挙

諸道挙とは、紀伝・明経・明法・算の四道の学生を、博士以下の推薦によって諸国掾・目に任命する方法であり、諸院挙とは、勧学院・奨学院・学館院の学生を、本院別当等の推薦によって諸国掾・目に任命する方法である。関係史料を見る限り、博士や別当たちの推薦を受ける基準に年労があったとは考えられないが、これらの方法で任官される前提として、各道・各院の学生になる必要があった。

諸司奏

諸司奏とは、諸司に属する官人を、本司の推薦によって諸国掾・目などに任官する方法である。『魚魯愚抄』第二には、「諸司奏（本官、本省、本寮司之類、或又以㆓当職労㆒申㆓他司一二三分及外国㆒等也。或付㆓蔵人方㆒）」「或以㆓当職労㆒望㆓他司及外国一二三分㆒之輩請㆓任之㆒」とあり、官人としての労が推薦理由であったことが知られる。

所々奏

所々奏とは、内豎所、作物所、大歌所、御厨子所、御書所、諸行事所などの所の官人を、本所別当等の推薦によって諸国掾・目に任命する方法である。『魚魯愚抄』第三によれば、諸院別当・預、諸社・諸寺、国等請も含まれるというが、国請は、『大間成文抄』が「請」の項目に入れることからも、諸請の一つとすべきである。国請については後述する。

所々奏の一例として、寛治六年（一〇九二）に丸部宿禰信方を諸国掾に推薦した作物所申文を見ると、そこには、

「依二年労恪勤一、補二任諸国掾一、逐年不レ絶。爰信方出二仕当職一之後、及二三十箇年一」とあり(35)、推薦理由として信方の年労を挙げる。また、寛弘五年（一〇〇八）、作物所の推薦を請う秦宿禰忠辰の自解申文には(36)、自己推薦する根拠の一つに「身労廿五个年」を挙げる。所々奏の推薦理由に年労があったことがわかる。

ただし、先の忠辰の自解申文には、「依下調二進賀茂祭料鞍十五具一功上」「以二私物一造二進賀茂祭料唐鞍等一先了」ともあり、成功の要素が見られる点は注意したい。この点について、行事所（行造伊勢豊受宮事所）の申文を見ると、「依二神宝用途准絹二千疋功一、以二正六位上藤原朝臣景真一、被レ拝二任諸国権守一」とあり(37)、私功が推薦理由になっていた。私功を理由に推薦する事例は、社寺による推薦でも確認される(38)。したがって、私功も所々奏による推薦理由であったと言える。

諸請（国請）

諸請とは、官司の長官に被官の三分官・二分官を推薦させる方法であり、長官個人に与えられた推挙権だと考えられる(39)。諸請のうち、受領に与えられた申任方法が「国請」であり、国請では、諸国掾・目が任命された。国請の申文は、『大間成文抄』第四・請に承暦四年（一〇八〇）の伊勢国司が斎宮の御参宮・御禊に供奉する国司がいないために任用国司の申任を申請したものが残っている。これは特定の国務を遂行するために申請したもので特殊な事例かもしれないが、それには、推薦の理由として年労や上日は見えない。また、同じく諸請に含まれる大宰大弐が大宰大監への任命を申請した申文には、「謹検二故実一、為二大宰大弐一者、請二任監一者、已為二恒典一、不レ遑二毛挙一」とあり(40)、やはり年労や上日が理由になっていない。これらを踏まえると、国請に与るには、推薦者である受領の許可をもらえばよかったと言える(41)。

以上のように、国請や私功が理由（成功）の所々奏を除くと、年官以外の方法で任用国司に申任されるためには、推薦権を持つ諸司・諸所などに所属し（あるいは学生になる）、年労や上日を積むことが推薦に与る前提になっていた。こうした前提を有する任官方法は、地方に活動の拠点を持つ者にとっては、推薦されるまでに時間がかかり過ぎ、現実的とは言えないだろう。

年官

では、年官はどうだろうか。年官による申任は、次に掲げるような、給主から提出される申文（名簿）に基づいて行われる。

　正六位上嶋田朝臣種忠
　　望二山城・美濃等国目一
右、当年給、以二件種忠一所レ請如レ件。
　長保元年正月廿八日左大臣正二位藤原朝臣道（長）―(42)

佐々木恵介氏(43)によると、任官申請文書としての名簿は、任官希望者（被推薦者）の位姓名、希望する官職、簡単な本文、末尾に年月日が記されるだけの最も簡略な体裁をとるものであり、年官の名簿には、日下に給主の名が記される（内給と臨時給だけは給主の名は記さない）(44)。そして、年官による推薦文書に名簿という書式が採用されたのは、「年官が給主にあらかじめ与えられた権利であり、被推挙者（＝任官希望者）がどのような者であるかは基本的には問われないという事情が考えられる」からだという。つまり、年官によって申任されるにあたっては、特定の官職に就く必要も、年労を積む必要もなく、ただ給主の承諾を得ればよかったのである。したがって、地方有力者はあらゆる伝手・口入・手引きを通して給主とつながり、任料の支払いや、任官後の奉仕を約束するなどして推薦されればよかった。年官は、地方有力者が本国の任用国司に任命される方法として、最も現実的で、実現可能なものであったと考えられる。

なお、国請も推薦者である受領の許可をもらえれば推薦に与れたので、地方有力者にとっても現実的な方法だったと考えられる。ただ、次節で述べるように、国請よりも年官のほうが除目における選考順が早く、希望の官職（希望の国の国司）に任官されやすかった。したがって、推薦に与りやすく、希望の官職に任官されやすい年官が、地方有力者にとっては最も魅力的な任官方法であったと考えられよう。

十世紀後半以降、多くの地方有力者が年官による推薦に与り、本国の任用国司に申任されたのは、右で述べた理由によることが大きかったのではないかと考えられる。

四　除目における選考順

前節では、任用国司の任官方法を比較検討し、年官による推薦が、地方有力者にとって最も現実的で実現可能な方法であったことを論じてきたが、たとえ推薦されたとしても、希望する官職への任官が実現するかどうかは、中央で行われる除目にかかっていた。

任用国司の任官は、主に正月に実施される春除目で決定される。そこでは、ある国司に誰を任じるかではなく、ある任官候補者をどの国の国司に任じるかを選考していた。そのため、任官候補者の中でも選考される順番が早い者ほど、欠官の数が多いので、希望する国司に任命される確率は高かった。つまり、除目における選考順は、任官希望が実現するか否かを左右する大きな要素であったと言える。

『北山抄』巻三・拾遺雑抄上・除目には、春除目の次第が書かれており、その記述から、選考順を知ることができる。まずは、該当部分を掲げる。

（上略）随レ仰置レ笏開二大間一、繆二置座右一（割注略）、端レ笏奏請。①先任二四所籍一（割注略）、両三人書載畢、令レ召二院宮御給名簿一（割注略）。次下二給内給・院宮旧年御給・公卿給等請文一（中略）各端書二付可レ勘之趣一下給（割注略）。四所任畢、②内舎人（割注略）、③文章生（中略）件内舎人・文章生等、近例、次日公卿給之後、任云々。早晩随二時便一耳、④院宮御給并内給、親王・公卿・尚侍・女御等当年給（割注略）任レ之。一日議訖、封二大間一、納二雑書一（割注略）大間入レ筥、加二入成文一（割注略）進レ之（中略）⑤次日随二勘上一（割注略）任二二合・名替等者一（割注略）。⑥次諸道挙（中略）勧学院・奨学院等掾（中略）并所々（中略）三局史生・上召使（中略）（下略）

この記述は国司掾・目の任官を前提とした内容であることから、①「任二四所籍一」は「四所に籍を持つ者を国司の掾や目に任じる」と、②「内舎人」は「内舎人を国司の掾に任じる」と、③「文章生」は「文章生を国司の掾や目に任じる」と、④「当年給（割注略）任レ之」は、「当年給によって推薦された者を国司の掾や目に任じる」と、⑤「任二二合・名替等者一」は、「（年官の）二合・名替などによって推薦された者を国司の掾や目に任じる」[45]と、⑥「諸道挙（割注略）并所々」は、「諸道挙や所々奏などによって推薦された者を国司の掾や目に任じる」と、それぞれ解釈される。

さて、『北山抄』が示す選考順は、①四所籍→②内舎人→③文章生→④⑤年官→⑥諸道挙（諸院挙含む）・所々奏（三局史生・上召使含む）である。また、『西宮記』巻二・恒例第一・除目が示す選考順は、①四所籍→②内舎人→③文章生→④年官であり、『北山抄』と同じである（諸道挙・所々奏に関する記述なし）。これらから、両者に共通する①四所籍→②内舎人→③文章生→④年官という選考順は、十世紀後半から十一世紀初頭における選考順として理解される。

ところで、前掲『北山抄』は、②内舎人と③文章生の選考順について、注目すべき記述を載せている（点線A）。この記述は重要であるため、再度掲げる。

件内舎人・文章生等、近例、次日公卿給之後、任云々

これによると、近例では、「内舎人」と「文章生」の選考は除目二日目の「公卿給」の後に行われるという。ここ

の「次日公卿給」とは、外記の勘申が必要な「公卿給」を指すものと理解され、それは⑤年官に含まれる。つまり、この記述は、「内舎人」と「文章生」の選考順が年官の後ろに後退したことを意味しており、裏を返せば、年官によって推薦された者の選考が「内舎人」「文章生」より早くなったことを示している。

この変化を、万寿四年（一〇二七）の春除目で確認したい。この除目は正月二十五日から二十七日にかけて行われ、執筆は藤原実資が担当した。したがって、実資の日記『小右記』には、その時の進行の様子が比較的詳しく残されている。

『小右記』万寿四年正月二十五日条を見ると、

（上略）次参二置大間一、了執レ笏候。仰云、早。次候二気色一、[A]書二入四所籍者一畢〈内豎所・校書殿・進物所・大舎人〉。執レ笏候二天気一、且触二関白一云、取二遣院宮御給文等一。関白候二気色一伝〔召脱カ〕下仰可二取遣一由上。右近中将兼経、仰下可レ取二遣院宮御給文一之由上。次下給等一々書二付申文端一、皆有二其詞一、随二請文一耳。秉燭後、右中将伝二進院宮御給文一、余取授二関白一、々々奏レ之、御覧了返給。[B]院宮并親王・公卿当年給一々書二入大間一、又召二参議公成一令レ下二勘公卿給一、此間又院宮并公卿任符返上等一々書入（下略）

とあり、この春除目は、A四所籍から始まり、年官申文の諸手続きを済ませた後、B院宮・親王・公卿の当年給と任符返上によって推薦された者の選考・任官が行われた。

翌二十六日条には、

（上略）次参二置大間一、了祇候。仰云、早者。亦候二気色一任二[C]内舎人三人一。亦召二右少弁家経一、[D]昨日下給公卿給早可レ令二勘進一由伝二仰新宰相〈公成〉一、即公成進レ之、一々書載（下略）

とあり、除目二日目は、C「内舎人」から始まり、次いで、D前日に下した「公卿給」によって推薦された者の選考が行われた。D「昨日下給公卿給」は、前日条に「召二参議公成一令レ下二勘公卿給一」（B）とある「公卿給」のことで、これは外記による勘申が必要な年官申文のことと理解される。

このように、万寿四年の春除目は、A四所籍→B年官（当年給、任符返上）→C内舎人→D年官（外記の勘申が必要な年官）という順番で選考が行われた。しかしながら、『北山抄』は「次日公卿給」の後に「内舎人」の選考を行うのが「近例」だとする。では、万寿四年の春除目はどう理解すべきだろうか。

そこで注目されるのが、前掲二十六日条の「亦召二右少弁家経一、昨日下給公卿給早可レ令二勘進一由伝二仰新宰相一公成、即公成進レ之」という部分である。これによると、実資は「昨日下給公卿給」を早く勘進するよう、参議公成に仰せているが、この実資の行動は、外記による勘申が遅れていたことによるものと考えられる(46)。勘申を経て年官申文の有効性が確認できなければ、未給や二合などの年官で推薦された者の選考を行うことはできない。そのため、実資は除目の遅延を防ぐ目的で、臨機応変に「内舎人」の選考から始めたのではないだろうか。このように『小右記』の記事を読解できるならば、万寿四年の時点で、①四所籍→②年官→③内舎人→④文章生という選考順の変化を見ることができる。また、少し時期は下るが、康和四年（一一〇二）の春除目では、四所籍→年官の順で選考が行われ(47)、長治二年（一一〇五）の春除目では、四所籍→年官（当年給）→年官（外記の勘申が必要な年官）→文章生→内舎人の順で選考が行われていた(48)。四所籍の次に年官を選考する順番は、院政期には定着していたと理解される(49)。

では、年官の選考順が早まる時期はいつなのだろうか。それを明確に示す史料は確認できないが、『西宮記』に記載がなく、『北山抄』に「近例」として記載されることから、十一世紀初頭頃と考えておきたい。

以上の検討によって、十一世紀初頭頃に、除目における年官の選考順が早まったことが明らかになった。この変化は、年官によって推薦された者の任官希望が実現しやすくなったことを意味しており、これによって、年官で推薦された地方有力者は本国の任用国司へ任官されやすくなったものと理解される。とすれば、本節で見た選考順の変化によって、年官による推薦に与りたい地方有力者の数は増えたであろうことが想定される。十一世紀初頭、年官は地方有力者の望みを叶える手段として、その価値を高めたと言えよう。

おわりに

本章の結論をまとめると、以下の三点になる。

（一）年官によって地方有力者を本国の任用国司に申任し始める時期は十世紀後半の天暦期頃からであり、そうした申任は十一世紀にも続いていく。また、その背景には、本籍地回避の原則の部分的放棄、院宮王臣家・受領・地方有力者の関係の存在、中央社会における年官希望者の減少があったと考えられる。

（二）推薦に与る前提として、特定の官職に就き、年労を積む必要のない年官は、地方有力者が本国の任用国司の地位を獲得する手段として最も現実的で最適なものであったと評価できる。そのため、本国の任用国司を望む地方有力者の多くは、年官による推薦に与ることを望んだものと考えられる。

（三）十一世紀初頃、除目における年官の選考順が早まり、年官によって推薦された者の任官希望が実現しやすくなった。これは、地方有力者がより本国の任用国司に任命されやすくなったことを意味し、これにより、地方有力者の所望を叶える手段としての年官の価値は高まったと評価される。

「はじめに」で述べたように、渡辺滋氏は、十世紀に入り、土人の国司任命が可能になると、年官は、推薦者である中央の給主と被推薦者である地方の有力者の双方から重要な制度と認識されるようになり、中央と地方の間の「有力な紐帯として機能し続けていた」と評価した。本章の結論を踏まえると、年官が中央と地方の関係を支える機能を有するようになるのは十世紀後半以降であり、年官が「有力な紐帯」となり得た理由は、地方有力者にとって、年官が本国の国司の地位を獲得する最適な手段であったからだと理解される。

また、十一世紀初頭に除目における年官の選考順が早まり、地方有力者の所望が実現しやすくなったことによって、年官による推薦に与りたい地方有力者は、より中央の給主のもとに結集するようになったと思われる。そうであるならば、十一世紀初頭の変化は、年官が持つ中央と地方の関係を支える機能を向上させたものと言える。なお、視点を給主に移すと、この変化は、中央の給主たちが年官による申任を重視し、少しでも希望通りの任官を実現させようとした結果と評価することもできるだろう。(50)

十世紀後半以降、年官は中央と地方のさまざまな人的ネットワークを形成・維持・強化する手段として活用されていく。十世紀後半という時期は、中央と地方をつなぐ方途としての年官が成立する画期として評価されるのである。

注

（1）時野谷滋「年給制度の研究」（同『律令封禄制度史の研究』吉川弘文館、一九七七年）、尾上陽介「年爵制度の変遷とその本質」（『東京大学史料編纂所紀要』四、一九九四年）。

（2）時野谷滋前掲注（1）論文。

（3）永井晋「十二世紀中・後期の御給と貴族・官人」（『国学院大学大学院紀要　文学研究科』一七、一九八六年）、尾上陽介「年官制度の本質」（『史観』一四五、二〇〇一年）。

（4）尾上陽介前掲注（3）論文、佐古愛己「「故人未給」にみる年給制度の本質」（同『平安貴族社会の秩序と昇進』思文閣出版、二〇一一年）。

（5）小原嘉記「平安後期の任用国司号と在庁層」（『日本歴史』七三五、二〇〇九年）、渡辺滋「日本古代の国司制度に関する再検討―平安中後期における任用国司を中心に―」（『古代文化』六五―四、二〇一四年）。

（6）渡辺滋「請人・口入人の持つ力—地方有力者が任用国司の地位を獲得する過程から—」（井原今朝男編『生活と文化の歴史学3　富裕と貧困』竹林舎、二〇一三年）。

（7）任人（被推薦者）が土人かどうかについては、森公章「郡司表（稿）〔第3版〕」（『平成26年度〜平成30年度科学研究費補助金（基盤研究C）研究成果報告書』（二〇一九年）を参考にした。江沼氏は加賀国江沼郡（加賀国分立以前は越前国江沼郡）の郡領氏族（『大日本古文書』一—四三七・四七二頁）、越智氏は伊予国越智郡の郡領氏族（『日本霊異記』上巻・第十七、『大日本古文書』二—七頁など）、調氏は近江国愛智郡の擬任郡司を輩出（『平安遺文』一一六・一一七）、磯部氏は伊勢国の立評に関わった氏族（『皇太神宮儀式帳』）、播磨氏は針間国造の系譜を引く一族で播磨国飾磨郡や賀茂郡の郡領氏族（既多寺知識経、正倉院古裂銘文〈南倉一四七ノ一〇号其一八〉など）、民氏は尾張国春部郡の少領を輩出（『大日本古文書』一—四一五頁）、上毛野氏は上野国勢多郡の郡領氏族（『続日本紀』天平勝宝元年閏五月二十日条）、佐伯氏は讃岐国多度郡や山田郡の郡司を輩出（東寺百合文書ル函・一、『日本後紀』天長四年正月二十二日条〈『類聚国史』所引〉）、各務氏は美濃国各務郡や厚見郡の郡領氏族（『日本三代実録』貞観八年七月九日条など）、壱志氏は伊勢国壱志郡の有力氏族と推定、紀（朝臣）氏は紀伊国在田郡の郡領氏族（『平安遺文』一一五）、宗像（宗形）氏は筑前国宗像郡の郡領氏族（『続日本紀』和銅二年五月五日条など）、尾張氏は尾張国中嶋郡・海部郡・春部郡・愛智郡の郡領氏族（『続日本紀』和銅二年五月五日条など）、長谷部氏は尾張国中嶋郡や愛智郡の氏族（『大日本古文書』二五—一二八頁）。また、十市氏は大和国十市郡人の可能性もあるが、美濃国味蜂間郡や本簀郡などにも十市部氏が確認される上（『大日本古文書』一—五・二〇頁など）、明理は寛弘四年にも美濃介に申任されており、美濃国人であった可能性がある。

（8）清水潔「『外記宣旨』について」（『芸林』三二—四、一九八三年）。現在、『外記宣旨』唯一の古写本（鎌倉期写）が布施美術館（以下、布施本）に、近世写本が内閣文庫（以下、内閣本）に所蔵されている。布施本については、清水潔前掲論文、内閣本については、高田義人「外記宣旨」（皆川完一他編『内閣文庫所蔵史籍叢刊　古代中世篇　第三巻』汲古書院、二〇一二年）を参照。天暦九年宣旨の釈文については、基本的に、清水潔氏の釈文（前掲論文）に従い、句読点・返り点の一部を改めた。なお、「以土貫之人任当国之司」の部分に関しては、延喜式部式・諸国史生条や『北山抄』巻三・拾遺雑抄上・除目事の内容（以上の史料については本書第一部第一章第一節を参照）、また天暦九年宣旨全体の文脈から、「任」の上に「不」の字が欠落していると判断される。以上の理由から、布施本・内閣本ともに「不」の字はないが、本書では、「任」の部分に「（不脱ヵ）」の注記を加え、「不」を補って読解を進めていく。

(9) 吉川真司「院宮王臣家」(同『律令体制史研究』岩波書店、二〇二二年、初出二〇〇二年)、本書第一部付論。

(10) 本書第二部第一章で論じるように、平安中期には、受領が任国の有力者を年官の被推薦者として紹介することが行われていたと考えられるが、同様の状況が天暦期頃にもあったと想定することは可能であろう。

(11) 本事例は、『大間成文抄』第二・転任、『魚魯愚抄』第六、『魚魯愚別録』第一にも見える。なお、『大間成文抄』と『魚魯愚別録』は天元二年の例とし、『魚魯愚抄』は利明が任じられた官を「播磨大掾」だとする。

また、この事例は良明の任官を停止し、その代わりに利明を播磨少掾に申任したものになるが、渡辺滋氏はこの時任官を停止された良明を播磨氏だと推測する(前掲注(5)論文)。良明も利明と同じく「明」を名前に持ち、これを通字とみれば、良明も播磨氏だと推測することは可能であろう。

(12) 『大間成文抄』第一・臨時給、『長徳二年大間書』(『大日本史料』第二編・二冊、五三五頁)。

(13) 『除目申文之抄』については、本書第二部付論2を参照されたい。なお、本申文は『魚魯愚抄』第四、『魚魯愚別録』第五にも見える。渡辺滋氏は、『魚魯愚別録』に「此中文関白被レ申云々」(『除目申文之抄』だと、日下の「関白被レ申」に相当するものと思われる)とあり、ここの「関白」が道長の通称「御堂関白」を念頭に置いたものと推測されることから、藤原道長の年官申文だと判断する(前掲注(5)論文)。

(14) 宮内庁書陵部図書寮文庫所蔵『除目申文之抄』。

(15) 『朝野群載』巻四、『中右記』承徳元年(一〇九七)正月三十日条。

(16) 越智氏の伊予国司任官については、小原嘉記前掲注(5)論文、下向井龍彦「越智郡司越智氏から伊予国在庁河野氏への転形―『権記』長保二年(一〇〇〇)十二月九日条を中心に―」(『紫苑』一四、二〇一六年)が検討を加えている。

(17) 宮内庁書陵部図書寮文庫所蔵『除目申文之抄』、『魚魯愚抄』第五にも見える。

(18) 短期間のうちに、名替・名国替が繰り返される(同一の年官枠が使い回される)事例については、渡辺滋「揚名国司論―中世的身分表象の創出過程―」(『史学雑誌』一二三―一、二〇一四年)を参照。

(19) 『江家次第』第四・除目。

(20) 『江家次第』巻四・除目。なお、『江家次第』には、「大隅国／掾正六位上藤原朝臣篤孝前太皇太后宮永祚二年御給伊予掾越智隆盛不レ給二任符一秩満代」とあり、越智隆盛の代わりに藤原篤孝が大隅掾に任官されたことが知られる。下向井龍彦前掲注(16)論文は、大隅国の有力在庁である税所氏が

「篤」を通字とし、平安後期に藤原姓に改姓（本姓は檜前）したこと、また、越智隆盛が河野氏系図に見える為時子孫の北条流「久万太郎大夫高盛」にあたる可能性があることから、「永祚二年」は永暦二年（一一六一）か永万二年（一一六六）の誤りではないかと推測する。氏は、同事例を史料拾遺本『魚魯愚鈔 下之二』（当該箇所は『魚魯愚別録』第五）から採るが、同事例はすでに大江匡房（一〇四一～一一一一）の『江家次第』に見える上、『魚魯愚別録』の当該部分は『江家次第』を引用した部分になる。したがって、匡房死後の事例が『江家次第』に収録されるとは考えられないから、「永祚二年」を永暦二年か永万二年の誤りかとする推測は成り立たない。

(21)『大間成文抄』第二・任符返上、『魚魯愚別録』第二。

(22) すべてを列挙することはできないが、その一部を挙げると、寛弘三年（一〇〇六）、藤原斉信の寛弘二年未給で近江大目に推薦された依智秦宿禰武兼（『除目申文之抄』）、治安三年、藤原道長の臨時給で備前介に申任された石野宿禰行信（『大間成文抄』第二・出家）、同年、故一条天皇の永観二年給で陸奥権少掾に申任された於保宿禰公親（『大間成文抄』第一・更任、『魚魯愚抄』第四・八）、長元元年（一〇二八）、中宮藤原威子の年官で土佐権介に申任された曽我部宿禰如光（『小右記』同年八月二十一日条）、康平元年（一〇五八）、内給で甲斐掾に申任された三枝宿禰成義（『大間成文抄』第二・任符返上）などがある。

(23) 給主によって「二合」できる年は異なっていた。大臣は隔年、納言は四年（あるいは五年）に一度「二合」の権利が認められ、参議は認められていなかった。また、親王には「巡給」があり、巡年にあたる年に「二合」が認められた（国立歴史民俗博物館所蔵『叙除拾要』、『西宮記』巻四・除目事・裏書など）。『叙除拾要』については、西本昌弘「広橋家旧蔵本『叙除拾要』について―藤原行成の除目書と思われる写本―」（同『日本古代の年中行事書と新史料』吉川弘文館、二〇一二年、初出二〇〇三年）。親王の巡給については、尾上陽介「親王の年官について―巡給制度の考察―」（『早稲田大学大学院文学研究科紀要　哲学・史学編』別冊一七、一九九一年）。なお公卿には、子息を推薦する場合だけ「子息二合」として二合が認められていた。

(24) 時野谷滋前掲注(1)論文の第四章「年給制度の衰退（前期）」。

(25) 玉井力「平安時代の除目について―蔵人方の成立を中心として―」（同『平安時代の貴族と天皇』岩波書店、二〇〇〇年、初出一九八四年）。

(26) 第一節で年官による任官状況を確認した播磨氏と越智氏について、年官以外の任官状況を確認すると、播磨氏は、長徳三年（九九七）に四所籍（内豎・前朱雀院籍）で播磨権少掾に任官された播磨宿禰某（国立歴史民俗博物館所蔵・広橋家本『任国例』）と、承暦元年（一〇七七）に紀伝道挙で播磨掾に推薦された播磨宿禰兼重（宮内庁書陵部図書寮文庫所蔵『除目申文之抄』）の二例のみであり、越智氏は確認されない。年官以外の方法で本国の任用国司に任官される場合は当然あったが（たとえば、国請）、その数は年官に比べると少なかったと考えられる。国請については、渡辺滋「平安時代における任用国司―受領の推挙権を中心に―」（『続日本紀研究』四〇一、二〇一二年）を参照されたい。なお、広橋家本『任国例』は、古川淳一「国立歴史民俗博物館所蔵　藤原経光自筆本『任国例』」（『弘前大学国史研究』一一一、二〇〇一年）を参照した。

(27)　黒板伸夫「四所籍小考―律令官制形骸化の一側面―」（同『摂関時代史論集』吉川弘文館、一九八〇年、初出一九七二年）。

(28)　『大間成文抄』第三・四所籍。

(29)　内舎人として他所に務める者の場合、彼らは任官の対象にはならなかった。これは文章生も同様である。

(30)　『魚魯愚抄』第三「内舎人者（中略）件労帳所㆑載以㆓上﨟第一二三﨟㆒任㆑之」「文章生者（中略）以㆓文章生第一二三﨟㆒任㆑之」。また、『大間成文抄』第四（内舎人外国、文章生外国）には、内舎人労帳と文章生歴名が収載されており、それによると、内舎人労帳には、各内舎人の下に「労〇〇年」とあり、文章生歴名には、文章生を列記した後、「已上〇人某年某月某日補」とある。

(31)　柴崎謙信「「上召使」から見た下級官人の選考・任官制度の変容」（『文化史学』七六、二〇二〇年）によると、上召使とは、太政官召使のうち、公卿の推薦によって選考された太政官召使のことを指す呼称であった。

(32)　長徳二年正月二十三日宣旨（『類聚符宣抄』第七・左右弁官史生可任内官事）。

(33)　柴崎謙信前掲注(31)論文。なお、実例を見ると、安元二年（一一七六）の上召使の申文には、「為㆓上召使㆒之輩、依㆓恪勤労㆒被㆑拝㆓任諸国目㆒者、承前之例也」（『大間成文抄』第三・上召使）とある。

(34)　『大間成文抄』第十・三省奏。

(35)　『大間成文抄』第四・所々奏。

(36)　『大間成文抄』第七・所々奏。

(37)　安元元年（一一七五）「行造伊勢豊受宮事所申文」（『大間成文抄』第四・行事所申）。

(38)　『大間成文抄』第四・諸社申、同第七・所々奏には、成功を理由に推薦する申文を多く確認することができる。

(39)　玉井力前掲注(25)論文。

(40)　寛治七年（一〇九三）「大宰大弐申文」（『大間成文抄』第四・請）。

(41) 国請については、渡辺滋前掲注(26)論文。

(42) 『大間成文抄』第一・当年給。

(43) 佐々木恵介「任官申請文書の類型とその系譜」(同『日本古代の官司と政務』吉川弘文館、二〇一八年、初出二〇一一年)。

(44) 院宮給や親王給などは、冒頭に給主の名を記し、日下には、給主家の長官(別当や大夫)が署名する。公卿給の場合は、給主である公卿が日下に署名する。

(45) 年官が④と⑤に分けて記述された理由について述べておきたい。除目の執筆は、給主から提出された年官申文を基礎資料として年官による任官を決定していくが、年官申文はその種類(当年給・未給・二合・名替・国替・名国替・任符返上・巡給・別巡給)によって異なる扱いを受けた。すなわち、当年給と任符返上の年官申文はそのまま基礎資料として使用されたが、それ以外の年官申文は外記による勘申を受け、資料としての有効性を確認する必要があった。年官申文はその種類によって異なる手続きを経る必要があったため、『北山抄』では、④勘申が不必要な年官と、⑤勘申が必要な年官を分けて記述したのである。なお、外記による勘申については、磐下徹「年官ノート」(『日本研究』四四、二〇一一年)を参照。

(46) 除目初日の二十五日条には「余可レ候二筥書一由仰二外記頼言一、良久不レ持二立筥文一。仍再三催レ仰、云、申三大間未二書了一者、度々催レ仰」とあり、当除目に携わった外記は初日にも大間の準備に遅れていた。

(47) 『殿暦』康和四年正月二十一日条。

(48) 『殿暦』長治二年正月二十五日・二十六日条。

(49) この選考順は、大江匡房『江家次第』や後三条天皇『院御書』(同書は、明治大学除目書刊行委員会編『明治大学図書館所蔵三条西家本除目書』〈八木書店、二〇二一年〉参照)でも確認される。九条良経『春除目抄』は、四所籍→年官(当年給、任符返上)→上召使(または諸道・諸院挙)→年官(外記の勘申が必要な年官)→文章生→内舎人という選考順を示し、年官の間に上召使(または諸道・諸院挙)を入れる点で他と異なるが、年官(当年給、任符返上)を二番目にする選考順であることは他と同じである。また、藤原宗忠『除目次第』(吉田早苗「〔翻刻〕下郷共済会所蔵「除目鈔」」『国書逸文研究』一六、一九八五年)は、四所籍→内舎人→文章生→年官→諸道・諸院挙→諸司奏・所々奏(三局史生、上召使含む)と、変化前の選考順をとるが、「任文章生」の部分に「内舎人・文章生、次日公卿給之後、任レ之」や、「殿下(忠実・注は筆者)仰、内舎人・文章生外国ハ、中夜可レ任事也。初夜ニハ、四所・内給・当年給許可レ任也者」という頭書が付されており、院政期には、四所籍の次に年官を選考する順番が定着していたと言える。

(50)　中央の官人が任用国司を希望する場合、多くの者が期待したのは国司としての俸料であったと考えられる。したがって、国の豊かさが同じであれば、中央の者が特定の国に執着することはあまりなかったと想定される。ところが、十世紀後半以降、本国の任用国司を望む地方有力者が年官によって推薦され始めると、彼らは本国という特定の国を希望したから、年官による任官希望はより限定的になっていったと推察される。年官の選考順が早まったのは、こうした地方のニーズに対応するためと考えることも可能であろう。

付論　高子内親王家の庄園経営

はじめに

高子内親王は仁明天皇の皇女で、天長十年（八三三）三月二十六日に賀茂斎院となり[1]、嘉祥三年（八五〇）の父仁明の崩御によって賀茂斎院を退き、貞観八年（八六六）六月十六日に死去した女性である[2]。

高子内親王は筑前国席田郡に庄園を有しており（現福岡空港内に比定）[3]、同庄は、貞観年間（八五九〜八七七）に筑前観世音寺と庄田をめぐる相論を起こしている。その相論に際して作成された文書六通が、現在、一本の巻子本のかたちで、早稲田大学図書館に所蔵されている。『観音寺文書　乙巻』（蜂須賀家旧蔵）[4]である。

『観音寺文書　乙巻』は当時の貴重な土地関係史料であり、その内容は多くの知見を提供してくれる。そのため、これまでにさまざまな視座からの言及がなされてきたが[5]、庄園経営の視座からの分析は行われてこなかった。しかしながら、同史料は高子内親王家の庄園経営のあり方を示唆する内容を含んでおり、九世紀における数少ない院宮王臣家領庄園史料の一つと評価される。

吉川真司氏は、寛平から延喜年間（八八九〜九二三）にかけての院宮王臣家禁圧令にある国司処罰規定に注目し、九世紀の院宮王臣家は、地方有力者だけでなく、国司とも結託し、両者を社会的基盤にして地方活動を展開していたことを明らかにした[6]。このうち、院宮王臣家と国司の結託は、平安時代の庄園経営を考える上で重要な論点となってくるので、本付論でも着目したい。

本付論では、『観音寺文書　乙巻』のうち、特に貞観九年（八六七）三月二十六日と、翌十年十月十二日に作成され、観世音寺政所に提出された二つの庄牒に注目し、これらの分析を通して、高子内親王家の庄園経営のあり方を明らかにすることを目的とする。この成果は、これまで寺領庄園を中心に議論されてきた九世紀の庄園理解に、院宮王臣家領庄園の観点から新たな知見を提供するものになるだろう。

一　高子内親王家領庄園の伝領

最初は、高子内親王家領庄園の伝領過程を明らかにすることから始めたい。同庄の伝領については、貞観九年（八六七）三月二十六日「高子内親王家庄牒案」(7)が注目される。それには、観世音寺と相論になった庄田について、「件田以二去嘉祥三年八月十七日一、被レ載二伺（御カ）処分帳一、所レ被レ行也」とある。また、別の文書にも、相論の庄田について、「此田放〔故〕高子内親王御処分七十七町余内也」(8)とあるので、高子内親王家は、相論になった庄田を含む七七町余の田を、嘉祥三年（八五〇）八月十七日に伝領したことが知られる。高子内親王の父仁明天皇が嘉祥三年三月二十一日に崩御したことを踏まえると、同庄は、父仁明の死後処分によって、高子内親王に譲られた所領だと理解される。

次に、貞観十年二月二十三日「筑前国牒案」(9)所引の同九年三月五日内蔵寮牒を見ると、

得二内蔵寮去年三月五日牒一偁、件庄故高子内親王家序〔庄〕也。今沽二進於寮家一。被二別当右大臣宣一偁、寮牒送二於国一、令レ勘二中町段歩数・利害・便不及当土品直等一者。仍勒二使従八位下伊勢朝臣春富一、牒送如レ件。衙察之状、慇懃捜〔使〕勘附、所レ報示者。

とあり、同庄は、貞観九年三月五日までに内蔵寮に「沽進」されたことが知られる。高子内親王は貞観八年六月十六日に没したから、同庄が内蔵寮に売却された時期は、同年六月十六日から同九年三月五日までの期間だと考えられる(10)。なお、貞観十年十月十二日には「内蔵寮博太庄牒　観世音寺政所(11)」とあるので、高子内親王家領庄園は、内蔵寮に売却されると「博太庄」という庄名になった。

ただし、ここで一つの問題が生じる。それは、同庄が貞観九年三月二十六日の時点で、まだ「高子内親王家庄」と名乗っていたという問題である。同庄は、貞観九年三月五日以前に「沽二進於寮家一」されたのだから、この時点で同庄の領主は高子内親王家から内蔵寮に交代したことになるだろう。しかし、先に見た貞観九年三月二十六日「高子内親王家庄牒案」には、「前斎院高子内親王家庄牒　観世音寺政所」とあり、売却後も同庄は「高子内親王家庄」を名乗っていた。これはどういうことだろうか。

そこで注目されるのは、先の内蔵寮牒を引用した「筑前国牒案」である。内蔵寮牒の引用直後の文には、「国依二牒状一、以二同年六月九日一下二符郡司一、与二使者一共勘注。即副二坪附帳一言上已訖」とあり、内蔵寮から牒を受けた筑前国は、貞観九年六月九日に符を席田郡司に下し、使者とともに勘注させ、勘注結果に「坪附帳」を副えて言上したとある。

土地の売買に際しては、その売買に関する土地売券が作成され、売券に官司（京職・国郡司）が判を与えることによって、売券は公験となった（立券）。佐藤泰弘氏によると、貞観期以前において、売券に官司の判を得るための手続きは買人に委ねられることが多く、買人は立券のために積極的に行動したという(12)。この見解に従うと、内蔵寮が筑前国に牒を送り、「町段歩数・利害・便不及当土品直等」の調査を求めたのは、売券に判を得るためだったと理解される(13)。

このように内蔵寮の行動を理解した上で注目したいのは、公験を得るための調査が開始された時期が貞観九年六月九日であったという点である。土地の売買は公験を得ることによって正式に認められるから、同庄の内蔵寮への売却は、貞観九年六月九日に始まった調査が終わらなければ公認されることはない。すると、先の内蔵寮牒が言う「沽進於寮家」は、高子内親王家と内蔵寮の間で「沽進」の契約が成立したという意で理解され、そう理解することによって、先の問題を解決することができる。すなわち、貞観九年三月五日以前に高子内親王家と内蔵寮との間で、庄園を「沽進」する契約は成立したが、この「沽進」を公認する（公験を得る）ための調査が始まったのは六月九日であった。したがって、「高子内親王家庄牒案」が提出された貞観九年三月二十六日という時期は、「沽進」の契約は成立しているが、官司によって公認はされていない時期であったと理解される。それゆえ、調査が終わり「沽進」が公認されるまでは、引き続き高子内親王家が庄園管理を担っており、そのような状況だったので、同庄は「高子内親王家庄」と名乗っていたものと考えられる。

　ここで、貞観九年三月二十六日という時期について、もう少し具体的に考えてみたい。貞観十五年（八七三）の「平群富益立券文写」[14]には、「新券」を立てるまで「白紙券文」を立てるとある。佐藤泰弘氏は、ここの「白紙券文」とは「官司の判を得ていない券文」、「新券」とは「新しい売買の公験」のこととし、「売買契約はこの文書（白紙券文・注は筆者）によって成立しているが、白紙券文では新券を立てたことにはならないという当事者の意識を窺うことができる」と述べる[15]。この事例・見解を参考にすれば、貞観九年三月二十六日という時期は、「沽進」の契約が成立し、「白紙券文」だけが作成された時期だと理解されよう。なお、先述のように、貞観十年十月十二日には「内蔵寮博太庄」と名乗っているから、この時までに調査は終了し、公験が発給され、庄園の「沽進」は正式に認められた。

　以上、高子内親王家領庄園の伝領について見てきた。同庄は、仁明天皇→高子内親王→内蔵寮という伝領過程を経ていた。また、高子内親王家から内蔵寮へ「沽進」された時、「沽進」の契約成立から公験の発給までの間は、引き続き高子内親王家が庄園の管理をしていたと考えられる。この理解を踏まえて、次節からは高子内親王家の庄園経営について検討していく。

二 「検校介永原朝臣」

庄園経営のあり方について興味深い情報を提供してくれるのが、貞観九年（八六七）三月二十六日「高子内親王家庄牒案」と同十年十月十二日「内蔵寮博太庄牒案」である。この二つの庄牒は、庄の使者の六図三里二八坪への参向を求めた観世音寺の要求に対して作成された、時期の異なる牒であり、その内容を比較すると、貞観九年三月から翌十年十月までに起こった庄園経営の変化を読み取ることができる。

まず、二つの庄牒を史料1・2として全文掲げる。

〔史料1〕「高子内親王家庄牒案」（『早大文書』三四〇）

前齋院高子内親王家庄牒　観世音寺政所
　合被二障妨一田参町参段
　　六図三里廿八坪七段　今年三月廿三日帖所レ被レ載
　　　四里二町六反
　　　　十八坪八段　十九坪五反　廿八坪二段
　　　　廿九坪四段　卅坪七段
　　　右件等坪、従二去年一前所二障取一、雖レ然

未レ勘二国図一。但田実寺預僧定俊師作

牒、得二寺家今月廿三日牒一偁、荒城岑主為レ勘下間〔問〕彼寺一切経田六図三里廿八坪七段、経二年序一奸作之由上、所レ召者、須下随二牒旨一、参向弁ヒ之。今撿〔検〕二案内一、件田以二去嘉祥三年八月十七日一、被レ載二衜〔御カ〕処分帳一、所レ被レ行也。従爾以降、経二十八箇年一、如レ此無レ妨レ之。而今稱二寺家田一、拾坪障妨、此庄専当等、任レ心難二弁定一。今須下与二衜〔御カ〕処分帳・国図一共、理致中弁定上間、件牒旨不レ堪二承引一。仍還牒如レ件。以牒。

貞観九年三月廿六日専当春花福長

検校介永原朝臣　　別当荒城長人

〔史料2〕「内蔵寮博太庄牒案」（『早大文書』三三九）（傍線・記号は筆者）

内蔵寮博太庄牒　観世音寺政所

不レ堪二参向一之状

右得二今月十一日帖一、依早速参向、可レ弁二定一切経田七段席〔田〕四部〔郡〕六図三里廿八坪一云。須下随二帖旨一参向弁申上、向A
レ近者、扶三身受二瘡病一、不レ堪二進退一致レ怠。然此田放〔故〕高子内親王御処分七十七町余内也。処分帳在二一通一〔判脱カ〕国明白也。而今号二一切経田一年、所レ被二妨取一之田二町六段一町九段先、被レ取、七段今年被レ取。但以二今年一被レ取七段者、以二去八年一百姓等令レ開也。B不レ納二其地子一。但自二来年一者可レ納二地子一。加以件庄田依レ数雖レ被レ取、長人等不レ有レ所レ可レ愁。何者、此田長人之非二長財物一。C而寺度々給レ帖偁、犯二仏物一罪、豈空少矣。咎積成レ災、罪重害レ身。不レ可レ不レ慎云。此庄預等非レ所二妨申一、又副レ使雖レ参二進於寺一、無下可二論申一事上。今望、寺家之号一切経田録二所レ被レ取之町段坪付一之状、寺之別当・三綱并府判、被レ給二於庄一、一。則以レ是進二上於寮一者、則与レ寮与レ寺可二相弁給一。又国田祖〔租〕之迫、被三切勘二庄家一。望、早被レ取之状、報帖被レ給二於庄一、将レ免二田祖〔租〕迫一。仍今録レ具状、附二還使一申上。以牒。

貞観十年十月十二日庄預荒城長人

まず注目したいのは、史料1の位署「検校介永原朝臣」である。「検校介」とあるから、彼は高子内親王家庄の「検校」と「介」を兼ねていたことがわかる。ただ問題は、ここの「介」が何を指すかである。

そこで『日本三代実録』貞観五年（八六三）二月十日条を見ると、そこには、

（上略）太宰少弐従五位下藤原朝臣真庭為二筑前守一。散位従五位下永原朝臣永岑為レ介（下略）

とあり、貞観五年に永原朝臣永岑が筑前介に任命されたことが知られる。大宰府管国の国司の任期は五年であるから[16]、永岑の筑前介任期終了年は貞観九年となる。史料1が提出された年は、永岑の筑前介任期終了年にあたる。また、「永原朝臣」という氏姓の一致から、史料1の「検校介永原朝臣」の「介」は筑前介を指し、その人物は永原朝臣永岑だと理解される。永原朝臣永岑は、筑前「介」と高子内親王家領庄園の「検校」を兼ねる人物であった[17]。

また、位署欄の位置から見て、「検校介」永原永岑は、高子内親王家領庄園の現地の最高責任者であったと考えられる。高子内親王家領庄園の経営の特徴として、庄園所在国の国司に庄園管理を任せていた点を指摘しておきたい。

三　高子内親王と永原永岑

高子内親王家は、筑前国にある私領庄園の現地最高責任者（「検校」）に、筑前介の永原永岑を採用していた。ここでは、高子内親王家が筑前介の永原永岑を「検校」に編成し得た理由を考えていきたい。

1　高子内親王と永原氏

まず、高子内親王と永原氏の関係を見ていきたい。佐伯有清氏によると、永原氏の旧氏姓は藤原朝臣であり、その改氏姓は、延暦十五年（七九六）十月から大同三年（八〇八）六月までの間に始まったという[18]。そこで、まず注目されるのは、『日本後紀』大同三年十二月九日条である。この記事は「永原朝臣」賜姓の史料上の初見で、そこには、

従五位上藤原朝臣子伊太比・従五位上藤原朝臣恵子、賜二姓永原朝臣一。

とあり、藤原子伊太比と藤原恵子に永原朝臣が賜姓されたことが知られる。子伊太比と恵子については、『日本後紀』大同四年三月二十三日条に「典侍従五位上永原朝臣子伊太比」、同弘仁六年（八一五）五月十四日条に「尚膳従三位永原朝臣恵子薨」とあるように、彼女たちは後宮の女官であった。

また、仁和三年（八八七）七月七日の「永原利行家地売券案[19]」には、永原穀子・岑胤・良蔭・忠通[20]が売却した墾田六段二一〇歩について、「右墾田等、故尚蔵従二位緒継女王地也。而以二去承和十四年十一月三日一、賜二家別当永原利行一已了」という由緒が述べられている。ここから、緒継女王家別当として永原利行がいたことが知られる。

緒継女王は、その薨伝に「女王、能有二妖媚之徳一、淳和太上天皇殊賜二寵幸一」とあって[21]、淳和天皇の寵愛を受けた女性であった。さらに、淳和天皇の寵愛を受けたもう一人の女性として永原原姫がいた（彼女については後述する）ことを踏まえると、永原氏は後宮とつながりを有しており、特に淳和天皇の後宮との関係が深かった氏族だと理解される。

次に、高子内親王の人間関係を見てみたい。『日本三代実録』貞観八年（八六六）六月十六日条には、

无品高子内親王薨（中略）内親王者、仁明天皇之皇女、母百済王氏、従五位上教俊之女也。

とあり、母は百済王教俊の女であったことが知られる。また、『一代要記』『帝王編年記』は高子内親王の母を百済王

永慶とし、彼女について「従五位上教俊女也」と記す[22]ので、高子内親王の母は百済王永慶であったと理解される。

百済王永慶との関係で注目される人物は、百済王慶命である。『一代要記』は彼女についても「教俊女」とするから、慶命と永慶は姉妹であったことが知られる。慶命は嵯峨天皇に寵愛された女性であり、天皇との間に源定を産んでいる[23]。源定は、高子内親王にとって、父仁明天皇側から見ると〝叔父〟に、母永慶側から見ると〝いとこ〟にあたる人物であり、後述するように、高子内親王と永原氏を結んだ人物だと考えられる。

その源定の薨伝[24]には、

（上略）太上天皇以レ定、奉二淳和天皇一為レ子。淳和天皇受而愛レ之、過二所生之子一。更賜二寵姫永原氏一、令レ為二之母一（下略）

とあり、定は淳和天皇の猶子となって寵愛を受け、淳和天皇の「寵姫永原氏」が定の母となったことが知られる。「寵姫永原氏」とは永原原姫のことであり、彼女は「亭子女御」と呼ばれた女性であった[25]。さらに薨伝には「定養二長於深宮之内一」とあり、定が淳和の後宮で育てられたことが知られ、ここから、定は義母の永原原姫を介して、淳和後宮との関係が強い永原氏と近い関係にあったことが想定される。

また、『日本紀略』天長八年（八三一）二月七日条（『日本後紀』逸文）には、

御二紫宸殿一。源朝臣定加二元服一。冷泉院為二主人一也。百済氏大夫等相共献レ物、雅楽寮奏二音声一。次侍従以上賜レ禄。

勅、授二百済王寛命従五位下一。

とあり、定の元服は嵯峨太上天皇（冷泉院）が主催し、百済氏の大夫たちによる献物があったこと、百済王寛命が従五位下に叙爵されたことが知られる。定の元服に百済王氏が多く関与していたのは、定の実母が百済王慶命であったからだと考えられるが、この記事からは、淳和の猶子になった後も、定は百済王氏と近い関係にあったことが読み取

図1　高子内親王親族図

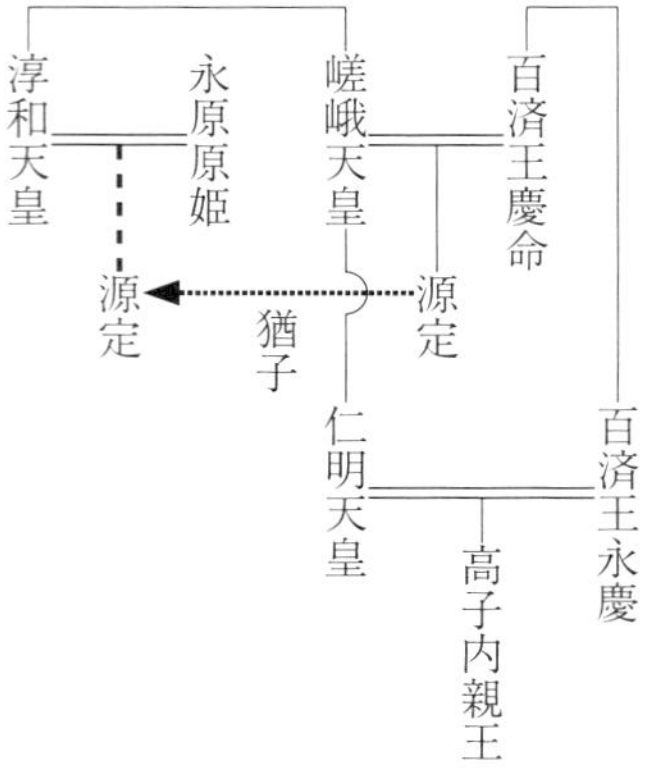

れる。

一方、高子内親王が斎院であった承和十四年（八四七）十二月十四日、百済王慶世が斎院長官に就任した(26)。慶世は、慶命・永慶姉妹と同様に名前に「慶」字を持っており、彼女たちと近い親族であったと思われ(27)、慶世が斎院長官となったのは、彼が百済王永慶を介して高子内親王と近い関係にあったからだと考えられる。

また、仁明天皇は「至㆓鼓・琴・吹管㆒、古之虞舜、漢成両帝不㆓之過㆒也(28)」と評されたように、鼓・琴・吹管に優れており、源定も、「愛㆓好音楽㆒、家庭常置㆓鼓・鐘㆒、退㆑公之後、必令㆓挙而観㆒㆑之(29)」とあるように、音楽を好み、家庭には常に鼓と鐘が置いてあったと言われている。異母ではあるが、兄弟である仁明天皇と源定の間に、音楽を介した文化交流があったと想定してもよいだろう。

このように、高子内親王の母と源定の実母は姉妹であり、両者の周辺には、母の出身氏族である百済王氏のネットワークが存在していた。さらに、高子内親王の父仁明天皇と源定の間には文化的交流があったと想定される。以上の状況から、高子内親王と源定は近しい関係にあったものと理解される（図1は筆者作成）。

以上の考察結果を簡単にまとめると、①永原氏は後宮（特に淳和後宮）とつながりを持つ氏族であった、②源定は義母の永原原姫を介して永原氏とつながりを有していた、③高子内親王と源定は近しい親族関係にあった、の三点になる。これらの点から、高子内親王と永原氏は、源定を介して近い存在にあったと理解される。

2　永原永岑の離庄

史料1と史料2を比較すると、史料1にあった「検校」永原永岑と「専当」春花福長の署名欄が、史料2になると消えていることに気づく。ここでは、この点について検討していきたい。

第一節で述べたように、史料1の貞観九年（八六七）三月二十六日の時点では、まだ高子内親王家が庄園管理を担っていたものと考えられるから、史料1の位置欄に見える庄司は高子内親王家が編成したメンバーだと理解される。そのような庄司である「検校」永原永岑と「専当」春花福長の位署欄が史料2にはないということは、この庄園が内蔵寮領になると、二人が離庄したことを示している[30]。ではなぜ、彼らは離庄したのだろうか。

一つの可能性としては、永原永岑の筑前介任期終了に伴う帰京による離庄がある。しかし、これは成立しない。なぜなら、貞観十年二月二十三日「筑前国牒案[31]」には、筑前国司の位署欄に「介永原朝臣」とあり、貞観十年も、永岑は筑前介の地位にあったからである。貞観十年の除目は正月十六日に行われたから[32]、この除目で、永岑の筑前介延任が決定したのだろう。このように、帰京による離庄の可能性はない。

では、永岑の離庄はどのように考えるべきなのだろうか。そこで、筆者は次のように考えたい。まず、前述のように、高子内親王と永原氏の間にはつながりがあったと考えられること。次に、庄園が高子内親王家から内蔵寮に売却されたタイミングで、永岑は、「検校介」のうちの「検校」だけを辞めて離庄したこと。これら二つを合わせ考えると、永原永岑は、高子内親王との個人的な関係によって「検校」を務めており、それゆえ、庄園領主が高子内親王家から内蔵寮に交代すると、永岑は「検校」を辞め離庄したのだと考えられる。

以上の考察により、筑前介の永原永岑は、高子内親王との個人的な関係によって彼女の庄園の「検校」を務めていたと理解される。このことを高子内親王家側から見ると、高子内親王は、個人的な人間関係を利用することによって、筑前介の永原永岑を私領庄園の庄司（検校）に採用できたと理解される。つまり、高子内親王は、自身の持つ人的ネットワークを駆使することによって、庄園所在国の国司に私領庄園の管理を任せる経営体制を取ることができたと言えよう。

四　高子内親王家の庄園経営

ここでは、高子内親王家領庄園の安定した経営にとって、「検校介」永原永岑は重要な存在であったことを、史料1・2の分析を通して明らかにしていきたい。

前掲した史料1・2はともに、庄の使者を六図三里二八坪に派遣することを庄側に求めた観世音寺の要求に対する庄牒であり、作成動機は同じである。しかしながら、両者を詳しく見ていくと、その内容には大きな相違が見られる。そこで、この相違に注目して分析を進めていきたい。

まず史料1である。その大意は次の通りであろう。(33)相論の田（六図三里二八坪の七段）は嘉祥三年（八五〇）八月十七日に「処分帳」によって処分されたものであり、それから一八年の間、このような妨げはなかった。しかし今、観世音寺が「寺家田」と称して妨げるので、庄専当たちは弁定することが難しい。そこで、今「処分帳」と「国図」を照合して弁定しているので、（荒城岑主を参向させろという）寺家牒の旨を承引することはできない。

史料1が提出された時点において、庄側は観世音寺と対立する姿勢・態度を崩していない。これは史料2と比較する時、重要な論点となるので留意しておきたい。

次に史料2である。これについては、まず傍線部AとCの記述が注目されるので、当該部分を再度掲載する。

A　向レ近者、扶三身受二瘡病一、不レ堪二進退一致レ怠

C　而寺度々給レ帖偁、犯二仏物一罪、豈空少矣。咎積成レ災、罪重害レ身。不レ可レ不レ慎

Aによると、荒城長人によって現地に派遣された者（史料1から荒城岑主だろう）は、「瘡病」のために現地に参向できなかった。ここで注目すべきは、派遣された者がただの「病」ではなく、「瘡病」にかかったとある点である。吉田一彦氏によると、「瘡」は仏教において特別な病とされ、仏教上正しくない行いをした者の身に発する病（業病）であり、この思想は中国に見られ、八世紀初頭には、すでに日本に入っていたという(34)。

次に、Cによると、観世音寺は長人に何度も帖を送り、「仏物」を犯す罪について咎めている。観世音寺のこの主張は「互用の罪」の思想に拠っている。「互用の罪」とは、寺家の資財は「仏物」「法物」「僧物」（三宝物）に区分されるが、僧がその区別を無視して資財を「自用」する罪を指す。笠松宏至氏によると、「互用の罪」には、①僧による「仏物」「法物」の私用と、②俗人による三宝物の盗用の二種類があり、これは俗人にも適用されたという(35)。

A・C、そして観世音寺が相論の田を寺家の「一切経田」だと主張していることから、〝長人によって派遣された者（荒城岑主）は、観世音寺の「一切経田」＝「仏物」を盗用したために、「互用の罪」によって「瘡病」にかかった〟という論理が成立する。しかし、この論理は仏教の論理であり、この相論においては観世音寺の論理である。すると、史料2は観世音寺の論理に拠って作成された庄牒だと理解される。これは、史料2が作成された時点で庄園側に観世音寺と対立する意志がなくなっていたことを意味しており、ここに大きな相違が確認される。

ここで史料1・2の作成者について述べておく。史料1には、「専当」の春花福長と、「別当」の荒城長人の二人が自署しているから、史料1は、少なくとも春花福長と荒城長人、二人の合意を得て作成されたものと考えられる。さ

らに史料1に引用される寺家牒には、「荒城岑主為レ勘下間〔問〕彼寺一切経田六図三里廿八坪七段、経二年序一姧作之由上、所レ召者、須下随二牒旨一、参向弁上レ之」とあり、観世音寺は荒城岑主の参向を要求していた。これは、六図三里二八坪の七段を横領しようとした当事者が荒城岑主だったからだと思われる。岑主と「別当」長人は同じ荒城氏である。また史料2には、「以二今年一被レ取七段者、以二去八年一百姓等令レ開也」とあって、庄園内で開墾活動があったことが知られる。ならば、この相論は「別当」荒城長人を中心とした荒城氏が主導する開墾活動によって引き起こされたものと考えることができ、そうであるならば、史料1には、荒城長人の意向が強く反映されていたと考えられよう[36]。

一方、史料2は、その自署から「庄預」荒城長人によって作成されたものであり、ここの荒城長人は史料1の「別当」荒城長人と同一人物だと理解される。したがって、史料1・2は、共に荒城長人の意向が反映された庄牒だと理解される。

このように理解できるとすれば、史料1と史料2の内容の相違は、荒城長人の意志の変化だと考えられる。荒城長人は、史料1（貞観九年三月）の時点では、観世音寺と対立する意志を持っていたが、史料2（貞観十年十月）になると、それが大きく変化していた。

このことは、史料2の傍線部Bからも窺える。Bを再掲すると、

不レ納二其地子一。但自二来年一者可レ納二地子一。加以件庄田依レ数雖レ被レ取、長人等不レ有レ所レ可レ愁。何者、此田長人之非二長財物一。

とあり、その意は、「相論の田七段からは地子を得ていない上に、相論の田は私（長人）の「長財物」でもないから、（観世音寺の寺田になっても）愁うことはない」というものである。Bは、観世音寺の主張を認めた上で書かれた記述だと理解され、ここからも長人の意志の変化が読み取れる。

以上のように、史料1（貞観九年三月）から史料2（貞観十年十月）までの間に、荒城長人の相論に対する意志に消極的な変化が見られた。では、この変化は何に起因するのだろうか。そこで思い出されるのは、「検校介」永原永岑の離庄である。両者は連関した現象だと考えられる。

右の考えをより強固なものにするために、庄園領主が交代したことによって、長人の意志が変化したという考えを否定しておこう。荒城長人のような地方有力者が中央の権威を笠に着る際、彼らが選ぶ権威には二つあった。一つは院宮王臣家であり、もう一つは中央の諸司である。このことは、院宮王臣家禁圧令のなかで院宮王臣家と諸司の活動が禁止されていることから確認される(37)。

吉川真司氏は、九世紀における中央と地方の政治的結合には、院宮王臣家と富豪層、院宮王臣家と国司、天皇・諸司と富豪層、天皇・諸司と国司といった多様な結合があったとする(38)。ならば、荒城長人にとっては、権威を頼む相手が高子内親王家であっても、内蔵寮であっても、大差はなかったものと思われる。ましてや、天皇の家産を掌る内蔵寮である。その権威は諸司の中でも上位であったと考えられるから、領主が高子内親王家から内蔵寮に交代しても、後ろ盾としての権威は衰えなかっただろう。このように、庄園領主の交代によって、荒城長人の観世音寺と争う意志が変化したと考えることはできない。

荒城長人の意志の変化は、「検校介」永原永岑の離庄によって引き起こされたものだと理解される。すでに指摘されているように、荒城長人は筑前国宗像郡荒木郷の出身者だと想定されるから(39)、現場で直接指揮を執り、庄園を経営していたのは荒城長人だったと思われる。このことは、観世音寺が高子内親王家領庄園の横領を批判する時、「高子内親王家庄専当荒城長人、称二主家田一妨二取之一(40)」と述べていることからも窺える。高子内親王家領庄園の経営は、「別当」荒城長人が現場監督者となって臨み、「検校介」永原永岑が最高責任者として、筑前介という国司の立場も利用しつつ統括していたものと想定される。つまり、永岑が「検校」として庄園経営に関与していた時期は、荒城長人は筑前国司の便宜を得ながら経営に臨むことができ、観世音寺と対立することもできたわけだが、永岑が離庄し、筑前国司という後ろ盾を失ったことによって、長人は観世音寺と対立することを諦めたものと考えられる。

庄園の安定した経営において、国司の協力を得られるかは重要な問題であった。たとえば、天平宝字三年（七五九）から同八年頃までの間、越前国の東大寺領庄園は越前国司の協力を得ることができずに一時的に衰退しており、(41)また、因幡国の東大寺領高庭庄の衰退原因の一つとして国郡の協力を得られなかったことが指摘されているのも、(42)国司の協力が庄園経営にとっていかに重要であったのかを物語っている。高子内親王家領庄園もその例外ではなく、筑前介の立場にあった永原永岑の協力を得ることによって安定した経営を実現させていたものと理解される。そして、このような経営が可能であったのは、高子内親王が持つ人的ネットワークによるところが大きかったと言えよう。

おわりに

本付論では、早稲田大学図書館所蔵『観音寺文書　乙巻』を素材に検討を進めてきた。その結果、高子内親王家領庄園は、筑前介である永原永岑と現地有力者の荒城長人を庄司として編成し、筑前国司・現地有力氏族の協力を得る体制で庄園を経営していたことが明らかになった。また、庄司のなかでも「検校介」永原永岑の存在は重要で、彼に「検校」として庄園経営に関与してもらうことで、筑前国司の便宜を得ることが可能になり、安定した庄園経営を実現していた。高子内親王家は、《院宮王臣家—国司—地方有力者》の結合という政治的・社会的基盤の上に庄園経営を展開していたのである。

本付論では、高子内親王家領庄園という個別事例の検討に終始したが、同庄のような庄園経営のあり方は、当時における庄園経営のあり方の一つのパターンだったと考えられる。というのも、延喜二年（九〇二）三月十二日太政官符(43)によると、院宮王臣家と結託した地方有力者は、院宮王臣家の「使及庄検校・専当・預等」と称していたが、これは高子内親王家領庄園の様子と共通するし、同庄のあり方は、院宮王臣家の活動は国司と富豪層という二つの基盤の上に展開していたという吉川真司氏の指摘にも当てはまるからである(44)。この点については、今後さらに考察を進めていく必要があるが、現段階で筆者は、九世紀後半における院宮王臣家の庄園経営の典型事例として高子内親王家領庄園を理解しているということを述べておきたい(補注)。

注

（1）『続日本後紀』同日条。

（2）『日本三代実録』同日条。

（3）正木喜三郎「筑前国」（『講座日本荘園史10　四国・九州地方の荘園』吉川弘文館、二〇〇五年）。また、席田郡内の下月隈C遺跡群（現福岡県福岡市博多区月隈四丁目）の旧河川から、「皇后宮職少属正八位上」のために何かを命じる木簡が出土した。この木簡は、旧河川の埋没時期から八世紀後半を下限とするものと推定されており、古くからの席田郡と皇室領との関係が指摘されている（荒牧宏行「福岡・下月隈C遺跡群」『木簡研究』二五、二〇〇三年）。

（4）通常、「観世音寺文書」と称されるが、原本の表題は「観音寺文書」としているので、本付論では原本に従い、「観音寺文書」と記す。また、これらの文書は、早稲田大学図書館編『早稲田大学所蔵荻野研究室収集文書　上巻』（吉川弘文館、一九七七年）（文書番号三三七～三四三）と『平安遺文』（文書番号一五四・一五七・一五八・一六〇～一六二）に翻刻されているが、平成二十九年（二〇一七）五月二十九日に実施した原本調査の結果、『平安遺文』の翻刻に誤字・脱字があることが判明した。したがって、本付論では、『早稲田大学所蔵荻野研究室収集文書　上巻』（以下、『早大文書』文書番号と記す）の翻刻を基本的に使用するが、これについても、実見調査に基づき、一部訂正した。なお「高子内親王家庄牒案」（『早大文書』三四〇、本文掲載史料1）の「処分帳」の上の一字について、『早大文書』は「閇」と翻刻するが、実見の結果、この字を「閇」と読むことはできないと判断した。しかし、「閇」以外の文字に特定することもできなかったので、本付論では、『平安遺文』に従い、字形通り「㣔」と翻刻した。

(5) 内蔵寮の視座から言及したものとして、古尾谷知浩「平安初期における天皇家産機構の土地集積」(同『律令国家と天皇家産機構』塙書房、二〇〇六年)、森田悌「平安初期内蔵寮の考察」(『金沢大学法文学部論集　史学編』一九、一九七一年)があり、土地売券の視座から言及したものとして、西山良平「平安前期「立券」の性格」(岸俊男教授退官記念会編『日本政治社会史研究中』塙書房、一九八四年)があり、図帳の視座から言及したものとして、梅村喬「租帳勘会と国司検田―免除領田制論をめぐって―」(同『日本古代財政組織の研究』吉川弘文館、一九八九年)がある。

(6) 吉川真司「院宮王臣家」(同『律令体制史研究』岩波書店、二〇二二年、初出二〇〇二年)。

(7) 『早大文書』三四〇。

(8) 貞観十年十月十二日「内蔵寮博太庄牒案」(『早大文書』三三九)。

(9) 『早大文書』三三八。

(10) 高子内親王が死去した貞観八年の内蔵頭は藤原常行であり、常行の父良相は高子内親王家別当であった。高子内親王家庄が内蔵寮に沽進された背景として、良相と常行親子の存在が想定されよう。

(11) 『早大文書』三三九。

(12) 佐藤泰弘「立券荘号の成立」(同『日本中世の黎明』京都大学学術出版会、二〇〇一年、初出一九九三年)。売券については、西山良平前掲注(5)論文、加藤友康「八・九世紀における売券について」(土田直鎮先生還暦記念会編『奈良平安時代史論集　上巻』吉川弘文館、一九八四年)も参照されたい。

(13) 内蔵寮が筑前国に牒を送ったのは、高子内親王家別当の藤原良相の宣によっていた。売人側である良相が内蔵寮に筑前国に勘申させよと命じたのは、佐藤氏が述べるように(前掲注(12)論文)、当時の慣例として、買人側に売券の立券が委ねられていたからではないだろうか。

(14) 『平安遺文』一六七。

(15) 佐藤泰弘前掲注(12)論文。

(16) 吉村茂樹『国司制度崩壊に関する研究』(東京大学出版会、一九五七年)。

(17) 史料1を見ると、「検校介」永原永岑の位署欄は用意されているが、永岑は自署していない。この点について私見を述べておきたい。貞観十年二月二十三日「筑前国牒案」(『早大文書』三三八)の筑前国司位署欄を見ると、そこにも「介永原朝臣」とある。これは永原永岑のものと理解されるが(ここから、永岑は筑前介を延任されたと考えられる)、ここでも永岑は自署していない。推測の域を出ることはないが、高子内親王家領庄園と観世音寺の相論において、永岑は筑前国司の一人として公平な立場から判決を下す必要があったが、彼は庄園の「検校」として利害関係者でもあったので、この相論に関与することを控え、自署しなかったのではないだろうか。

(18) 佐伯有清『新撰姓氏録の研究　考証篇第二』(吉川弘文館、一九八一年)。

(19) 『平安遺文』一七六。

(20) 穀子は利行の女、岑胤は利行の弟、良蔭と忠通は岑胤の子である。

(21) 『続日本後紀』承和十四年十一月七日条。

(22) 『一代要記』は「亮子内親王」とするが誤記であろう。

(23) 『日本三代実録』貞観五年正月三日条。

(24) 同右。

(25) 永原原姫については、角田文衛「亭子の女御」(『角田文衛著作集第五巻　平安人物志　上』法蔵館、一九八四年、初出一九六六年)。

(26) 『続日本後紀』同日条。

(27) 百済王氏系譜として「三松家系図」なる史料が存在する。しかし、この史料を使用するには、慎重かつ十分な史料批判が必要だと考え、今回は使用しなかった。同史料については、藤本孝一「三松家系図―百済王系譜―」(同『中世史料学叢論』思文閣出版、二〇〇九年、初出一九八二年)を参照。

(28) 『続日本後紀』嘉祥三年三月二十五日条。

(29) 『日本三代実録』貞観五年正月三日条。

(30) 春花福長については、ほかに史料がないため考察することができない。しかし、推測を述べるなら、彼は永岑の従者的存在であったために、永岑の離庄に伴って彼自身も離庄したのではないだろうか。

（31）『早大文書』三三八。

（32）『日本三代実録』同日条。

（33）『観音寺文書　乙巻』は、観世音寺の東大寺末寺化に際して、観世音寺によって書写され、保安元年（一一二〇）六月二十八日付で東大寺に進上されたものである（森哲也「観世音寺文書の基礎的考察」『九州史学』一二七、二〇〇一年）。史料1の「右件等坪、従二去年一前所二障取一。雖レ然未レ勘二国図一。但田実寺預僧定俊師作」の記述は、その記載位置と内容から、庄牒が観世音寺政所に提出された後、観世音寺側によって追記された一文と判断される。保安元年、東大寺に進上するために書写された際、追記も一緒に写されたことで、混入したものと考える。

（34）吉田一彦「国分寺国分尼寺の思想」（須田勉・佐藤信編『国分寺の創建　思想・制度編』吉川弘文館、二〇一一年）。

（35）笠松宏至「仏物・僧物・人物」（同『法と言葉の中世史』平凡社、一九八四年）。「互用の罪」思想は、貞観元年（八五九）の「近江国依智庄検田帳」（『平安遺文』一二八）の八条九里部分や、貞観十三年の「安祥寺資材帳」（『平安遺文』一六四）にすでに見られる。

（36）ただし、史料1を作文したのは、日下署名の「専当」春花福長だと思われる。

（37）寛平七年九月二十七日太政官符（『類聚三代格』巻十九）など。

（38）吉川真司前掲注（6）論文。

（39）浅香年木「賜田系庄田に関する覚書―横江庄遺跡の理解のために―」（松任市教育委員会『東大寺領横江庄遺跡』一九八三年）。

（40）『早大文書』三四二。ここでは、荒城長人の肩書は「専当」となっており、史料1の「別当」とは異なる。庄司名の違いについては、別途考察が必要と思われるので、この問題は今後さらに考えていきたい。

（41）小口雅史「初期庄園の経営構造と律令体制」（前掲注（12）『奈良平安時代史論集　上巻』）。

（42）阿部猛「初期荘園の没落過程―東大寺領因幡国高庭荘―」（同『律令国家解体過程の研究』新生社、一九六六年）。

（43）「応レ禁下断諸院諸宮王臣家仮二民私宅一号二庄家一貯中積稲穀等物上事」（『類聚三代格』巻十九）。

（44）吉川真司前掲注（6）論文。

（補注）初発表（二〇一九年七月）後、高子内親王家領庄園に言及した坂上康俊「福岡市域における8～9世紀集落の変貌とその背景」（『国立歴史民俗博物館研究報告』二三二、二〇二二年）が発表された。坂上氏は、高子内親王家領は父仁明天皇の遺領を継承したものだとする私見を認めた上で、その遺領は、もともと勅旨田か親王賜田として設定された可能性が高いことを指摘し、そう想定すれば、問題の所領が七七町という広大なものであったこと、その経営に筑前国司が関与していたこと、最終的に内蔵寮領になったことをスムーズな展開として理解できるとした。また、雀居遺跡・下月隈C遺跡などの調査報告書を批判的に分析することを通して、高子内親王家領と観世音寺の相論地域は、八世紀末から九世紀初頭の御笠川の大規模洪水により埋没して荒廃地になった地域であり、荒廃後、土地の帰属がはっきりしないまま勅旨田（親王賜田）が設定され、再開発が試みられたことで、九世紀後半に相論が起こったのではないかと指摘した。

以上のような坂上氏の研究は、考古学の成果も踏まえた説得力のある見解であり、高子内親王家領庄園に対する理解を深化されたものとして評価される。本付論と合わせて参照していただきたい。ただし、氏は右の見解を述べるなかで、「手嶋氏が強調された高子内親王領の経営に筑前国司が深く関与していることは、院宮王臣家領の一つとしての特徴というよりも、勅旨田に由来するからと考えた方がわかりやすい」と指摘された点について私見を述べておきたい。

高子内親王家領庄園が父仁明天皇の勅旨田に由来する可能性が高いこと、そうした歴史的背景が筑前国司を関与させる経営体制に関係していたことについては、筆者も同意するところである。その上で改めて重視したい点は、①同庄の経営に関与していたのが高子内親王との関係が想定される永原永岑であったことと、②その永岑は同庄の領主が高子内親王から内蔵寮に移ったタイミングで庄園経営から離れたことの二点である。この二点から、筑前介永原永岑が高子内親王家領庄園の経営に関与した前提には、高子内親王と永岑の関係があったと理解すべきである。また、庄園経営の実態を評価するにあたっては、同庄の経営が《高子内親王―筑前介永原永岑―荒城氏》のネットワークの上に成り立っていた点を重視すべきだと考える。同庄が国司を組み込んだ経営体制を取ったのは勅旨田に由来するからだとしても、そうした経営体制を機能させ、庄園経営を実現させたのは、《院宮王臣家（高子内親王）―国司（筑前介永原永岑）―地方有力者（荒城氏）》という政治的・社会的ネットワークだったのであり、その点を重視すれば、九世紀後半における院宮王臣家領庄園の典型事例として高子内親王家領庄園を評価する私見を修正する必要はないと考える。

第二部　年官と地方支配

第一章　平安中期における受領と年官

はじめに

平安時代、特に十世紀から十一世紀は、受領が都鄙において活躍し、その社会的影響力が強かった時代である(1)。地方社会においては、受領による国衙機構の再編・整備が行われ、受領を軸に地方社会のあり方は変遷していった(2)。受領は、平安時代の地方社会の実態を解き明かす鍵の一つである。

本章では、平安前期以来、上級の皇族・貴族が分有する国司への推薦権である年官と受領の関係について考察していきたい。具体的には、年官による申任に受領が仲介者として関与する場合、その任官には、受領にとってどのようなメリットがあったのか、また、受領はどのような目的を持って仲介者になったのか、この点を解明し、地方における受領の活動の様相と年官の活用の実態を明らかにしようとするものである。

年官に関する先行研究では、推薦者である給主や被推薦者、または両者の関係が主な考察対象とされ(3)、年官と受領の関係については検討されてこなかった(4)。しかし、年官による申任事例を詳しく見ていくと、受領が仲介者だと思われる事例が散見され、その数は決して少なくない。受領は年官による申任に何かしらの価値を見出していたと考えられる。

そこで本章では、受領による(1)仲介料の獲得と、(2)任国における現地有力者の編成に注目し、右記課題の解明を試みたい。⑴の仲介料については、受領が縁故ある給主に年官の被推薦者を紹介して、その見返りに仲介料を得ていたことを論じていく。⑵の現地有力者の編成について、小原嘉記氏は、十世紀を通じて、受領は国務遂行における業務得分（としての付加的徴収）を保証することによって、現地の富豪層を在庁編成していったとするが(5)、本章では、国司の地位を与えることができる年官も現地勢力を編成する手段として有効であったことを論じていく。

一　仲介料の獲得

事例1　藤原行成の年官

最初は、⑴仲介料の観点から検討していきたい。まず見ていきたいのは、藤原行成の年官の事例である。

『権記』寛弘元年（一〇〇四）四月二十日条には、

（上略）讃岐持〔掾〕〔マヽ〕放　友任料卅疋内、且廿疋自㆓国平朝臣許㆒送㆑之（下略）

とあり、国平朝臣から行成のもとに讃岐掾の任料三〇疋のうちの二〇疋が送られてきた。「任料」を受け取っていることから、行成は自身の年官によって「放友」を讃岐掾に申任したものと考えられる(6)。ここで注意したいのは、行成が得た任料が全額の三〇疋ではなく二〇疋であったことである。というのも、残りの一〇疋は、仲介料として、「放友」を行成に紹介した仲介者のもとに入ったと考えられるからである。そこで、二〇疋を送ってきた国平朝臣に注目すると、彼は多米国平であり、当時は阿波守であった(7)。国平は行成へ任料を送付していることから、彼が行成と「放友」の仲介者になったと考えてよいと思う(8)。国平は「放友」から任料三〇疋を受け取り、そのうちの一〇疋を仲介料としてもらい、残りの二〇疋を行成に送ったものと理解される。行成は道長に近侍し(9)、国平も道長の家司であったから、両者の間には一定の交流があったものと思われ、このような縁から、国平は仲介者になったのだろう。なお、阿波守国平が仲介者になっていることから、「放友」は阿波国の住人だと思われ、おそらく、彼は阿波掾を希望していたが、除目の結果、讃岐掾に任官されたのではないだろうか。

事例2　故昌子内親王の年官

次は、故昌子内親王の年官の事例である。『小右記』治安三年（一〇二三）正月十一日条には、

（上略）故宮御給大隅掾任料絹三十疋内廿疋、預二観音院司阿闍梨清台一。

とあり、実資は「故宮御給」（太皇太后昌子内親王の年官）によって申任した大隅掾の任料絹三〇疋のうちの二〇疋を、観音院司阿闍梨清台に預けている。この事例は、実資が、故昌子内親王の仏事・墓所管理費用を調達するために、彼女の未使用の年官（未給）を使用したものと理解される。ここで注目したいのは、この時、阿闍梨清台に預けられた任料が三〇疋のうち二〇疋だけであったことである。これは、先の事例と同様、残りの一〇疋が仲介料として仲介者に入ったからだと考えられる。また、この時、大隅掾に申任されたのは、『小右記』の別の記事から「為頼」という者であることが知られ、彼は「住二大隅一為頼」とあるように、大隅国に居住していた。ならば、実資に為頼を紹介した人物として、当時の大隅受領（誰かは不明）の可能性がある。ただ、為頼はこの申任後も、大隅国の相撲人秦吉高に付して実資に多くの品を献上しており、秦吉高も仲介者の可能性がある。いずれにせよ、この事例からも、年官による申任に仲介料が存在したことは指摘できる。

事例3　故昌子内親王の年官

次も故昌子内親王の未給を実資が使用した事例である。これについて、『小右記』長和三年（一〇一四）十二月十六日条には、

下総大掾石寸厚時任料絹・布・革等令レ預二清台師一、為レ充二故宮一切経書写料一一切経未二書了一。仍予殊以二未給御給一所レ充也。守〔寺〕司随喜無レ極（下略）

とあり、実資が「故宮」（太皇太后昌子内親王）のための一切経書写料をまかなうために、彼女の「未給御給」（未給の年官）を使用して、石寸厚時を下総大掾に申任したことが知られる。まず、受領を見ると、当時の下総守は惟宗貴重であり[17]、彼は実資の家司であった[18]。次に、時代差はあるが、養老五年（七二一）の下総国戸籍によると、葛飾郡大嶋郷には石寸部比米都売がおり[19]、下総国に石寸（部）氏がいたことが確認される。これらを合わせ考えると、この事例は、「故宮一切経書写料」をまかなうために任料を支払える者を探していた実資に、下総守であった家司惟宗貴重が任国の住人石寸厚時を紹介した事例だと考えられる。そして、事例2を参考にすれば、貴重は実資に厚時を紹介した見返りとして仲介料を獲得したものと思われる。任料を支払える者を探していた実資は、家司たちにも声をかけて被推薦者を募っており、貴重は主人の募集に応えて厚時を紹介し、仲介料を差し引いた任料を実資のもとに送ったものと想定されよう。

このように、年官による申任に仲介者がいる場合、仲介者は仲介料を獲得していたと理解される。受領が年官による申任の仲介者として動くメリット・目的に、仲介料の獲得という経済的な見返りがあったと言える。

二　受領による任国統治の様相——在国の任用国司——

1　在国の任用国司

次は、(2)現地有力者の編成の観点から、受領が仲介者になるメリット・目的を検討していくが、その前に、平安中期における受領の任国統治の様相を、在国の任用国司に注目して確認しておきたい。

『御堂関白記』長和元年（一〇一二）十二月九日条には、

（上略）又定。依二賀加国百姓愁一、召二上政職一問。其任用并郡司・書生相具参上。申二無実由一仍召二愁人等一、暗レ跡隠不レ参、欲二対問一無二愁者一。仍其由定申者。諸卿定申云、愁人不レ参。是以申二無実一也。国司可レ被レ免者也。彼愁者可レ被二召尋一者也者（下略）

とあり、加賀国の百姓の訴えによって、受領の源政職が召し上げられた。ここで注目されるのは、政職が「任用并郡司・書生」を率いて参上したことである。ここの「任用」は加賀国の任用国司を指すものと考えられるから、政職は任用国司・郡司・書生とともに加賀国を統治していたことが知られる。また、この事例では、任用国司らが受領の無実を主張した点に留意しておきたい。

次に、実際に国務に従事している任用国司について見ていきたい。正暦二年（九九一）、大和大掾五百井一蔭は国使として国内で起こった東大寺と興福寺の相論の処理にあたった[20]。この相論の関係史料には、「今月七日国符偁、去年三月十三日　宣旨偁、得二東大寺解状一偁、（東大寺解状は省略）者。在地国司弁定言上者。仍差二定国使東市正并掾五百井一発向如レ件[21]」とあり、東大寺の解状を受けて出された宣旨によって、大和守が大掾五百井一蔭を国使に充て発遣したことが知られる。

寛仁元年（一〇一七）の伊勢国では、「造宮料加徴米」を徴収するために、大掾三枝部助延が国使として曽禰庄に下ったことが知られるが[22]、彼は「可レ弁二進造宮料一宣旨」と「加徴米之国符」を携えており、国務遂行のために受領によって発遣されたものと考えられる。

『権記』長徳元年（九九五）十月六日条には、「出雲国解文依レ有レ仰、召二右衛門督於弓場殿一下二給之一。彼国言上

云々。熊野・杵築両神致斎廃務之間、不レ能レ糺二定犯人等之事一。仍捕二件犯人九人一、付二掾ム丸等一進上者」とあり、出雲国から、犯人九人が出雲掾ム丸に付されて進上されてきた。また、長保元年（九九九）、豊前守光輔は、掾蝮部為範を使にして同国京都郡で起こった「雨米之瑞」を大宰府に報告している。(23) 出雲掾ム丸や豊前掾蝮部為範は受領の采配で使になったと理解される。

長徳二年（九九六）、中央で行われる郡司任用の儀に際して、郡司候補者たちが朝集使に引率されて上京してきたが、この時、陸奥朝集使は陸奥権大掾の末彦守正が、丹後朝集使は丹後掾の巨勢懐節が務めていた。(24) 彼らを朝集使に任命したのはその国の受領だと考えられ、この事例からも、任用国司が受領の采配を受けて、国務(25)にあたっていた様子が窺える。類似のものとして、長和四年（一〇一五）、備前守大江景理が備前掾の上道実忠を朝集使に任命して彼に国解を進上させた事例がある。(26)

次は、受領の個人的な使として動く任用国司の事例である。『権記』寛弘元年（一〇〇四）八月二十七日条には、「国司調二食物一来会。退後、差二持〔掾〕連理宿禰一、即施二大掛一領一」とある。行成は、この二日前に近江国石山寺に詣でて、万燈供養や三日間の観音供を行っているから、(27) ここの「国司」は近江守藤原知章だと理解される。知章は行成に食事を提供し、その後、近江掾の連理を使として派遣した。この時の参詣は、「家母果二宿願一」(28)とあるように、行成の個人的なものだと考えられるので、知章の行成への食事提供は個人的関係によるものであり、掾連理の派遣も国務遂行のためではない。ここでは、掾の連理が受領の私的な使になっていることに留意しておきたい。

以上のように、在国の任用国司は国使や受領の使として現れ、彼らは受領の指示に従って動いていた。また、本節の最初に見た加賀国の事例では、任用国司は上京して受領の無実を主張していた。これらから見える、受領と任用国司の関係は、良好な人間関係のもと協力しあって国務を遂行する関係（協調関係）であり、これが平安中期における両者の基本的関係であったと理解される。[29]正暦五年（九九四）の大和国田所の「権大掾判官代三宅」[30]や、永承六年（一〇五一）の豊後国田所の「権大掾橘」「権掾清原」[31]も受領と協調関係にあった任用国司だと理解される。

2　任用国司に就く者

では、いかなる者が任用国司になっていたのだろうか。そこで、先に見た大和大掾五百井一蔭について考えてみると、天暦六年（九五二）の大和国平群郡郡判に「行事内竪五百井」[32]とあることが注目され、ここから、五百井氏は大和国の有力氏族であり、一蔭は大和国の有力者であったと理解される。同様に、現地の有力者だと考えられるのが、長和四年（一〇一五）に備前朝集使を務めた備前掾上道実忠である。上道氏は備前国の有力氏族だから、実忠も備前の有力者だと思われる。また、寛弘八年（一〇一一）の肥前国で活動した「国使介肥」[33]も肥前国の有力者だろう。このように、平安中期において、在国して国務に従事する任用国司は現地の有力者であったと考えられる。[34]

ただし、すべての任用国司が現地の有力者であったわけではない。この点で注目されるのが近江掾連理の事例である。先述したように、掾連理は受領知章の私的な使として派遣されていたが、連理が知章の使になったのは、彼が知章の郎等であったからだと考えれば理解しやすい。在国の任用国司が受領の郎等だということを明確に示す史料はないが、受領とともに下向してきた郎等が、その国の任用国司になるということは十分にあり得ただろう。

このように、在国して国務に従事する任用国司は、現地の有力者か受領の郎等であったと考えられる。そして、彼らが国務に従事できたのは、彼らが受領の任国統治に必要な人材であることが大きな理由だったと理解される。

3　現地有力者・郎等にとっての任用国司

現地有力者や郎等にとって、任用国司に就く価値は何だったのだろうか。これについては、国内における名誉や社会的地位を得ることだと考えられているが[35]、ここでは、国司文書における位署欄から、この点を考えていきたい。まず、長保元年（九九九）八月二十七日大和国司解[36]を見てみたい。そこには、守源孝道の位署欄のほか、「従五位下行介橘朝臣」「正六位上行権大掾石山宿禰」「正六位上行少掾宗岳朝臣」「正六位上行権少掾置始連」「正六位上行少目葛木宿禰」の位署欄が用意されている。次に、『権記』長保二年五月六日条には、

（上略）依二左府召一亦参詣。命云、扶公来、伝二定澄律師消息一云、寺家申二請検非違使一雖レ承二下遣之由一、于レ今未二来向一。寺家大衆欝申甚切者。国司孝道称レ病不二早罷下一。忠親罷レ国、令三留守官人介時夏等指二申在処一、可レ追二捕犯人一之由可レ奏者（下略）

とあり、長保二年の大和国に「留守官人介時夏等」がいたことが知られる。ここから、先の大和国司解に位署欄を用意された「従五位下行介橘朝臣」は「介時夏」だと理解される。また、『権記』によると、道長（左府）は、守孝道が病と称して大和国に下向しないので、代わりに忠親を下向させ、「留守官人介時夏等」に犯人の在処を申させて、犯人を追捕すべきだと述べており、「介時夏」は犯人の在処を知る人物として道長に把握され、犯人逮捕の協力を要請されていた。それは、彼が大和国内をよく知る現地有力者であり、国務に参画していたからだと考えられよう。

在国の任用国司の位署欄が用意されていたことを示す事例をもう一つ見ておこう。先述した、朝集使として備前国解を進上した掾上道実忠である。その国解[37]には、「附二朝集使正六位上掾上道実忠一、詮擬言上如レ件。謹解」とあり、「従五位上守大江朝臣」「正六位上掾」「正六位上」「従七位上□目」の四つの位署欄がある。このうち、「正六位上掾」は、位階・官（備前掾）の一致から、実忠のものと考えられる。

このように、在国の任用国司には位署欄が用意されていた[38]。このことは、現地有力者や郎等が、ほかの国衙勤務者

（雑色人）や郎等との差別化を図れるという点で、彼らにとって魅力的なことであったと思われる。すなわち、平安中期の国衙には、多数の現地の有力者（雑色人）や郎等が勤務しており、さまざまな競合があったと考えられる。そのなかにあって、任用国司に補任されて国司文書に位署欄が設けられれば、位署欄の設置という目に見えるかたちで、自身とほかの雑色人等との違いを明確に示すことになる。このように位署欄の設置を捉えると、任用国司の地位は、国内の競合に勝ち抜きたい現地有力者や郎等にとって価値があるものだったと理解される。

ここまで述べてきたことをまとめると、平安中期の諸国では、現地の有力者や郎等がその国の任用国司に就いて活動していた。彼らは、国務遂行のために国使として動き、ある時は受領の私的な使となり、時には上京して受領の無実を主張するなど、受領と良好な人間関係を築き、受領の任国統治に協力していた。

以上の様相のなかで、特に注目されるのが受領と任用国司の関係である。繰り返し述べてきたように、その関係は協調関係だと理解されるが、見方を変えると、受領と協調関係にあった者が任用国司に就いていたと捉えなおすことができる。さらに言うと、受領は、現地有力者や郎等が欲する任用国司の地位を与えることによって、彼らとの間に良好な人間関係を形成し、彼らの協力を得る体制を築いていたのではないだろうか。そして、ここに年官が利用されていたものと推測されるのである。次節では、この想定を、史料に即して実証していきたい。ただし、郎等が下向した国の任用国司になったことを明確に示す史料は確認できないので、次節では現地有力者だけを扱うことにする。

三　現地有力者の編成と年官

受領が安定して任国を統治するためには、現地の有力者たちと良好な関係を構築し、彼らの協力を得る必要があった。[39]前節では、受領が現地の有力者と良好な関係を築く手段として、年官の利用を想定したが、このことを示す事例として次の三つが注目される。

事例4　備前国

『大間成文抄』第二・出家には、

備前介従五位下石野宿禰行信（前太政大臣臨時給）

従五位下石野宿禰行信

望二備前介一

治安三年二月　日

とあり、治安三年（一〇二三）、前太政大臣藤原道長の年官（臨時給）によって石野行信が備前介に推薦・申任された。この時の備前守は源経相であり（後掲の太政官符）、彼は道長に近い人物であった。[40]

石野氏については、『続日本紀』神護景雲三年（七六九）六月壬戌条に、備前国藤野郡の人母止理部奈波と赤坂郡の人家部大水に石野連を賜姓したとあり、石野氏と備前国の関係が確認されるが、石野行信については、さらに注目すべき史料がある。『朝野群載』（巻二十六・諸国公文中）所収の万寿二年（一〇二五）五月三日太政官符である。

太政官符　備前国司

応丁停レ遣二検交替使一、依二前司藤原朝臣景斉受領定数一、令丙同任国司分‐付乙受‐領雑官物甲事

右得二彼国去治安二年十一月廿三日解状一偁、新司守従四位下行源朝臣経相、治安二年正月廿八日任、同年三月五日着任。依レ例欲レ勤二行交替政一之間、前司権守従四位上藤原朝臣景斉、白地請二身仮一入京。相二待下向一之程、同

年六月十一日依二身病一、忽以出家。国内官物、無レ人二分付一、徒送二年月一。方今検二諸国之例一、可レ令三任用之官人勤二行交替政一之由、裁許近在。望請、官裁、因二准諸国例一、令下前司同任権介行信等、□〔依カ〕二景斉朝臣受領定数一、分付中受領国内官物及神寺官舎等上、将レ備二後任之勘会一者。右大臣宣、奉　レ勅、依レ請者。国宜二承知依レ宣行レ之。符到奉行。

万寿二年五月三日（位署略）

これによると、治安二年（一〇二二）三月五日に着任した備前守源経相は、交替政の前に前司藤原景斉が出家したので、彼と同任の任用国司「権介行信」に分付受領させたいと申請した。この官符から、前司景斉の統治時代に備前権介行信という者がいたことが知られ、彼は国務に従事していたものと思われる。次に、名前・時期・備前の国司の共通点から、「権介行信」は、治安二年に備前介に申任された石野行信と同一人物だと理解される。そうだとすると、石野行信は、前司の時代から国務に参画していた、国務に通暁した人物であり、経相の任国統治に必要な人材であったと考えられる。

このように考えると、治安三年の申任は、受領の源経相が任国の有力者である石野行信と協調関係を築き、彼を自身の統治体制のなかに編成するために、仲介者として縁故ある道長に働きかけ、道長の年官によって行信に備前介の地位を与えたものと理解される(41)。

事例5　播磨国

次は播磨国の事例である。宮内庁書陵部図書寮文庫所蔵『除目申文之抄』には、

散位播磨宿禰延行

望二申播磨大掾一

長保六年正月廿六日関白被レ申、若勅書歟

という道長の年官申文が残されている。(42) 長保六年（一〇〇四）、道長の年官によって、播磨延行が播磨大掾に推薦された。当時の播磨守は、『権記』長保六年正月三日条に「播磨守陳政来、次権弁道方来、同車詣二枇杷殿一」とあることから、藤原陳政であったことが知られる。

陳政の弟季随は道長家司で知られ、(43) 叔母は道長母の時姫である。(44) さらに、陳政自身も、寛弘元年（一〇〇四）と三年の二回、道長の法華三十講の非時を調進しており、(45) また、東宮居貞親王の権大進・亮を務めていた。(46) これらから、陳政は道長に仕えていたと理解してよいだろう。

次に、播磨延行については、まず、長徳二年（九九六）に臨時内給によって播磨少掾に申任されたことが注目される。(47) さらに、『一乗妙行悉地菩薩性空上人伝』「華山太上法皇御二幸当州書写山一事」(48) には、長保四年（一〇〇二）に花山法皇が播磨国書写山に詣でた際のこととして、

（上略）申刻許磨（ママ）飾津湊仙駕還着給、於二御舩一乗御。其日夕膳之事、兼付二少掾播磨延行一奉仕之間、調備豊贍也

（下略）

とあり、播磨少掾の播磨延行が花山法皇の夕膳を準備したことが知られる。延行は、長年播磨の国務に参画した、国務に通暁した人物だと理解される。(49) ならば、先の備前と同じく、延行の申任の仲介者は、当時の播磨守の陳政だと考えられる。ただ、延行が播磨大掾に推薦された長保六年は、陳政の播磨守の任期三年目であり、(50) 受領陳政と延行の協調関係はすでに形成されていたものと思われるから、長保六年の申任は、陳政が延行との関係をより良好にする目的で、仲介者として縁故ある道長に働きかけ、延行に播磨大掾の地位を与えようとしたものと理解される。

ここで、石野行信や播磨延行が申任された国司の地位に注目してみたい。行信は以前の地位（権介）よりも上位の

介に推薦・申任されていた。同様に、延行は以前（少掾）よりも上位の大掾に推薦されていた。これは、行信や延行がより上位の地位を望んだ結果だろうが、彼らとより良い関係を築きたい受領が、彼らの要望通りに推薦・申任してもらうよう、給主に働きかけた結果だと理解することができるだろう。

事例6　土佐国

最後は土佐国の事例である。まずは、関連史料を以下に掲げる。

〔史料1〕『小右記』長元元年（一〇二八）八月二十一日条

中宮被ㇾ申二御給計歴文一。留二御請文一不ㇾ下也。別当三通下二外記・官・式部一。今日下二外記大外記頼隆・官右大弁重尹一、至二式部一後日可ㇾ下也。頼隆云、書二別紙一下給之例所ㇾ不二尋得一、披蒙了。再三有二感中之気一。

書様

土佐権介曽我部如光

右、従二今年一可二計歴一

長元元年八月廿一日

（下略）

〔史料2〕長元三年十月五日「土佐国司解」（『朝野群載』巻二十六）国司位署部分

長元三年十月五日　　正六位上行大目

従五位下行守佐伯朝臣　　正六位上行掾

従五位下行権守菅原朝臣

正六位上行権介曽我部宿禰

史料1によると、中宮藤原威子は土佐権介の曽我部如光の「御給計歴文」を申請している。ここから、渡辺滋氏は、曽我部如光の土佐権介の任官自体が中宮の年官によるものだとする。[51] 従うべき見解である。

如光が土佐権介に申任された長元元年（一〇二八）時の土佐守は藤原季任である。季任は万寿三年（一〇二六）〜長元三年六月五日まで土佐守であった。[52] 彼は太皇太后彰子の大進を務め、彰子が上東門院になると、そのまま判官代に移っている。[53] さらに、季任の弟保相は、中宮威子本人の申請によって中宮権大進に就いており、[54] 威子と保相のつながりを確認できる。ならば、中宮威子と季任との間には何かしらのつながりがあったものと考えられる。また、曽我部氏が土佐国の有力氏族だということも考慮すると、[55] 中宮威子と如光の仲介者は藤原季任だと理解されよう。

次に史料2を見てもらいたい。そこには、「正六位上行権介曽我部宿禰」とある。これは曽我部如光の位署欄だと考えられ、[56] ここから、如光は権介として土佐の国務に参画していたことがわかる。ただし、史料2の時の土佐守は季任の後任の佐伯朝臣某であった。では、如光は季任の統治下でも国務に参画していたのだろうか。ここで、先に見た備前と播磨の事例4・5を想起されたい。どちらの国の受領も、前司の時代から国務に参画していた者を、引き続き自身の統治体制下でも採用し、彼らとより良い関係を築こうとしていた。このような状況は、どこの国でも同じであったと思われる。とすると、受領の佐伯朝臣某は、前司季任の時代から国務に参画していた如光を、引き続き自身の統治下でも採用した。その結果、史料2に如光の位署欄が用意されたと考えられる。この解釈が成り立つとすれば、如光は季任の統治下でも国務に参画していたと理解される。

史料1・2を前述のように理解すれば、長元元年の申任は、受領季任が、現地有力者の如光と協調関係を築き、彼を自身の統治体制のなかに編成するために、年官を利用した事例だと評価できる。

以上のように、受領は、任国の国務に通暁した現地有力者との間に協調関係を形成、または、すでに形成されていた関係をより良好にし、彼らを自身の統治体制内に編成するために、縁故ある権門の年官を利用していた。年官は、受領が任国の有力者と良好な人間関係を築き、彼らの協力を得る体制を作る手段として利用されていたのである。前節で見たような受領の任国統治の様相は、受領が積極的に年官を利用した結果生まれたものと考えられるだろう。(57)

本節では、三つの事例を検討してきたが、宮内庁書陵部図書寮文庫所蔵『除目申文之抄』には、十一世紀初頃と考えられる某人の年官によって豊前掾に推薦された不知山師松の事例がある。被推薦者である師松は、名前の類似から、長保元年（九九九）に、豊前国京都郡で起こった「雨米之瑞」の「雨米」を豊前守光輔に送った掾不知山長松の親族だと思われ、豊前国の有力者だと考えられる。(58)この時の豊前受領は不明であり、これ以上の考察はできないが、これも、受領が現地有力者の師松と良好な人間関係を築くために年官を利用した可能性があるので、指摘しておきたい。(59)

四　年官による申任と受領

年官による申任には、給主（中央の権門）と縁故ある受領が仲介者になる場合があり、そうした場合の受領の目的は、仲介料の獲得や、任国の有力者と協調関係を築くことにあったと考えられることが、事例1～6の考察によって明らかになった。では、このような事例はほかにもあるのだろうか。

現在確認される年官の申任事例の大半は、『大間成文抄』や『魚魯愚抄』などの除目関係史料に残されたものであり、それらは申任結果だけが知られるものである。したがって、こうした事例の場合、その申任がいかなる過程を経て、またはいかなる背景を以て実現したのかを知る術はない。ただし、先の考察の結果、受領が仲介者になる場合があったこと、そして、その場合の受領の目的（㋐仲介料の獲得、㋑現地有力者との協調関係の形成）が明らかになったことは重要である。なぜなら、右記目的のために受領が仲介者になる場合、

（A）受領と給主との間には、血縁関係・主従関係・政治的・社会的関係（例・摂関家関係者同士）などのつながりが認められること。

（B）受領が紹介する人材（被推薦者）が、受領の任国の者だと認められること。

という二点を指摘することができ、（A）（B）どちらも当てはまる事例は、第一節から第三節で扱った六つの事例と同様のものである可能性は高いと考えることができるからである。

そこで、この（A）（B）に合致する事例を、諸古記録・儀式書類・『大間成文抄』・『魚魯愚抄』・『魚魯愚別録』・『除目申文抄』（『続群書類従』第十下所収）・宮内庁書陵部図書寮文庫所蔵『除目申文之抄』・『長徳二年大間書』（『大日本史料』第二編・二冊、五一一～五四六頁）・『朝野群載』から収集した結果が表3である。これらは、受領が仲介者となって年官を利用した事例と理解されるものである。

なお、摘出の基準は以下の通りである。

①対象年代は、年官によって地方の者が推薦されるようになる十世紀後半[60]から一〇〇〇年とした。具体的には九五〇年～一〇五〇年の一〇〇年間。

②後に名替・国替等による任官の停止が判明する事例は除外した。

③年、給主、被推薦者、推薦・申任国司、申任時の受領のいずれかが不明な事例は除外した[61]。

④年官による申任事例のなかには、「望二諸国掾一」のように、特定の国に推薦しないものがある。このような事例は除外した（この場合、その推薦の結果、申任された国が給主と関係ある者が受領を務める国であっても、それは偶然の結果である可能性があるからである）。

表3に掲げた事例のうち、No.1の播磨氏は播磨国の[62]、No.3の佐伯氏・No.9の綾氏は讃岐国の、No.5の依智秦氏は近

表3　受領が仲介者になったと考えられる年官事例

No.	年	給主	被推薦者	申任国司（推薦国司）	受領	備考	出典
1	天元三（九八〇）	円融天皇	播磨利明	播磨少掾	源泰清	・泰清は円融近臣 ・泰清兄正清は円融蔵人頭 ・泰清妹は円融中宮の母	大 魚 除
2	長保元（九九九）	冷泉上皇	十市明理	美濃介	源為憲	・為憲は冷泉皇女のために『三宝絵詞』を編纂	大
3	同右	源時中	佐伯扶尚	讃岐大目（讃岐権大目）	源乗方	・乗方と時中は従兄弟	大
4	寛弘二（一〇〇五）	一条天皇	県犬養為貴	河内権介	源奉職	・奉職は道長法華三十講の非時調進、藤原詮子の年爵に与る 道長が奉職宅に住む	魚別
5	寛弘三（一〇〇六）	藤原斉信	依智秦武兼	（近江大目）	藤原知章	・知章は道長家司、東宮（敦成）亮 ・斉信は中宮（彰子）大夫、敦成親王家勅別当、道長側近	除目
6	寛弘四（一〇〇七）	藤原彰子	十市明理	美濃介	源国挙	・国挙は東三条院別当、一条天皇後院別当、道長家人ヵ	大
7	治安三（一〇二三）	藤原広業	五百木部陳当	播磨大目	藤原惟憲	・惟憲は道長家司、東宮（敦良）亮、後一条乳母の夫 ・広業は道長家司、東宮（居貞・敦良）学士	除目
8	同右	馨子内親王	軽我孫理行	近江権大掾	源行任	・行任は高雅（道長家司）息、皇太后（彰子）宮司、上東門院別当、東宮（敦良）亮 ・馨子は後一条皇女、母は藤原威子　※当時馨子は二歳	大
9	長久四（一〇四三）	娟子内親王	綾兼則	讃岐権掾	藤原邦恒	・邦恒は頼通家司、敦成親王家侍者 ・娟子は後朱雀皇女、母は禎子内親王	魚
10	永承五（一〇五〇）	娟子内親王	越智友近	伊予掾	高階成章	・成章は東宮（敦良）大進、後一条蔵人 ・娟子はNo.9参照	魚

備考1　受領については、宮崎康充編『国司補任　第三』『国司補任　第四』（続群書類従完成会、一九九〇年）を参考に、諸史料を確認した。

2　備考欄については、佐藤堅一「封建的主従制の源流に関する一試論—摂関家家司について—」（安田元久編『初期封建制の研究』吉川弘文館、一九六四年）、岡野範子「家司受領について—藤原道長の家司を中心に—」（『橘史学』一六、二〇〇一年）、渡辺直彦「藤原実資家「家司」の研究」（同『日本古代官職制度の研究』吉川弘文館、一九七二年）、関眞規子「藤原実資と家司について」（『大正大学大学院研究論集』二四、二〇〇〇年）、告井幸男「摂関期貴族階級の社会構造―官人の兼参を中心に―」（同『摂関期貴族社会の研究』塙書房、二〇〇五年）、野々村ゆかり「摂関期における乳母の系譜と歴史的役割」（『立命館文学』六二四、二〇一二年）を参考に、諸史料を確認した。
出典表記　大…大間成文抄、魚…魚魯愚抄、魚別…魚魯愚別録、除…除目申文抄、除目…除目申文之抄。

江国の、№10の越智氏は伊予国の、それぞれの国の有力氏族であり、これら氏族の協力は、その国の安定した任国統治に必要であったと考えられる。したがって、これらの事例は、第三節で論じたような、受領が任国統治に必要な現地有力者と良好な人間関係を形成するために年官が利用された事例と理解することができよう。

また、№2・6の十市明理は美濃国との関係が窺われ(63)、№4の県犬養氏は河内国(64)、№7の五百木部氏は播磨国(65)、№8の軽我孫氏は近江国(66)との関係をそれぞれ確認することができる。ただし、これらの氏族は、平安中期における各国の有力氏族と考えることは難しい。任料・仲介料の支払いといった経済的なやりとりを確認することはできないが、これらの事例は、第一節で扱った石寸厚時の事例3と同様のものと考えることができるだろう。

以上のように、申任結果だけが知られる事例のなかにも、本章の考察対象である受領が仲介者になった事例は複数あったと考えられる(67)。平安中期において、受領が縁故ある給主に年官の被推薦者を紹介すること、または、給主たちが年官の被推薦者を受領に求めることは、ある程度一般的に行われていたものと理解したい。

なお、本章では、「給主―受領―被推薦者」という仲介過程を経た事例を検討してきたが、当時の仲介過程のすべてがこのパターンだとは考えていない。当然、「給主―仲介者A―仲介者B―被推薦者」というような、複数の段階を経た仲介もあっただろうし、仲介者になる者も受領だけではなかったと考えている。たとえば、年爵の場合になるが、長保元年（九九九）、花山院の年爵に平維幹が与った事例では、維幹の義兄の維叙と維幹の主人で、かつ花山院別当であった藤原実資が仲介者として動いていた。[68](補注) いくつかある仲介パターンの一つとして、今回検討したようなパターンがあったと理解していることを付言しておきたい。

おわりに

本章では、年官による申任に受領が仲介者として関与する場合、その申任は受領にとってどのような価値があったのかについて検討してきた。その結果明らかになった受領が仲介者になるメリット・目的の一つは、紹介の見返りとして仲介料を獲得することであり、もう一つは、任国の国務に通暁した現地の有力者との間に良好な人間関係を築き(あるいは、すでにあった関係をより良好にして)、安定した任国統治を実現させることであった。年官による申任は、仲介者である受領にとっても価値あるものであったと言える。

多くの受領が中央の権門に家司・家人として仕えたことは周知の通りである。その目的の一つに、天皇や摂関家の関係者になれば、大国や要国の受領に任ぜられやすかったことが指摘されているが[69]、本章で明らかにしたように権門の年官を利用できたことも、受領が権門に仕える目的の一つにあったのではないだろうか。年官は受領を権門のもとに結集させる要素の一つであったと評価することができるだろう。

注

(1)　佐藤泰弘『日本中世の黎明』(京都大学学術出版会、二〇〇一年)。
(2)　大石直正「平安時代の郡・郷の収納所・検田所について」(豊田武教授還暦記念会編『日本古代・中世史の地方的展開』吉川弘文館、一九七三年)、小原嘉記「中世初期の地方支配と国衙官人編成」(『日本史研究』五八二、二〇一一年)。

（3）永井晋「十二世紀中・後期の御給と貴族・官人」（『国学院大学大学院紀要　文学研究科』一七、一九八五年）、尾上陽介「年官制度の本質」（『史観』一四五、二〇〇一年）、本書第一部第二章など。

（4）年官による申任の仲介者として受領を想定した研究に、渡辺滋「請人・口入人の持つ力―地方有力者が任用国司の地位を獲得する過程から―」（井原今朝男編『生活と文化の歴史学3　富裕と貧困』竹林舎、二〇一三年）、本書第二部第二章がある。また、佐藤早樹子「年官制度における郡司の任用」（『日本歴史』八四七、二〇一八年）も、仲介者としての国司を重視している。

（5）小原嘉記前掲注(2)論文。

（6）年官に任料があったことについては、時野谷滋「年給制度の研究」（同『律令封禄制度史の研究』吉川弘文館、一九七七年）。

（7）『小右記』寛弘二年（一〇〇五）正月二十日条によると、この日、国平の阿波守の功過定が行われているから、国平の阿波守の任期は長保三年（一〇〇一）～寛弘元年（一〇〇四）であったと思われる。

（8）長保元年（九九九）、花山院の年爵に平維幹が与った事例では、維幹の義兄維叙と花山院別当で維幹の主人である藤原実資が仲介者になったことが知られ、実資は維叙からの「爵料」を花山院に届けている（『小右記』長保元年十二月九日・十一日条）。年官と年爵の違いはあるが、仲介者が被推薦者からの「任料」「爵料」を給主に届けることは、当時一般的に行われていたものと考えられる。なお、この事例については、（補注）を参照されたい。

（9）『小右記』寛弘二年（一〇〇五）五月十四日条に「恪勤上達部」とある。黒板伸夫『藤原行成』（吉川弘文館、一九九四年）。

（10）佐藤堅一「封建的主従制の源流に関する一試論―摂関家家司について―」（安田元久編『初期封建制の研究』吉川弘文館、一九六四年）、岡野範子「家司受領について―藤原道長の家司を中心に―」（『橘史学』一六、二〇〇一年）。

（11）行成が蔵人頭時代（長徳元年～長保三年）の『権記』には、国平が多く登場する。これは、行成が蔵人頭で、国平が史という職務上の交流だと理解されるが、このような交流も国平が仲介者になったことにつながったものと思われる。

（12）年官による申任において、除目の結果、推薦国司とは違う国の国司に任命されることはあった。たとえば、長保五年（一〇〇三）、多治良利は、中宮彰子の年官によって讃岐大目に推薦されたが、除目の結果、良利は土佐権少目に任官された（『大間成文抄』第一）。

（13）この事例については、永山修一「『小右記』に見える大隅・薩摩からの進物記事の周辺」（『鹿児島中世史研究会報』五〇、一九九五年）、加藤友康「平安時代の大隅・薩摩―人の交流と交易・情報伝達を媒介にして考える―」（『黎明館調査研究報告』一七、二〇〇四年。のち倉本一宏編『王朝時代の実像1　王朝再読』臨川書店、二〇二一年に収録）、渡辺滋前掲注（4）論文。本書第二部第二章も注（6）で言及した。なお、実資が昌子内親王の未給を使用できたのは、彼が長年彼女の太皇太后宮大夫を務めたからだと考えられる。この点は、次に扱う事例でも同様である。

（14）渡辺滋氏は、前掲注（4）論文の注（47）で「なおここで任料三十疋のうち、二十疋のみを清台に与えたことからは、実資と被推薦者の間を仲介した人物への礼物として十疋を保留した可能性も想定されよう」と述べる。

（15）『小右記』万寿二年（一〇二五）二月十四日条、同年七月二十四日条、同四年七月二十二日条、同年八月七日条。

（16）『小右記』万寿四年七月二十二日条。

（17）貴重は下総守を三年務めた後、長和五年正月十二日に辞退しているから、貴重の下総守在任期間は長和二年〜同四年の三年間であったことがわかる（『御堂関白記』『小右記』長和五年正月十二日条、『小右記』寛仁三年〈一〇一九〉正月二十一日条）。

（18）貴重が実資の家司であることは、渡辺直彦「藤原実資家「家司」の研究」（同『日本古代官職制度の研究』吉川弘文館、一九七二年）、関眞規子「藤原実資と家司について」（『大正大学大学院研究論集』二四、二〇〇〇年）。

（19）『大日本古文書』一、二六五頁。

（20）『平安遺文』三四七・三四八・三五〇。

（21）『平安遺文』三五〇。

（22）『平安遺文』四七九。史料全体の文脈から、助延は国検田使であったと考えられる。

（23）『本朝世紀』長保元年三月七日条。

（24）『小右記』長徳二年十月十三日条。

（25）朝集使が郡司候補者を引率することは、延喜式部下式・試郡司条に規定がある。

（26）『平安遺文』補一六四。

（27）『権記』寛弘元年八月二十五日条。

（28）同右。

（29）小原嘉記氏は「十一世紀の受領と在庁の基本的関係は癒着の構造として捉えられる」と述べる（前掲注（2）論文）。

（30）『平安遺文』三五九。

(31)『平安遺文』六九二。

(32)『平安遺文』二六四。

(33)『平安遺文』四五九。

(34) 小原嘉記氏は、「住国国司に任じられるような地方氏族は、そもそも国衙雑色人等として在地支配に関わる有力な存在」だと理解している（小原嘉記「平安後期の任用国司号と在庁層」『日本歴史』七三五、二〇〇九年）。

(35) 小原嘉記前掲注(34)論文、渡辺滋「日本古代の国司制度に関する再検討―平安中後期における任用国司を中心に―」（『古代文化』六五―四、二〇一四年）など。

(36)『平安遺文』三八五。

(37)『平安遺文』補一六四。

(38) 渡辺滋氏は、「10世紀後半以降の国務文書において、自署欄が用意される任用国司は、実際の国務に携わっていた」と述べる（前掲注(35)論文）。一方、富田正弘氏は、十世紀以降の国司文書にも国司全員の位署欄は用意されるが、受領しか署判していないことから、「任用国司の国務からの疎外が、国司文書の位署における無署判として表現されている」とし、「国司全員の位署というのは、全く形式的な修飾であり、国司連坐制の残滓にすぎない」と述べ（富田正弘「平安時代における国司文書―その位署形態と国司庁宣の成立―」同『中世公家政治文書論』吉川弘文館、二〇一二年、初出一九七五年）、小原嘉記氏も、摂関期以降の国司文書にある任用国司の位署は、受領が「丁重さを表すために任用国司号をもった雑色人を使用したとみることができる」と述べる（前掲注(34)論文）。後述のように、筆者は国司文書への位署欄の設置によって周りとの差別化が図れることが重要だと考えるので、位署欄の設置が形式的であったとしても、本章の趣旨の問題にはならないと考える。

なお、在国の任用国司の位署欄が設置されたことを示す事例がもう一つある。それは、本章でも扱った大和国の大掾五百井一蔭であり、永祚二年（九九〇）十二月九日大和国符案（『平安遺文』三四二）に「大掾五百井」とある。ただ、永祚二年は、十一月七日に改元が行われて正暦元年になっており、畿内の大和国で、改元から一ヵ月も経った時期に古い年号（永祚）を使用している点に疑問が残る。

(39) 森公章「国書生に関する基礎的考察」（同『在庁官人と武士の生成』吉川弘文館、二〇一三年、初出一九九三年）。また、『朝野群載』（巻二十二・国務条々事）には、任国の慣習を「官人・雑任」「粛老者」といった現地の有力者に尋ね、それに従うべきことが書かれており、当時の受領にとって現地勢力の協力が必須だったことが窺える（第七条「擇二吉日時一入レ境事」・第十五条「令下粛老者一申中風俗上事」）。

(40) 経相は道長室の倫子の甥であり（『尊卑分脈』宇多源氏）、彼の後妻は頼通の縁者であった（『春記』長暦三年〈一〇三九〉十一月二十三日条）。また、『御堂関白記』寛仁二年（一〇一八）五月二十二日条によると、経相は、源済政・藤原泰通・藤原惟憲など道長家司たちとともに道長の法華三十講の非時を調進しているが、山本信吉氏は、法華三十講の非時調進者は「道長の家司を中心とした家臣的性格が強いもの」だとする（山本信吉「法華八講と道長の三十講」同『摂関政治史論考』吉川弘文館、二〇〇三年、初出一九七〇年）。

(41) おそらく治安二年は石野行信の備前権介の任期最終年だったと思われ、任期が終了すると、すぐ道長の年官によって備前介に推薦・申任されたのだろう。なお、行信が備前介に申任された治安三年二月という時期は、経相が備前国に赴任して一一ヵ月ほど過ぎた時期であり、経相と行信との間には、すでに協調関係が成立していたかもしれない。その場合だと、経相は、行信との関係をより良好なものにする目的で仲介者になり、彼に備前介の地位を与えたと理解できよう。

(42) 『除目申文之抄』については、本書第二部付論2を参照。また、本申文が道長の年官申文と考えられることについては、渡辺滋前掲注(35)論文。

(43) 『御堂関白記』寛弘元年十月十六日条、佐藤堅一前掲注(10)論文、岡野範子前掲注(10)論文。

(44) 『尊卑分脈』魚名公孫。

(45) 『御堂関白記』寛弘元年七月八日条、同三年五月十三日条。法華三十講の非時調進者に道長の家臣的性格が強いことについては、山本信吉前掲注(40)論文。

(46) 『小右記』永祚元年（九八九）五月八日条、同正暦三年（九九二）正月二十日条。

(47) 『大間成文抄』（第一・臨時給）・『長徳二年大間書』（『大日本史料』第二編・二冊、五三五頁）。

(48) 兵庫県史編纂専門委員会編『兵庫県史　史料編　中世4』（兵庫県、一九八九年）。

(49) 渡辺滋氏は、少掾延行は「実際に国務に従事していたと推定できる」と述べ（前掲注(35)論文）、森公章氏は、『一乗妙行悉地菩薩性空上人伝』を見ると、少掾延行以外にも、大掾の播磨延昌や郡司の播磨頼成も奉仕していることから、「国郡行政の運営に際して播磨氏の協力が不可欠のものとなっている」と述べる（森公章「雑色人郡司と十世紀以降の郡司制度」同『古代郡司制度の研

究』吉川弘文館、二〇〇〇年、初出一九九八・九九年)。

(50) 『御堂関白記』『小右記』寛弘二年(一〇〇五)十二月二十一日条によると、この時、陳政は播磨守の重任を申請し許可されている。重任を申請するということは、寛弘二年が任期最終年だということになる。

(51) 渡辺滋前掲注(4)論文。

(52) 長元三年(一〇三〇)十月五日「土佐国司解」(『朝野群載』巻二十六・諸国公文中)。

(53) 『権記』万寿三年正月十九日条。

(54) 『小右記』長元元年十一月二十九日条。

(55) 渡辺滋前掲注(4)論文。

(56) 同右。

(57) 念のために付言しておくと、平安中期に見られる在国の任用国司のすべてが、受領の仲介によって国司になったとは考えていない。当然、個々が持つ別個のネットワークによって中央とつながり、国司の地位を獲得した者もいると考えている。

(58) 『本朝世紀』長保元年(九九九)三月七日条。

(59) 佐伯有清『新撰姓氏録の研究　考證篇六』(吉川弘文館、一九八三年)は不知山氏を豊前国の氏族だとする。

(60) 本書第一部第二章。

(61) なお、長徳二年(九九六)正月、冷泉上皇の臨時給で穴太季保が参河介に申任され、同じ除目で、藤原挙直が参河守に任官された事例(『長徳二年大間書』)のように、年官による申任と申任国の受領の任官が同じ除目の場合、年官による申任の仲介者として受領を想定することはできないので、このような事例は申任時の受領が不明な事例として扱った。

(62) No.1の播磨利明は、ほかの史料から播磨国に住んでいたことが知られる。この事例については、本書第二部第二章を参照されたい。

(63) 大宝二年(七〇二)の御野国戸籍(『大日本古文書』一―五・二〇・三〇・四二頁)によると、味蜂間郡の戸主甥大石の母に十市部牧売、同群戸主弟得麻呂の妻に十市部首刀自売、本簀郡戸主に十市部三田須、三田須の戸の寄人に十市部身麻呂、肩県郡の戸三川嶋の戸の寄人に十市部古売がいたことが知られ、また、天慶七年(九四四)の人物として美濃介十市春宗がいる(『九暦』天慶七年五月三日条)。さらに、十市明理は二回も美濃介に申任されており、彼が美濃国にこだわっていたことは明らかであろう。

十市明理は美濃国の有力者だと理解され、「とおち」の読みから、美濃国本巣郡遠市郷の人ではないだろうか。

(64)『続日本後紀』承和元年（八三四）九月十四日条によると、この時、河内国古市郡人従六位下県犬養宿禰子成が本貫地を右京一条に移したことが知られる。ここから、県犬養氏が河内国にいたことが確認される。

(65)『日本三代実録』貞観四年（八六二）六月十五日条によると、この時、播磨国揖保郡人の「伊福貞□」という人物が「本姓五百木部連」に復したことが知られる。ここから、五百木部氏が播磨国にいたことが確認される。

(66)弘仁十四年（八二三）の「近江国長岡郷長解」（『平安遺文』四八）によると、同郷の戸主に軽我孫継人、保戸主に軽我孫吉長と軽我孫広吉がいたことが知られる。

(67)表3に掲げた一〇例以外にも、受領が仲介者になった可能性が考えられる事例があるが（(A)だけ該当する事例）、その詳細については後考することとし、今回は（A）（B）の両方に該当する事例に限って掲載した。

(68)『小右記』長保元年十二月九日・十一日条。

(69)寺内浩「受領考課制度の変容」（同『受領制の研究』塙書房、二〇〇四年、初出一九九七年）。

(補注)　本事例に関して、初発表時（二〇一九年五月）には、『小右記』長保元年十二月九日条に「常陸介維幹朝臣」とあることから、常陸介平維幹が主人の実資を介して花山院年爵を申請した事例と理解し、「花山院の年爵に常陸介平維幹が与った事例」と記述した（注(8)も同様）。しかし、再検討したところ、九日条の「常陸介維幹朝臣」は「常陸介維幹〔叙〕朝臣」と解すべきだと考えを改めるに至った。また、実資が花山院別当であったことが判明し（本書第二部付論1）、この関係も大きな理由であったと理解するようになった。

　以上の理由から、本事例は、常陸介維叙が花山院別当である実資を介して、花山院年爵による義弟維幹の栄爵（叙爵）を申請したものと理解を改めたので、本書に収録するにあたり、当該部分の記述を修正した。なお、本事例については、本書第二部付論1も参照されたい。

付論1　花山院と藤原実資

はじめに

藤原実資の日記『小右記』には、花山法皇（以下、花山院）に関する次のような記事がある。

〔史料1〕長保元年（九九九）十二月九日条

常陸介維幹〔叙〕朝臣先年所二申給一華山院御給爵料不足料絹廿六疋及維幹名簿等送レ之。以二維幹一可レ預二栄爵一者。維幹余僕也、進二馬二疋毛付一。以二院判官代為元一令レ奉二絹及維幹名簿等一。

〔史料2〕長保元年十二月十一日条

為元朝臣来、院仰云、常陸介維叙朝臣進絹令レ納給了。但以二明年御給栄爵一可レ給二維幹一之由可二仰遣一者。

長保元年十二月九日、常陸介平維叙[1]から藤原実資のもとに、花山院年爵[2]の叙料の不足分として絹二六疋と平維幹の名簿が届けられた。実資はこれらを花山院判官代為元に付して花山院に進上し、その二日後、実資のもとに、翌年の年爵で維幹を叙爵するという花山院の意向が伝えられた。

この事例は、常陸介平維叙が花山院年爵による義兄弟の維幹[3]の叙爵を、実資を介して申請したものと理解される。本事例は、年給研究の立場から、年爵による申請に叙料が発生していたことを示すものとして早くより注目され[4]、近年では、花山院の困窮を哀れんだ実資が花山院年爵による叙爵の斡旋を行った例という解釈が示されている[5]。また、武士研究の立場からは、常陸大掾氏の祖とされる平維幹と中央の上級貴族実資や花山院との関係を示す事例として注目されてきた(6)。

ところで、なぜ実資は花山院年爵の斡旋を行えたのだろうか。この点は些細な問題であるためか、これまで検討されずにきた。しかし、花山院と実資の関係を考察しようとする本付論にとっては、見逃すことができない点になるので、これを議論の入り口にしたい。

さて、右の問題を解く鍵は、言うまでもなく花山院と実資の関係にある。実資が花山天皇の蔵人頭を務めたことはよく知られているが、退位後の花山院と実資の関係については、ほとんど言及されることはなく、言及される場合でも、その理解にはばらつきが見られる。

実資を論じた加納重文氏は、「花山帝に対しては（中略）東宮～上皇のどの時点においても、はなはだそっけない。花山院に接近したのは、永観二年（九八四）十二月十五日の頼忠女諟子入内の時が唯一の例かと思われる」と述べる(7)。

こうした理解に対して、朧谷寿氏は「法皇（花山院・注は筆者）と実資とは親しい間柄にあったのかもしれない（中略）しかし、実資が法皇と特別に親しかったことを明示する史料はない」と述べ(8)、花山院を論じた今井源衛氏も「花山院は（中略）長能や実資のように親しい人々を集めて、歌会を催したものと思われる(9)」と述べている(10)。また、『日本歴史大事典』（小学館）の「藤原実資」項（吉川真司氏執筆）には、「981年（天元4）円融天皇蔵人頭、984年（永観2）花山天皇蔵人頭。両天皇とは退位後も密接な関係を保つ」とあり、その他、「（花山院の）院務統轄の任にある実資(11)」（カッコ内は筆者）、「花山院の蔵人頭で譲位後も仕えていた実資(12)」「実資が法皇の相談役のような立場にあった(13)」などの記述が確認される。

このように、先行研究では、加納氏のように花山院と実資の関係を否定的に捉える理解がある一方で、〝花山院と実資は親密な関係にあった〟〝実資は花山院に仕えていた〟とする見解も示されている。本付論で論じるように、筆者は後者の理解に賛成するが、先学の見解はきわめて簡潔な記述のものばかりであり、花山院に対する実資の立場を具体的に示したものは第一節で検討する下向井龍彦氏の研究だけである。(補注)その一つの要因は、現存する『小右記』に花山院と実資の関係を明示する記事が残されていないことにあるが、(14)『小右記』以外の史料を使用すれば、両者の関係を具体的に示すことは可能である。

そこで本付論では、第一に、『小右記』以外の史料を用いることによって、花山院と実資の関係を明らかにし、冒頭で掲げた問い――なぜ実資は花山院年爵の斡旋を行えたのか――に対する解答を示したい。その上で、第二に、花山院との関係に焦点を当てて、実資の家司・家人を検討し、花山院と実資の関係が実資の家政運営にどのような影響を与えたのかを論じたい。

一　花山院別当藤原実資

花山院と実資の関係を検討するにあたり、まず紹介したいのが、冒頭で掲げた平維幹の事例に対する下向井龍彦氏の見解である。

下向井氏は、長保二年（一〇〇〇）十二月九日、藤原行成（東三条院別当）が越智為時の栄爵宣旨（東三条院の算賀料献上による栄爵）を源兼相に付して東三条院に進上した事例(15)を検討するなかで、栄爵宣旨を女院に届けた源兼相を東三条院判官代と、また、越智為時が栄爵に与る際の仲介者として伊予守源兼資（兼相の兄弟）を想定した上で、次のように述べている（傍点は筆者）(15)。

（上略）花山院別当であったと思われる実資と常陸介平維叙と院判官代為元と栄爵申請者維幹の関係は、東三条院別当行成と伊予守兼資と女院判官代兼相と栄爵申請者越智為時の関係と同じである（下略）

下向井氏は、栄爵申請における実資と行成の立場を対応させることによって、実資を花山院別当と理解している。ただし、実資を花山院別当とする根拠は、栄爵申請における実資の立場と東三条院別当行成の立場が同じであるという一点だけであり、実資が花山院別当であったことを示す史料に基づいているわけではない。実際、氏も「花山院別当であったと思われる実資」と述べているように、実資を花山院別当とするのは想定に留まるものと言える。しかし、この想定は注目すべきものになるので、次は、この下向井氏の想定を史料的に実証していきたい。

「はじめに」で述べたように、現存する『小右記』には、花山院と実資の関係を明示する記事はない。そこで注目したいのは、宮内庁書陵部図書寮文庫所蔵『除目申文之抄』[17]に収められている次の花山院の年官申文である（傍線は筆者。以下同じ）。

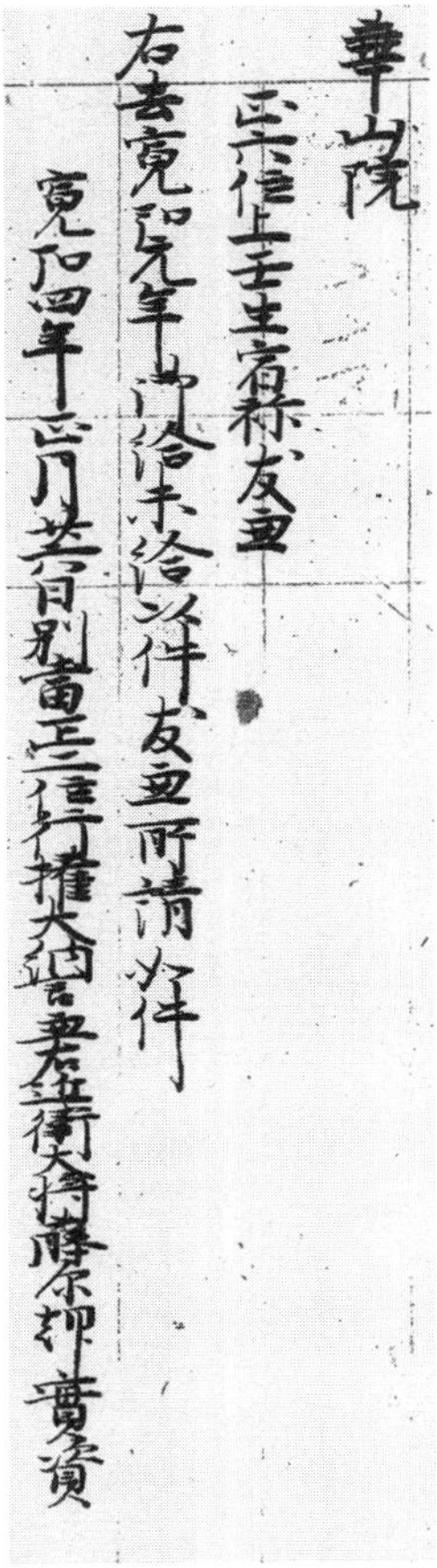
華山院
正六位上壬生宿禰友正
右去寛和元年御給未給以件友正所請如件
寛弘四年正月廿六日別当正三位行権大納言兼右近衛大将藤原朝臣實資

図2　花山院年官申文（宮内庁書陵部図書寮文庫所蔵『除目申文之抄』所収）

華山院

正六位上壬生宿禰友兼

右、去寛弘元年御給未給、以二件友兼一所レ請如レ件。

寛弘四年正月廿六日別当正二位行権大納言兼右近衛大将藤原朝臣実資

これは、寛弘四年（一〇〇七）春除目の際に作成された花山院の年官申文であり、その内容は、花山院の未給（寛弘元年御給）によって壬生宿禰友兼を推薦するものである。本来ならば、被推薦者を記した次行に「望〇〇」と、推薦する官職が記されるべきだが、本申文ではそれが欠けている（編纂か書写の段階で抜け落ちたのだろう）。

さて、この申文で注目されるのは日下の署名部分である。その部分を見ると、「別当正二位行権大納言兼右近衛大将藤原朝臣実資」とあり、「別当」の実資が署名している。花山院の年官申文に署名するという点から、実資の「別当」が花山院別当を指している可能性は高いが、速断することは避け、もう少し検討を進めたい。

美福門院と八条院の年給を検討した永井晋氏によると、院宮の年官申文は御給所（年給を取り扱う所）で作成され、その申文には、院の場合は別当（御給所奉行を仰せつかった別当）が、宮の場合は大夫が署名することになっていた(18)。では、こうした院政期のあり方は摂関期も同じなのだろうか。

そこで『西宮記』巻十六・宣旨事を見ると、院の年官申文の書様として、

某院

正六位上某姓某丸

望某官

右、当年御給、所レ請如レ件。

年　月　日

別当公卿加レ署当年給不レ加レ署。書外加レ封也

とあり、国立歴史民俗博物館所蔵『叙除拾要』(19)（藤原行成の除目書）には、

院宮当年給者、別当若大夫無者、他宮司加レ之巻封、目加二名片字一。勘《勅歟》使来請時、可レ被レ付レ之。

旧年御給、別当・宮司加レ名付二奏者一更不レ封レ之。

とある。これらによれば、院の当年給申文は、別当が巻き封じて、封じ目に名前の一字を書き加え、未給申文は、封をせずに別当（別当公卿）が署名するとある。(20)これらから、摂関期における院宮の年官申文の取り扱いには、当年給とそれ以外（未給など）で違いがあり、別当が署名を加えるのは未給などの申文であったことが知られる。

以上を踏まえ、改めて問題の花山院年官申文を見ると、「右、去寛弘元年御給未給」とあり、未給申文であることがわかる。したがって、そこに署名する「別当」実資は、花山院別当として花山院の年官（未給）申文に署名したものと理解される。ここに、実資が花山院別当であったことが史料的に実証されたのである。

二　実資の花山院別当在任期間

前節の検討により、寛弘四年（一〇〇七）時において、実資は花山院別当であったことが明らかになった。次は実資の花山院別当就任の時期を考えたい。

『大間成文抄』第二・秩満には、次の花山院年官（名国替）申文が収められている。

華山院

従七位上生江宿禰兼平

望二河内国権大目闕一

右、去正暦二年御給、同年正月以二伊部元連一請二伊勢国大目一、而依レ有二身病一不レ給二籤符一。仍秩満之替、以二兼平一可レ被レ改二任件国一之状、所レ請如レ件。

長徳三年正月廿六日別当正三位行中納言兼右近衛大将藤原朝臣道綱

ここの署名部分を見ると、藤原道綱が別当として署名しているから、長徳三年（九九七）の時点で、実資はまだ花山院別当に就いていなかったことが知られる。

次に、『小右記』長保元年（九九九）九月二十三日条には、

京官除目議始。華山院御給御請文、判官代為元朝臣将来、加レ封返給。

とあり、実資は花山院判官代為元が持ってきた「華山院御給御請文」（年官申文）に「封」を加えて返給したことが知られる。ここで、前掲の『叙除拾要』を想起すると、院の当年給申文の場合、別当は申文を巻き封じて、封じ目に名前の一字を書くことになっていた。すると、ここの「加レ封」とは、申文を巻き封じ、封じ目に名の一字を書き加える行為を指すものと理解され、本条に見える実資の行為は別当としての職務遂行だと判断される。したがって、この時点で、すでに実資は花山院別当に就任していたと考えられる。

そこで、長徳三年正月から長保元年九月の間に絞って『小右記』を見ていくと、長保元年七月十二日条の

参二花山院一、良久候二御前一、院事一向可レ行之由有レ仰。黄昏罷出。

という記事が注目される。長保元年七月十二日、実資は花山院から「院事一向可レ行之由」を仰せられたことが知られるが、ここで問題となるのは「院事一向可レ行之由」の意味するところであろう。これについて、先に結論を述べ

ると、それは花山院別当への就任を命じたものと理解される。

本付論の末尾掲載の表4を見てもらいたい。表4は、『小右記』『小記目録』に見える花山院関係記事（院存命中の記事）を年月日順に整理したものであるが、これによると、実資が花山院から「院事」のことを命じられた長保元年七月十二日（太字で表記）を境にして、花山院関係記事の内容に変化が見られることがわかる。すなわち、長保元年七月十二日以前では、実資が花山院の院務や院主催の行事に従事したことを示す記事は確認されないが、実資に「院事」を行うべきことが命じられた後になると、花山院の院務や行事に従事する記事が確認されるようになる。たとえば、年官申文や年爵申文に封をする記事（長保元年九月二十三日、寛弘二年正月六日）、熊野御幸に関する記事（長保元年十一月三日・十五日・十六日）などであり、年官申文への封が別当の職務遂行であることは前述の通りである。

また、長保元年十月三十日、「献二五節一之由有二聞食事一、庁可レ営二一事一、仍所レ送也」という花山院の仰せによって、五節舞姫献上者に選ばれた実資のもとに、院から「播磨明年大粮百石借牒」が送られてきた(21)。花山院が五節舞姫料の援助を行ったのは、この時点で実資が花山院庁の一員（別当）であったからだと考えられる。

以上のように、長保元年七月十二日に花山院から「院事一向可レ行之由」を命じられて以降、『小右記』には、実資が花山院別当であったことを示す記事が確認されるようになる。同月二十九日には、実資は花山院のもとにひかえていることを踏まえると、実資の花山院別当就任は、花山院から「院事」を行うよう命じられた長保元年七月十二日から二十九日までの間だと判断される。

では、実資はいつまで花山院別当を務めたのだろうか。『権記』によると、寛弘五年（一〇〇八）二月九日に花山院が崩御した際、実資は、その日のうちに参院し、十一日の御入棺、十二日の初七日法会(22)、十七日の御葬送に参加しており(23)、三月十二日の五七日法会の際には、藤原義懐（花山の伯父）・藤原行成（花山のいとこ）・平祐之の女（花山皇子清仁親王母）等、花山院の近縁者とともに、諷誦料一〇〇端を送っている。(24)花山院崩御時の『小右記』は残っていないが、『小記目録』にも花山院の崩御・葬送・法会の記事が見える。(25)これらのことから、実資は花山院が没するまで別当であったものと考えられよう。

本節の最後に、実資が別当に選ばれた背景についての見通しを述べておきたい。実資の別当就任は、花山院から「院事一向可レ行之由」を仰せられたことを契機にしたように、院の意志によるところが大きかったと理解される。そこで注目されるのが、実資が花山の蔵人頭を務めたことに加え、花山が東宮時代よりたびたび、実資を和歌・絃管や仏事などの催しに誘い、実資との関係を構築しようとしていたことである。(26)花山院は即位前から実資を頼りにしようとしていたと思われ、そうした院自身の考えが実資を別当に選んだ背景にあったのではないだろうか。しかし、花山の誘いに対して実資は「所労」「病」等を理由に断っており、花山との関係構築に消極的であった。その理由は、実資が親しく仕えていた円融との関係を優先したためだと思われる。(27)しかし、その円融は正暦二年（九九一）に崩御する。こうした状況の変化もあり、実資は花山院からの別当就任要請を受けるに至ったのだろう。

また、前掲の長徳三年（九九七）の花山院年官申文に見えるように、実資の別当就任以前は、藤原道綱が院の年官申文に署名していたが、このことは、実資が道綱に代わって別当に就いたことを示していよう。道綱から実資への別当交替の評価は難しい問題だが、ポイントとなるのは道綱の異母弟で、当時、左大臣・内覧であった道長だと思われる。花山院と道長の関係については、寛弘年間（一〇〇四～一二）頃から親密さを増したとする指摘がある一方で、(28)寛弘二年には、花山院が道長との交流を嫌っていた様子を窺える出来事も確認される。(29)別当交替（長保元年）が寛弘年間より前であること、そして後者の出来事を重視するならば、別当交替の背景には、道綱を別当から外すことで、道長の影響力を自身の周辺から排除しようとした花山院の判断があったと言えそうであるが、以上の見通しも含めて、実資の別当就任（道綱の別当解任）をめぐる問題は今後の課題としたい。

三　花山院と実資の家司・家人

ここまでの検討によって、実資は、長保元年（九九九）七月十二日以降、花山院別当を務めていたことが明らかになった。これにより、本付論冒頭で述べた〝なぜ実資は花山院年爵の斡旋を行えたのか〟という問いに対して、次のような解答を提示することができる。すなわち、実資が花山院年爵の斡旋を行えたのは実資が花山院別当という地位にあったからだ、と。

ところで、改めて平維幹の事例を見ると、本事例は、実資が花山院別当という立場を利用して、自身の従者である平維幹の叙爵を実現させたものと捉えることができる。そして、こうした実資の仲介という行為には、従者維幹との関係を維持、またはより強固なものにする側面があったと考えられる(30)。つまり実資の花山院別当就任は、従者との関係を維持するという点において、実資自身の家政運営にとってもプラスに働いたと評価されるのである。

しかしながら、実資の家政（家司・家人）を分析した先行研究(31)では、花山院と実資の関係は看過されてきた。そこで本節では、花山院との関係に着目して実資の家司・家人を検討し、花山院と実資の《院―別当》という関係が実資の家政運営にどのように影響したのかを考察してみたい。

平維幹

先述した平維幹について、もう少し考察を深めてみたい。そこで注目されるのは、史料1「先年所レ申給二華山院御給爵料一」という部分に「先年」とある点である。ここから、維叙による維幹の叙爵申請は「先年」から行われていたこと、そして、その申請が実資の花山院別当就任の五ヵ月後に実を結んだことがわかる。このうち、後者の事実は重要であろう。なぜなら、花山院が年爵で申請する人間を決定する際、別当実資の仲介・口入が大きな役割を果たしたことを示唆するからである。この読解が正しいとすれば、実資は花山院別当に就いたことによって、花山院年給の被推薦者の人選に、仲介・口入というかたちで関与できるようになったと言え、それは、実資が自らに仕える者の叙爵(・加階)や官職任命を申請する手段として花山院の年給を活用できるようになったことを意味しよう。

実資の花山院別当就任は、実資にとって自身の家司・家人との関係を維持する方法が増えたという点で価値あるものであったと考えられる。

藤原伊祐

藤原伊祐は実資の家人と指摘されている人物である(32)。彼については、『御堂関白記』寛弘元年(一〇〇四)九月二十五日条に、「賜二大内記宣〔義脱〕朝臣、華山院正暦三年・長徳元年内官御〔給脱〕代被レ申伊祐朝臣加階宣旨一」とあり、寛弘元年、花山院の年官未給(正暦三年と長徳元年の内官給)の振替によって、加階されたことが知られる。伊祐の加階に関しては、彼の父為頼が花山東宮時代の春宮少進を務めていた関係から、伊祐は花山院年爵に与ったとする見解がある(33)。しかしながら、為頼は長徳四年(九九八)に没しているから(34)、伊祐が花山院年爵に与ったのは、為頼の子であったことよりも、主人実資が花山院別当であったことによると理解する方がよいと思われる。伊祐の加階は、維幹の場合と同じく、実資から花山院への働きかけによって実現したものと理解したい。

足羽千平

足羽千平は、治安元年(一〇二一)以降、実資の家司(大書吏)として確認される人物である(35)。先行研究では、それ以上のことは明らかにされていないが(36)、実資が花山院別当であったことが判明したことによって、次の史料が注目される。

〔史料3〕年不明、花山院年官任官例（『大間成文抄』第十・名替）

加賀権掾正六位上足羽宿禰千平停二華山院当年内〔御〕給他田重晴一改任

〔史料4〕寛弘四年「花山院年官申文」（宮内庁書陵部図書寮文庫所蔵『除目申文之抄』）

華山院

正六位上足羽宿禰千平

望二諸司二分一

寛弘四年正月廿六日(37)

史料3は花山院の年官（名替）で千平を加賀権掾に申任した任官例であり、史料4は花山院の年官で千平を諸司二分に推薦した寛弘四年（一〇〇七）の年官申文である。

まず史料3の任官年については、以下の理由から、時期を絞ることができる。第一に、花山院に年官が与えられたのは正暦四年（九九三）頃と考えられること(38)。第二に、本例が当年給による任官であることから(39)、花山院存命中（寛弘五年以前）の任官と判断されること。第三に、史料4との関係から、寛弘四年に諸司二分に推薦された（おそらく、そのまま任官されただろう）千平が(40)、翌五年に国司掾を希望するとは考えにくいこと。以上三点より、史料3は正暦四年から寛弘三年までの間の任官だと判断される。

さて、史料3・4より、千平は、実資家の家司として見える治安元年以前に、花山院の年官によって加賀権掾、そして諸司二分に推薦・申任されていたことが判明する(41)。年官は給主の縁故関係のなかで行使される傾向が強く、給主に仕える者が申任されることは一般的にあったことを踏まえると、千平が花山院に仕えていた可能性は高いと思われる。そうだとすれば、長保元年（九九九）七月以降、実資と千平は、花山院庁において上司と部下の関係にあったことになる。

ここで参考にしたいのが、長保元年八月に実資家の厩司に任命された藤原忠邦である。[42] 忠邦は、実資が大夫を務めた太皇大后宮（昌子内親王）の侍所長でもあり、[43] 実資と忠邦は太皇大后宮職において上司（大夫）と部下（侍所長）の関係にあった。そしてこの関係から、忠邦は実資家の厩司に任命されたとされている。[44]

花山院が没してから千平が実資家の家司として確認されるまでに十数年ほどの空白期間はあるが、千平が実資家の家司に就いた背景には、花山院庁における上司と部下の関係があったのではないだろうか。

源兼業（遠業）

最後に源兼業（初名は遠業）を見たい。兼業は、兄弟（源惟正の女）に実資の室がいることによって、他の兄弟とともに実資と親しい関係にあったとされる人物である。[45]『小右記』によると、兼業は、寛和元年（九八五）正月に実資家の地火爐次を行い、同年五月に実資女子（母は惟正女）の産養五夜で饗や碁手を儲け、永延元年（九八七）に実資室（惟正女）の周忌法会の雑事を実資と兄遠古とともに定め、永祚元年（九八九）には、実資が前越前守景斉の坂下宅に向かう際に付き従っており、[46] これらから、兼業は実資の家人であったとする指摘もある。[47]

この兼業に関しては、一つ注意しておきたい点がある。それは、永祚元年以降、実資と兼業の関係を示す記事が見えなくなり、それと対応するように、兼業が花山院に仕えていたことを示す記事が現れてくることである。『小右記』長徳二年（九九六）九月四日条には「薩摩守源兼業花山院懇切奏給云々」とあり、兼業は花山院の申請によって薩摩守に任じられたことが知られる。また、寛弘二年には、花山院の使者として実資に院の仰せを伝え、花山院の葬儀の際には、「令三別当兼業朝臣告二遺詔於外記一（中略）時剋昇二御棺一参入兼業・為元・正充・師忠・基頼・孝順等朝臣昇レ之」とあるように、別当兼業が花山院の遺詔を外記に伝え、御棺をかつぐ役を務めている。(48)このように、兼業は、長徳二年頃には、花山院に仕えていたと思われ、院が崩御した寛弘五年（一〇〇八）までに別当の地位に就いていた。おそらく、寛和二年（九八六）の実資室（惟正女）の死去、そして正暦元年（九九〇）七月の実資女子（母は惟正女）の死去(49)以降、兼業の奉仕の比重は実資から花山院へ移っていったものと推測される。しかし、兼業と実資の関係が消滅したとは思われない。

その理由として、第一に、寛弘二年、花山院の仰せを実資に伝える使者に兼業が選ばれている点である。この時、兼業が使者に選ばれたのは、兼業と実資の関係が考慮された結果だと考えられる。第二に、兼業の子の懐信は実資の「数年家人」(50)であった点である。懐信が実資の家人となったのは、父兼業と実資の関係に一つの理由があったと思われる。

このように、兼業の奉仕の比重が花山院に移って以降も、兼業と実資の関係は続いていたと理解される。そうだとすれば、長保元年（九九九）七月の実資の花山院別当就任は、実資と兼業が花山院の下で再び交流を始め、両者の関係が再構築される契機になったと評価でき、結果として、その関係は兼業の子懐信の家人化にもつながったと考えることができよう。(51)

以上、花山院との関係に着目して、実資の家司・家人を検討してきた。その結果、実資は花山院別当という立場を利用して、自らに仕える者が院の年爵に与れるように働きかけ、家人との関係の維持・強化を図っていたと考えられること、また、花山院の下で形成された実資との関係が実資の家司・家人化につながったと考えられる者がいたことが明らかになった。

実資の花山院別当への就任は、①自らに仕える者との関係の維持・強化（叙位・任官申請の方途の増加）、②家司・家人の充実という二点において、実資の家政にプラスに働いたと言える。

おわりに

本付論では、花山院と実資の関係について考察を進めてきた。その結論をまとめると、次の二点になる。

（一）長保元年（九九九）七月十二日以降、実資は花山院別当であった。

（二）花山院と実資の《院―別当》という関係は、実資自身や実資家にとって一定の価値があるものであり、看過すべきではない。

また、第三節では、花山院別当という立場に着目して、実資を中心とした人的ネットワークの構造の一端を示すこともできた。当時の貴族社会では、院宮・摂関などの最上位の皇族・貴族や諸司のもとに多様な階層の人々が仕えており、その際、一人の人間が複数の主人に仕えること（兼参）は一般的であった[52]。第三節の成果は、一部ではあるものの、こうした人的ネットワークの構造を具体的に示した点で、摂関期貴族社会の理解に資するものになると考える。それに加えて、実資の仲介が彼自身の人間関係の維持・強化につながっていたことも指摘したが、この点は、人的ネットワークの維持において仲介行為が重要な役割を果たしていたことを示していよう。

ところで、『小右記』には、花山院崩御後でも院関係の記事が散見される。本付論の最後に、この点について触れておきたい。

花山院が崩御した寛弘五年（一〇〇八）二月九日以降の『小右記』には、実資が花山院皇子たちの行事に関わったり、便宜を図ったりする記事が確認される。たとえば、寛弘八年、花山院皇子昭登親王と清仁親王の元服儀に際し、実資は準備段階から意見を述べ、当日は加冠を務めた[53]。また、彼らが四品に叙された際には、彼らの母に慶賀の書状

を送っている。(54) さらに、万寿二年（一〇二五）八月四日条には、

早朝七条袈裟二条春〔奉〕禅林寺大僧正御許、今日御弟子花山院御子灌頂料云々。

とあり、実資は花山院皇子深観の灌頂料として七条袈裟二条を禅林寺大僧正深覚に届けたことが知られる。

こうした実資の行動は、彼が花山院別当であった故のものだと理解される。実資は別当として仕えた花山院の没後も、残された皇子たちの面倒をみていたのである。このように、『小右記』には、花山院の没後も含め、院関係の記事が多数残っている。これらを正確に読解するためには、実資が花山院別当であったことを前提にする必要があり、この点において、本付論の成果は、『小右記』読解の一助になると言えよう。

注

（1）史料1冒頭「常陸介維幹」の「維幹」は「維叙」の誤りだと理解される。その理由として、第一に、史料2に「常陸介維叙」とあること、第二に、『尊卑分脈』桓武平氏に見える維叙の経歴に「上野・常陸・陸奥等守」とあり、維幹の経歴に常陸介がないこと、第三に、史料2で花山院司為元が「常陸介維叙」が進上した絹（叙料不足分）を花山院に納めたと報告していることが挙げられる。以上の理由から、史料1「常陸介維幹」は「常陸介維叙」の誤りと判断し、論を進めたい。

（2）退位後の花山院は年官・年爵等を受けていなかった（『扶桑略記』寛和二年六月二十二日条）。しかし、『栄花物語』巻四「みはてぬゆめ」によると、帰京した花山院が困窮していたため、后宮（詮子）や摂政（道隆）の計らいによって、花山院に年官・年爵・封戸が与えられたという。花山院の帰京は正暦四年頃だとされているから、花山院に年官・年爵が与えられた時期は正暦四年頃だと考えられる（今井源衛『花山院の生涯』桜楓社、一九六八年。のち、『今井源衛著作集　第9巻』笠間書院、二〇〇七年、再録）。なお、長徳二年（九九六）には、花山院年爵で藤原成周が従五位上に叙されているから（『小右記』同年正月十日条）、これ以前に花山院に年官・年爵が与えられたことは間違いない。

（3）『尊卑分脈』桓武平氏によると、平維叙は貞盛の子であり、維幹は貞盛の弟繁盛の子であったが、維叙の頭注には、「実父藤済時卿上レ文繁盛為レ子」と、維幹の頭注には、「貞盛子」とある。

（4）時野谷滋「年給制度の研究」（同『律令封禄制度史の研究』吉川弘文館、一九七七年）。
（5）佐古愛己「「故人未給」にみる年給制度の本質」（同『平安貴族社会の秩序と昇進』思文閣出版、二〇一二年）。
（6）石井進「中世成立期軍制研究の一視点―国衙を中心とする軍事力組織について―」（『史学雑誌』七八―一二、一九六九年。のち、『鎌倉武士の実像―合戦と暮しのおきて―』平凡社、一九七八年）など。
（7）加納重文「小野宮実資―小右記―」（同『明月片雲無し―公家日記の世界―』風間書房、二〇〇二年）二八頁。
（8）朧谷寿「藤原実資論―円融・花山・一条天皇時代―（下）」（『古代文化』三〇―五、一九七七年）一一～一三頁。
（9）今井源衛前掲注（2）著書八五頁。
（10）なお、朧谷・今井両氏は、天皇時代の花山と実資の関係は良好ではなかったとしている（朧谷寿「藤原実資論―円融・花山・一条天皇時代―（上）」『古代文化』三〇―四、一九七七年、一〇頁、今井源衛前掲注（2）著書三八・五〇頁）。
（11）黒板伸夫『藤原行成』（吉川弘文館、一九九四年）九二頁。
（12）告井幸男「実資家の所領」（同『摂関期貴族社会の研究』塙書房、二〇〇五年）一二九頁。
（13）繁田信一『天皇たちの孤独―玉座から見た王朝時代―』（角川学芸出版、二〇〇六年）第四章「花山法皇の不満」一三九頁。
（14）ただし、本付論で検討するように、両者の関係を示唆する記事は多数確認される。それにも関わらず、十分な検討がなされてこなかったのは、そもそも花山院と実資の関係が注目されてこなかったからであろう。
（15）『権記』同日条。なお、同条には欠損箇所があるが、下向井氏は「奉可」と補って読解している（下向井龍彦「越智郡司越智氏から伊予国在庁河野氏への転形―『権記』長保二年（一〇〇〇）十二月九日条を中心に―」『紫苑』一四、二〇一六年・注（22））。
（16）下向井龍彦前掲注（15）論文・注（25）。
（17）本史料については、本書第二部付論2。
（18）永井晋「十二世紀中・後期の御給と貴族・官人」（『国学院大学大学院紀要　文学研究科』一七、一九八六年）。
（19）『叙除拾要』は、西本昌弘『新撰年中行事』（八木書店、二〇一〇年）に従った。
（20）『北山抄』巻第三・拾遺雑抄上・院宮公卿給請文にも同様の記述が見える。
（21）『小右記』長保元年十月三十日条。
（22）初七日が重日に当たるため、初七日法会を早めて実施した（『権記』寛弘五年二月十二日条）。

(23)以上、『権記』寛弘五年二月九日・十一日・十二日・十七日条による。
(24)『権記』寛弘五年三月十二日条。
(25)『小記目録』第二十・臨時十「花山院」。
(26)『小右記』天元五年（九八二）三月十六日条、寛和元年（九八五）三月十六日条、永祚元年（九八九）十月二十一日条、正暦四年（九九三）四月二日条。
(27)繁田信一前掲注(13)論文。
(28)今井源衛前掲注(2)著書。
(29)『小右記』寛弘二年八月五日条。この時、花山院は自身主催の歌会に来ようとする道長を断りたいが無下に断れないことを実資に相談しようとしている。
(30)仲介という行為が仲介者と被推薦者の関係を維持・強化する働きがあったと考えられることについては、本書第二部第一章を参照。
(31)渡辺直彦「藤原実資家「家司」の研究」（同『日本古代官位制度の基礎的研究　増訂版』吉川弘文館、一九七二年）、関眞規子「藤原実資の家司について」（『大正大学大学院研究論集』二四、二〇〇〇年）、告井幸男「摂関期貴族階級の社会構造―官人の兼参を中心に―」（同『摂関期貴族社会の研究』塙書房、二〇〇五年）。
(32)告井幸男前掲注(31)論文。伊祐の家人としての行動は、永祚元年（九八九）頃から確認される（『小右記』永祚元年八月二十日条、正暦元年〈九九〇〉八月十五日条、長保元年九月十日条、寛弘二年二月二十五日条、長和三年〈一〇一四〉正月二十五日・二十六日条）。告井氏によると、伊祐の一族は彼の父為頼の代から小野宮家に仕えていた。
(33)尾上陽介「年爵制度の変遷とその本質」（『東京大学史料編纂所研究紀要』四、一九九三年）。
(34)『千載和歌集』（第九・哀傷歌）所収、具平親王和歌・詞書。
(35)渡辺直彦前掲注(31)論文。千平の家司としての活動は『小右記』治安元年七月二十五日条、八月二十一日条、万寿元年十月十四日条に見える。
(36)告井幸男前掲注(31)論文は、千平の父は『小右記』永延二年（九八八）六月十八日条に見える「忠信」だとし、同条から、忠信は藤原朝光の随身かつ藤原保輔の旧僕であり、保輔の兄保昌は実資の家人であったので、千平が実資家の大書吏に任じられたのも故なしではないとする（七五・七六頁）。しかし、忠信を千平の父とする根拠は不明である。また、忠信を朝光随身かつ保輔の旧僕とする根拠として、右条の「左近衛足羽忠信者保輔朝臣旧僕、左将軍随身」を示すが、当該部分について、大日本古記録『小右記』は「左近衛□保輔朝臣旧僕、左将軍随身」、『大日本史料』第二編・一冊は「左近衛□保輔朝臣、旧僕左将軍随身」（二六二頁）としており、氏が「足羽忠信者」とする部分は欠字となっている（国際日本文化研究センター「摂関期古記録データベース」も同箇所を欠字とする）。氏が欠字部分を「足羽信忠者」とする根拠は論考中に示されておらず、どの写本に拠ったのか、どの先行研究に拠ったのかは不明であり、疑問が残る。

(37) 史料4の申文には、本来、年月日の前行に「右（中略）所レ請如レ件」という一文があったはずだが、抜け落ちている。なお、本申文には日下に別当の署名がないが、それは本申文が当年給の申文であったためだと考えられる。

(38) 注(2)参照。

(39) 尻付によると、本例は当年給の名替であり、ここから、本例は春除目で他田重晴を申任し、同年の秋除目で千平に改任したものと考えられる。

(40) 治安元年に千平は典薬属と見える（『小右記』治安元年八月二十一日条）。寛弘四年の諸司二分への推薦の結果、千平は典薬属に申任された可能性もあろう。

(41) 永井晋前掲注(18)論文、尾上陽介「年官制度の本質」（『史観』一四五、二〇〇一年）。

(42) 『小右記』長保元年八月九日条。

(43) 忠邦は、太皇大后宮の侍所長として、長保元年九月に太皇大后宮の年官（当年給）に与っている（『小右記』長保元年九月二十二日条）。

(44) 渡辺直彦前掲注(31)論文。

(45) 桃裕行「忌日考―平安時代中期における―」（『桃裕行著作集 第4巻 古記録の研究（上）』思文閣出版、一九八八年、初出一九六二年）。遠業から兼業への改名は長徳元年か二年頃だという（槇野廣造「源惟正の子供たち」『平安文学研究』七四、一九八五年）。

(46) 『小右記』寛和元年正月二十二日条、同五月二日条、同永延元年二月二十一日条、同永祚元年四月五日条。なお、寛和元年六月二十一日に実資女子は兼業宅に方違えをしている（『小右記』同日条）。

(47) 告井幸男前掲注(31)論文。
(48)『小右記』寛弘二年八月五日条、『権記』寛弘五年二月十一日条。
(49) 桃裕行前掲注(45)論文、吉田早苗「藤原実資の家族」(『日本歴史』三三〇、一九七五年)。
(50)『小右記』万寿二年二月十一日条。渡辺直彦前掲注(31)論文。
(51) 兼業は実資の別当就任以前から花山院に仕えていたと考えられるが、第二節で述べたように、実資が別当に選ばれた理由は、実資を頼りにしたい花山院の長年の意志が大きかったと思われる。したがって、実資を別当に選ぶ際の花山院の意志決定に兼業が与えた影響はなかったと考えたい。
(52) 吉川真司「摂関政治の転成」(同『律令官僚制の研究』塙書房、一九九八年、初出一九九五年)、告井幸男前掲注(31)論文。
(53)『小右記』寛弘八年七月一日、同年八月十八日・二十三日条。
(54)『小右記』寛弘八年九月十日条。

(補注) 初発表後(二〇二三年二月)、杉田建斗氏より、春名宏昭「平安期太上天皇の公と私」(『史学雑誌』一〇〇―三、一九九一年)が、『小右記』寛弘二年二月四日条から実資が花山院別当であった可能性を指摘している(注(48))とのご教示を得た。

表4　『小右記』『小記目録』に見える花山院関係記事(院存命中)

年月日	記事内容	出典
永延二・一〇・二九	円融法皇から花山院へ使者が派遣された	小
永祚元・一〇・二一	花山院から明日の御読経結願に参入すべしとの仰せがあったが、病を理由に参入せず	小
正暦四・四・二	花山院から明日の藤原懐子(花山母)国忌に参入すべしとの仰せがあったが、参入できない旨を申した	小
長徳元・八・一五	聖人の阿弥陀峯焚身の事を花山院がご覧になった	目
長徳二・正・一〇	花山院の年爵によって藤原成周が従五位上に叙された	小
長徳二・正・一六	花山院と藤原伊周・隆家の闘乱があり、院の童子二人が殺害された	小、目

長徳二・六・九	花山院が冷泉院のもとに参った	小
長徳二・九・四	花山院の懇切な申請によって源兼業が薩摩守に任じられた	小
長徳三・四・一六～一八	花山院の院司らが藤原公任と斉信の牛童に濫行・捕籠し、院司平公誠と下手人四人が追捕された	小、目
長保元・七・一〇	花山院が蓮華御園のことを（検非違使別当藤原公任に）仰せられた	小
長保元・七・一二	**花山院から「院事一向可レ行之由」が命じられた**	**小**
長保元・七・二九	花山院の御前でしばらくひかえた	小
長保元・八・一	花山院の仰せにより、牛（上牛）を献上した	小
長保元・九・二三	京官除目に際し、花山院判官代為元が持ってきた花山院年官申文に封をして返給した	小
長保元・一〇・二八	彰子入内に伴う屏風歌に、花山院が和歌を贈ったことを批判した	小
長保元・一〇・三〇	実資が負担する五節舞姫料に充てるため、花山院から「播磨明年大粮百石借牒」が送られた	小
長保元・一一・一	前日に賜った大粮米の御礼を花山院に奏上した	小
長保元・一一・三	花山院から一六日に熊野へ御幸すること、それに伴い馬一疋を貸してほしいことが伝えられた	小
長保元・一一・一五	明日の熊野御幸のため、花山院に馬一疋を奉った。その後、御幸の中止を求める一条天皇の言葉を花山院に伝えた	小
長保元・一一・一六	熊野御幸の中止により、花山院から実資に馬が返給された	小
長保元・一二・九	常陸介平維叙から実資のもとに花山院年爵料不足分絹二六疋と平維幹の名簿が届けられ、それらを花山院判官代為元に付して花山院に進上した	小
長保元・一二・一一	花山院から維叙進上の絹を受けとったこと、明年の年爵で維幹の叙爵を申請することが伝えられた	小
長保四・正・一二	花山院の御悩	目
長保四・一〇・七	花山院が、度縁五〇人がいないことを申された	目
寛弘二・正・六	花山院の院司平公誠が持ってきた花山院年爵申文に封を加えた	小
寛弘二・二・四	花山院から別当・判官代・蔵人・昇殿者のことが命じられ、恐れ多くも承る由を申した	小

寛弘二・四・二二	藤原高遠から一条天皇と花山院のもとへ参るべきことが伝えられた	小
寛弘二・八・五	花山院から、ひそかに開催しようとした歌合に道長が見に来るそうなので、事前に相談したいとの仰せがあった	小
寛弘二・一〇・一九	木幡浄妙寺供養に際し、花山院は諷誦料として手作布一〇〇端を出した	小
寛弘二・一〇・二五	花山院から先日奉った馬が返給された	小
寛弘三・一一・一	花山院の御悩	目
寛弘四・正・六	花山院の年爵で外階に叙すこと	目
寛弘五・二・五	花山院の御悩	目
寛弘五・二・九	花山院崩御	目

出典表記　小…小右記、目…小記目録。

第二章　平安中期の年官と庄園

はじめに

本書第一部第二章「年官制度の展開―中央と地方をつなぐ新たな方途の成立―」では、年官によって地方有力者が本国の任用国司に申任され始めるのは十世紀後半の天暦期以降であり、これ以降、年官は中央と地方の関係をつなぐ方途として活用されるようになったことを論じた。本章では、そこで得た結論を踏まえて、中央と地方をつなぐ方途となった年官が、実際の社会のなかで、どのように利用されていたのか、これを具体的に検討していく。

さて、本書第一部第二章では、十一世紀初頭に除目における年官の選考順が早まり、年官によって推薦された者の任官希望が実現しやすくなったことを明らかにしたが、この変化は、中央の給主が年官による推薦・任官を重視し、そこに一定の価値を見出していたことを示唆する。年官で地方有力者を申任することは、推薦者の給主にとっても価値ある行為であったと考えられる。

この点に関して、渡辺滋氏は、中央の給主は年官を地方社会の「富」を吸い上げる有効な手段として認識していたと指摘し、経済的側面に着目している。(1)氏の着眼点は重要であり、本章でも、経済的観点から、給主が年官に見出していた価値について考察していくが、その際、年官と庄園経営の関係に注目したい。

年官と庄園の関係については、美濃庄を題材にすでに指摘されている。美濃庄は美濃国に所在する東三条院領庄園である。大塚章氏は、長徳元年（九九五）に東三条院の年官によって美濃介に任ぜられた各務為信[2]が東三条院と美濃国をつなぐきっかけになったと述べる。[3]また、渡辺滋氏は、各務為信と長徳二年に東三条院の年官によって美濃少掾に任ぜられた各務隆成[4]に注目し、「東三条院が美濃国における自らの権益を保持する目的から、積極的に選択した結果」、現地有力者の各務氏を美濃国の任用国司に申任したと述べ、各務為信や各務隆成は「美濃国の「富」を吸い上げ、中央へ運び出す機構の管理者」であったと指摘する。[5]このように、年官と庄園の関係についてはすでに検討がなされているが、両者の関係を示す事例は美濃国以外でも確認される。

そこで本章では、美濃国以外の事例から、年官と庄園経営の関係を考察し、これまで論じられてこなかった年官の新たな利用実態を明らかにする。そして、中央の皇族・貴族が年官によって地方の有力者を申任する行為の持つ意味について論じたい。なお、考察を進めるにあたっては、年官による申任によって形成、または維持される人間関係に注目し、これを切り口に論を進めていきたい。[6]

一　播磨利明の事例——摂関家領（勧学院領）播磨国滝野庄——

年官と庄園経営の関係について、まず播磨利明の事例を考察したい。この人物については、すでに渡辺滋氏が検討を加えているが[7]、年官と庄園経営の視座から、改めて検討したい。

『権記』長保二年（一〇〇〇）九月二十六日条には、

（上略）勧学院学堂申（中略）同院播磨国滝野庄申、以二播磨利行一補二惣官利明宿禰卒去替一文并同庄進二年料淀定米佰伍石一文（下略）

とあり、播磨国の摂関家領（勧学院領）滝野庄の「惣官利明宿禰」が卒去したため、播磨利行が新しく滝野庄の惣官に任ぜられた。前「惣官」の利明は、後述するように播磨利明だと判断される。利明は滝野庄の惣官を務めており、彼が摂関家とつながりを有していたことが確認される。

次に注目されるのが、『除目申文抄』名替転任（『続群書類従』第十下）の記載である。そこには、

天元三年春。播磨利明任二播磨少掾一云。尻付云、停二去年内給権少掾良明一改任。

とあり、天元三年（九八〇）、円融天皇の内給によって、播磨利明が播磨少掾に任ぜられたことが知られる。(8)また、「尻付云」以下の記載から、この任官は、天元二年に内給によって播磨権少掾に任ぜられた良明の任官を停め、その替わりとして利明を播磨少掾に任じたものであることがわかる（任官者だけを替える任官方法を「名替」という）。

利明の播磨少掾への申任については、『類聚符宣抄』第八・延期状事に収められた天元四年の播磨国司解が参考になる。この解は、播磨新司藤原共政が、前司の病気のために国司交替業務が進まないので、交替業務の期限延期を申請した内容を持つのものだが、そこには、「前司守従四位下大蔵卿源朝臣泰清」とある。ここから、利明が播磨少掾に申任された天元三年の時点の播磨国の受領は源泰清だったことが判明する。(9)

『尊卑分脈』によると、泰清は有明親王（醍醐天皇皇子）の三男で、兄の正清は円融天皇の蔵人頭を務め、妹は藤原兼通の室となって円融の中宮媓子を産んでおり、泰清の一族が円融と近い関係にあったことが知られる。また、泰清は永延二年（九八八）に円融法皇の御灌頂に参加し、(10)永祚元年（九八九）には、円融法皇の河臨御禊に扈従し、(11)円融院御仏名にも参加していた。(12)これらから、泰清は円融に近い人物であったと理解してよい。

以上の考察から、天元三年当時、播磨の受領であった泰清が利明と円融天皇の仲介者として動いた結果、利明は円融天皇の年官による推薦を受けることができ、播磨少掾に任ぜられたものと理解される。(補注1)なお、蔵人頭であった兄正

図3　源泰清親族関係図

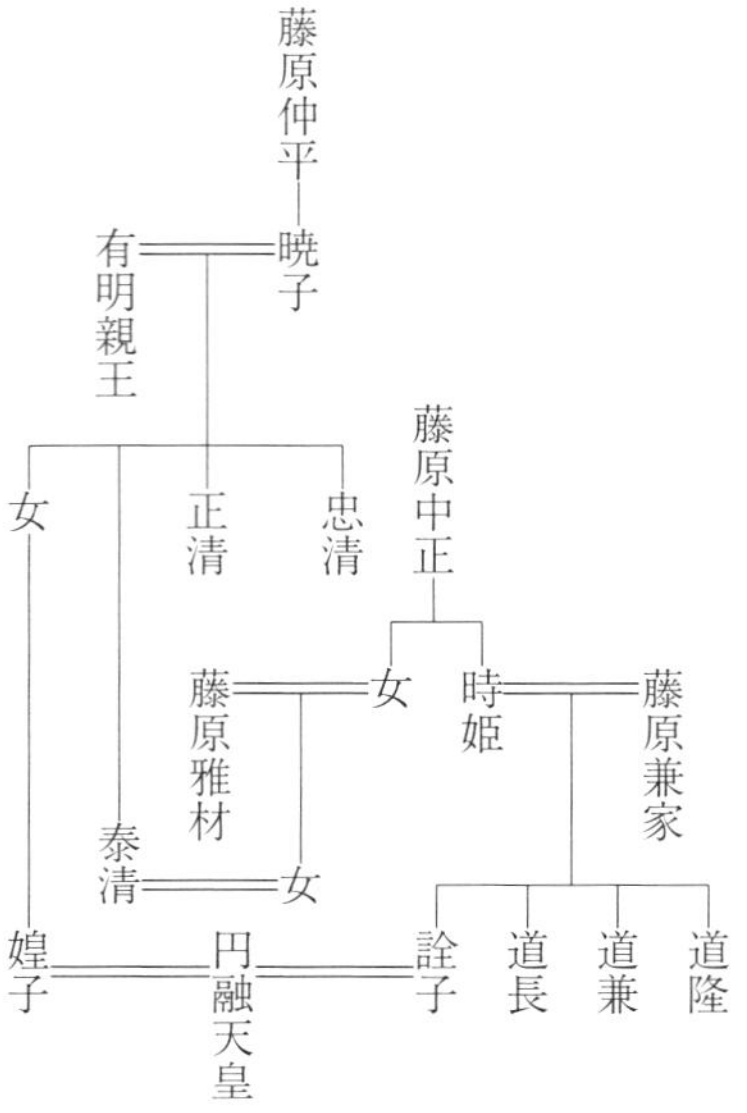

清を、泰清と円融天皇の間をつなぐ存在として考えることもできるだろう。

次に、仲介者である泰清の血縁関係に注目したい。図3は『尊卑分脈』等の諸史料をもとにして筆者が作成した泰清の親族関係図になるが、注目すべきは、泰清の妻の母の姉妹に藤原時姫がいることである。時姫は藤原兼家の室として道隆・道長・詮子たちを産んでいる。泰清の妻は道隆・道長・詮子たちと《いとこの関係》にあったのである。

この関係を踏まえた上で次の二つの史料を見てみたい。まず、『小右記』永祚元年二月二十八日条には、

摂政参二賀茂一。有二公卿・殿上人・舞人・陪従・諸大夫饗一。内大臣道隆・左大将朝光（中略）三位懐（平）丶・道綱・泰清等也・・舞人（下略）

とあり、泰清が摂政兼家の賀茂詣に扈従していたことが知られる。また、『小右記』正暦四年（九九三）四月十四日条には、

摂政被レ参二賀茂一。大納言伊周・中納言時中・道頼・参議道綱・惟仲・三位泰清等騎馬前駆云々。大納言道長・参議安親乗レ車追従云々（下略）

とあり、泰清は摂政道隆の賀茂詣にも前駆として扈従していた。賀茂詣について、末松剛氏は、「本来、大臣が一族の繁栄を祈願して一族および親昵者とともに参詣する行事であった」とし、「賀茂詣の本質は一貫して一族や親昵者

との同道参詣である」とする。[13] これらから、泰清は摂関家の親昵者であったと理解される。兼家や道隆が摂関家の親昵者として泰清を認識していたのは、泰清の妻が兼家の妻（時姫）と《姪・叔母の関係》、道隆と《いとこの関係》にあったからだと考えられる。

ここまでの考察によって、泰清は円融天皇や摂関家に近い人物であったことが判明した。これを踏まえて、播磨利明が滝野庄の惣官を務めた経緯について考えていきたい。

天元三年（九八〇）、利明は円融天皇の内給によって播磨少掾に申任された。この任官には、当時、播磨国の受領であった源泰清の仲介者としての働きが大きかったと考えられ、この任官をきっかけに、利明は泰清と〝人的ネットワーク〟を形成し、両者はつながったものと想定される。また、泰清は摂関家の親昵者であったので、彼を介することによって、利明は摂関家とつながることができ、その結果、居住国にある摂関家領庄園の惣官を務めるに至ったと考えられる。つまり、利明は年官による任官をきっかけに形成された〝人的ネットワーク〟を駆使することによって、摂関家領庄園の管理を任されたのである。

次に、新しく滝野庄の惣官に任ぜられた播磨利行について考えてみたい。利行の名前に注目すると、⑴「利」の通字から前任者である播磨利明の親族の可能性、⑵「行」の通字から播磨延行の親族の可能性の二つが想定される。⑵の播磨延行だが、彼は長徳二年（九九六）に臨時内給によって播磨少掾に任ぜられ、[14] 長保六年（一〇〇四）に藤原道長の年官によって播磨大掾に推薦されている。[15] 延行は年官によって摂関家とつながっていた人物だと評価される。したがって、いずれの場合であれ、播磨利行の惣官への就任は、年官によって形成された播磨氏と摂関家の〝人的ネットワーク〟の延長線上にあると理解されよう。

このように、播磨利明や播磨利行は年官によって形成された摂関家との関係から、滝野庄惣官という地位を得ることができたと考えられる。このような理解は利明や利行、つまり地方の有力者の立場から見たものになるが、これを荘園領主である摂関家の立場から見ると、摂関家は年官による申任によってつながりを構築、または維持・強化した現地の有力者を私領荘園の庄司として登用していたと評価できる。

二　滝野庄の経営と年官

ここでは、前節で見てきた年官による申任が、滝野庄の経営においてどのような意義を持っていたのかを考えていきたい。

『権記』長保二年（一〇〇〇）八月九日条は、前掲の播磨利行の新惣官任命以前の記事である。それには、

> （上略）参二院御方一。仰云、勧学院所領播磨国滝野庄司、先年有レ闕之時、向後闕可レ任之由、所レ令レ啓也。而今有二其闕一云々、可レ補レ之。令レ啓云、院之仰事、何因背申乎。但彼国牒二送勧学院一之旨、専無二由緒一。又繁近者、是庄前別当貞理親昵者也。貞理為二庄司一致二雑怠一。仍解任之後、未レ経二幾程一、補下任為二其因縁一之者上、如下以二後髪一付上額。謂二国郡并庄司一何。抑以二事旨一内々令レ啓許、先以二仰旨一触二長者一、可レ令レ啓二案内一（下略）

とあり、利行の前に「繁近」という人物が新惣官の候補者に挙がっていたこと、しかし、「繁近」は庄務を雑怠した「前別当貞理」の「親昵者」「因縁之者」であったために、結局、惣官に任命されなかったことがわかる。ここから、滝野庄の関係者として、滝野庄の「前別当貞理」と新惣官の候補者であった「繁近」という二人の人物が確認される。

まず、前別当であった「貞理」について考えてみたい。諸史料を見てみると、同時期に二人の「貞理」を確認することができる。一人目は楠貞理であり、二人目は播磨貞理である。楠貞理は『本朝世紀』正暦四年（九九三）閏十月

二十八日条に「防鴨河使判官」と見えるが、彼に関する史料はこれだけでほかになく、詳細は不明である。

それに対して、播磨貞理は複数の史料に登場する。『小右記』永観二年（九八四）十一月十一日条には、「将監貞理検非違使」と、同寛和元年（九八五）四月三十日条には、「右近将監貞理」とあり、追捕賞による検非違使宣旨の先例を載せた『中右記』長治元年（一一〇四）七月九日条には、「右近将監播磨貞理永観二年八月廿二日」とある。これらから、播磨貞理は右近将監と検非違使を兼務した人物であることが判明する。

また、『江家次第』第十九・臨時競馬事には、競馬における尾張氏と播磨氏について述べた部分があり、それには、

（上略）尾張氏与二播磨氏一代代為レ敵。尾張遠望相二播磨武仲一、武仲相二遠望子安居一、安居相二武仲子貞理一、貞理相二安居子兼国・兼時一（中略）兼時相二貞理子保信一（下略）

とある。貞理の父は武仲、子は保信であり、貞理は近衛官人として中央で活躍していた播磨氏であった。このことは、『江談抄』巻三・七五「近衛舎人の名を得たる輩」や、『今昔物語集』巻二七「狐、変女形値播磨安高語第三十八」[16]からも窺い知ることができる。

さらに『江家次第』には、ほかにも注目される記載がある。それは、源則忠が近江守の時に献上した駿馬の「近江栗毛」が、平維叙が上野守の時に献上した「別栗毛」に走り負けたことについて、道長が播磨保信に質問した記事で、

（上略）正近乗二近江栗毛一、負二別栗毛一畢。保信自二播磨国一上洛、参二入道殿一。被レ仰曰、近江栗毛負二別栗毛一畢。保信申云（下略）

とある。保信は播磨国から帰洛したあと、道長（＝入道殿）のもとに参り、道長から「近江栗毛」に関する質問を受けた。ここに「保信自二播磨国一上洛」とあるから、保信が播磨国にいたことが知られ、彼が播磨国と接点を持っていたことが窺える。ならば、保信の父である貞理も播磨国と接点を持っていた可能性が高い。なお、則忠は長保元年に

近江守であったことが知られ[17]、維叙は長和元年（一〇一二）から同四年に上野守であったから[18]、この『江家次第』の話は十一世紀初頭頃の話を伝えたものだと理解される。

このように、諸史料を合わせ考えると、播磨貞理は代々近衛官人として競馬で活躍した一族の者であり、摂関家とつながりを有していた人物だと理解されよう。また、彼は中央で活躍する播磨氏であったが、播磨国とも接点があったと思われる。このような理由から、滝野庄の「前別当貞理」は播磨貞理だと判断したい[19]。

とすれば、新物官候補者であった「繁近」も播磨氏である可能性が高い。なぜなら、藤原行成は「繁近」のことを貞理の「親昵者」「因縁之者」と表現しているからである。また、史料で確認できる滝野庄の庄司はすべて播磨氏であることも踏まえると、「繁近」は播磨繁近と推測してよい。

以上、滝野庄の関係者として、播磨利明（前物官）・播磨利行（新物官）・播磨貞理（前別当）・播磨繁近（新物官候補者）の四人を確認することができた。このメンバーの構成から、摂関家が滝野庄の経営や管理を播磨氏に依存していたことは明らかであり、庄園領主である摂関家にとって、滝野庄を安定して経営するためには、播磨氏（特に播磨国を本拠地とする播磨氏）と良好な関係を築き、それを維持することが重要であったと考えられる[20]。

また、滝野庄と同様の経営形態をとる庄園に、藤原公任領の播磨国有年庄がある。有年庄の庄司や寄人の臨時雑役の免除を認めた播磨国符（『朝野群載』巻二二・諸国雑事上）によると、当時の有年庄の総検校は掾播磨傳野、検校は内舎人播磨香名、別当は播磨興昌であり、複数の播磨氏が有年庄の管理にあたっていた。公任にとって、有年庄を円滑に経営するためには播磨氏の協力が必須であり、そのためには、公任と播磨氏との間に良好な関係がなければならなかった。

このように、庄園の安定した経営にとって、庄園が所在する国の有力者の協力は必要不可欠であった。それゆえ、中央の皇族・貴族にとって、現地の有力者と良好な関係を築くことはとても重要なことであったと言える。

ここまで見てきたように、年官による申任は、給主や仲介者といったその任官に関わった中央の皇族・貴族と、被推薦者である地方の有力者とをつなぎ、中央と地方の〝人的ネットワーク〟を形成・維持する。滝野庄の惣官を務めた播磨利明や播磨利行の事例は、中央の皇族・貴族が年官によって生まれた中央と地方の〝人的ネットワーク〟を用いて、庄園所在国の有力者を庄司として採用し、安定した庄園経営を行っていた実態を物語るものと評価される。[21]年官は庄園経営に必要不可欠な現地の有力者との〝人的ネットワーク〟を形成・維持し、安定した庄園経営を実現させる手段として利用されていた。[22]中央の皇族・貴族が年官によって地方の有力者を申任することは、安定した庄園の経営に直結していたのである。

三　平惟仲領庄園と年官

『長徳二年大間書』（『大日本史料』第二編・二冊、五三七頁）には、

紀伊国

（中略）

大目　正六位上紀朝臣利廉左大弁朝臣去年給

とあり、長徳二年（九九六）、左大弁平惟仲の年官（長徳元年未給）によって、紀利廉が紀伊大目に申任されたことが知られる。次はこの申任を検討したい。

紀利廉に関しては、次の二人が注目される。（補注2）長久二年（一〇四一）頃、弘田庄を寄進した紀伊国那賀郡の人である

紀利延と、(23) 永保元年（一〇八一）頃、弘田庄前司を務め、石手庄司の関係文書を相伝した紀利任である。(24) 紀利延・紀利任の存在から、紀伊国には「利」の字を名前に持つ紀氏がいたことがわかる。また、利延は弘田庄を寄進し、利任は弘田庄と石手庄の庄司を務めていた。利延と利任は弘田庄の庄司として同庄を管理していたから、両者は同じ一族だと考えられ、「利」の字を持つ紀氏は、紀伊国の有力一族であったと理解される。(25) なお、弘田庄と石手庄は紀伊国那賀郡に所在する庄園であるから、この一族は紀伊国那賀郡に勢力を持っていたと考えられる。

以上を踏まえると、惟仲の年官によって紀伊大目に申任された紀利廉も「利」の通字を持つから、彼は利延や利任と同じ一族出身だと考えられる。したがって、利廉は紀伊国那賀郡の有力者と考えてよく、惟仲は年官によって紀伊国の有力者を紀伊大目に申任したことになる。

次に、惟仲が利廉を申任した背景を考えていきたい。そこで注目されるのが正暦四年（九九三）の「紀伊国符案」(26)である。

国符　在田郡司

応丁任二旧例一為二不輸租田一、停丙止検田使入乙勘右大弁宅所領石垣上・下・下野并参箇庄田畠甲事

右、彼宅今月十三日牒今日到来偁、件庄已為二格前之庄一。或時為二親王之領一、或時為二丞相之庄一、加以卿相以下五品以上、代々伝領、世々領掌。然而専無レ付二徴租税一、永為二不輸租田之庄一。是則山川嶮難之地、公田不二相交一之故也。而年来之間、国検田使卒違二先例一、入二検庄内一。雖レ注二作田一、本自依レ在二不輸租田一、無二官物之弁一。為レ庄有レ煩、為レ国無レ益。仍牒送如レ件。乞衙察レ状、因二准先例一、永為二不輸租田庄一、停二国使之入勘一、得二領知之便宜一者。仍召二問書生并在地郡司一、本自不輸租田庄也者。仍所レ仰如レ件。郡宜二承知一、任二先例一、永為二不輸租田庄一、停二止検田使入勘一。不レ得二違失一、符到奉行。

（署名略）

正暦四年八月二十八日

この国符は、紀伊国在田郡に所在する平惟仲領庄園の石垣上・下、下野庄内に国検田使が入検することを禁じたものである。これによると、近年の国の検田の際、惟仲領庄園に国検田使が不当に入検し、官物を徴収しようとした（正暦四年も同様の状況であったと考えられる）。これに対して、惟仲宅は、これらの庄園は「格前之庄」で「不輸租田之庄」であり、庄内に公田は交じっていないと主張して紀伊国に牒を送り、国検田使を訴えた。牒を受けた紀伊国は「書生」と「在地郡司」を召し問い、惟仲の主張が正しいことを確認して国符を下した。

まず、紀伊国が召し問いた「書生」と「在地郡司」について考えたい。大石直正氏によると、国の検田は、郡ごとに設置された検田所を拠点に実施され、検田所は検田使・書生・郡司によって構成される。[27]すると、ここの「書生」と「在地郡司」は在田郡の検田所を構成する書生と郡司だと理解される。また、大石氏は、書生の多くは国衙官人だが、郡司が書生を兼ねる場合があるなど、書生は現地の人物が務める傾向が強かったとする。[28]この見解に従うと、この「書生」は在田郡の有力者である可能性があろう。

梅村喬氏は、「在地」の語は平安時代の土地公証の制度に関連して出現・普及したものであり、公的証明の申請があった土地を指す語こそが「在地」であるとする。[29]その上で、「在地郡司」とは、「〝公証の対象とする土地を管轄するところの郡司〟という程度の指称」だと述べる。[30]今回の場合、惟仲宅から公証の申請があった地は石垣上・下、下野庄であり、これら庄園の所在地が「在地」となる。そして、これらの庄園は在田郡に所在するから、ここの「在地郡司」が在田郡司を指すことは明らかである。したがって、紀伊国は在田郡の有力者であろう書生と在田郡司を召したことがわかる。

国の検田は、国検田使が主導し、郡司や書生が協力して実施されるものであり[31]、正暦四年の在田郡における検田も、国検田使に書生と在田郡司が協力して行われたものと考えられる。それゆえ、書生と在田郡司は紀伊国に召し問われたのである。その結果、彼らは惟仲領について「本自不輸租田庄也」と答え、惟仲側の主張を認めていた。しかしながら、このような書生と在田郡司の態度は表向きのものであり、彼らの実態は惟仲に非協力的なものであったと筆者は考える。

惟仲宅が訴えるように、国検田使は惟仲領庄園に入検したが、それは、検田の際、在田郡司と書生が惟仲領庄園を「格前之庄」や「不輸租田之庄」として扱わなかったからだと推測される。もし、彼らが検田の時に惟仲領庄園を「格前之庄」「不輸租田之庄」として扱っていれば、国検田使は惟仲領庄園に入検しなかったはずである。国検田使が惟仲領に入検したという事実は、書生や在田郡司が惟仲に非協力的であったことを示唆する。

また、前掲の国符を了承した旨の在田郡司の解の案が残っており[32]、それによると、正暦四年八月二十八日に下された国符は、翌年九月二十七日に在田郡司に届いたとある。国符が名草郡にある紀伊国府から在田郡司に届くまで一年以上かかっていることは疑問である。さらに、在田郡司に届いた九月二十七日という日にちにも注意しなければならない。なぜなら、九月二十七日には、正暦五年の検田（馬上帳の作成）が終わっている可能性が高いからである[33]。もし、馬上帳の作成が終わっているならば、在田郡司は正暦五年の検田後に、国符了承の解を進上したことになり、それは、正暦五年の検田の際も、惟仲領庄園に国検田使は入検したことを意味しよう[34]。

このように在田郡司解案を読解すると、正暦五年においても在田郡司は惟仲に非協力的であったことになる。正暦四・五年の二年間、惟仲は在田郡の有力者の協力を得ることができなかった。ではなぜ、彼らは惟仲に非協力的であったのだろうか。それを解く鍵は前述の在田郡司解案にある。解案の在田郡司の署名部分には、「皇后宮職御厨別当郡摂使紀在判」とあり、皇后宮職御厨別当を務めていた在田郡司の存在が確認される。当時の皇后は藤原遵子である。つまり、在田郡司は皇后藤原遵子側の人間であったために、惟仲に協力する必要はなく、特に便宜をはかることもなかったのだろう。

正暦四・五年の間、在田郡にある惟仲領庄園の経営は上手くいっていなかった。そのような庄園の経営状況だったからこそ、惟仲は年官によって紀利廉を紀伊大目に申任したのだと筆者は考える。庄園の経営を安定させるためには、現地の協力者が必須である。その協力者を得るために、惟仲は紀伊国の有力者である紀利廉を年官によって紀伊大目に申任したと考えられる。そして、この申任によって惟仲と利廉の間に良好な人間関係が生まれたはずであり、紀伊大目の地位を獲得した利廉は、惟仲の庄園経営に協力したものと思われる。

利廉は那賀郡の有力者だと推定されるが、紀伊大目になると、那賀郡だけでなく、隣郡の在田郡に対しても一定の影響力を持つようになったと考えられる。惟仲は利廉を年官によって紀伊大目に申任し、彼に在田郡に対する影響力を持たせて庄園の管理を任せることで、これまで経営が上手くいっていなかった庄園の経営を安定させようとしたものと推測される。年官は庄園経営を安定させる手段として利用されていたと言えよう。

おわりに

本章では、年官によって中央の皇族・貴族と地方の有力者の関係が形成・維持されることに注目し、これを切り口にして、年官と庄園経営の関係を播磨国と紀伊国の二つの事例から検討してきた。その結果、年官は安定した庄園経営を実現させる一つの手段として機能していたことが明らかになった。

本章で論じたことを以下にまとめる。摂関家領の播磨国滝野庄は、播磨国の有力氏族である播磨氏の協力を得ることで安定的な経営がなされていた庄園であり、摂関家は年官によってつながった播磨利明を同庄の惣官として登用していた。また、利明の次に惣官に任命された播磨利行は、年官によって摂関家とつながった播磨利明、または播磨延行の親族の可能性が高く、利行の惣官任命は年官によって形成された播磨氏と摂関家の関係の延長線上にあったと評価される。中央の皇族・貴族は、年官によってつながった現地の有力者に庄園管理を委託していた。

平惟仲領庄園の紀伊国石垣上・下、下野庄は、少なくとも正暦四（九九三）・五年の間、現地の有力者（書生や郡司）の協力を得ることができず、経営が安定していなかった。このような状況を打開すべく、惟仲は自身の年官によって隣郡の有力者である紀利廉を紀伊大目に申任し、彼に庄園の管理を任せることで、安定した庄園経営を目指したものと考えられる。

このように、中央の皇族・貴族は年官によって形成・維持された地方の有力者とのネットワークを駆使して、安定した庄園経営を実現させていた。梅村喬氏は、東寺伝法供家領丹波国大山庄を検討した際、十世紀の段階において「確実な運営を委任できる人物の確保と管理体制の整備が荘領経営の鍵であった」と述べる(35)。このことは、大山庄に限らず、庄園一般に当てはまる可能性があると考える。本章で明らかにしたように、中央の皇族・貴族と地方の有力者との間に、良好な〝人的ネットワーク〟を形成・維持することができる年官は、庄園の「確実な運営を委任できる人物の確保」のために利用されていた。年官は庄園の経営を安定させるために必要不可欠な中央と地方の〝人的ネットワーク〟を形成し、それを維持、強化する一つの手段として利用され、中央の皇族・貴族が地方の勢力を自己の経済的権益と政治的権力の内部に組み込んでいく有効な手段として存在していたのである。

年官ではないが、院や三后が分有する叙爵・加階の権利である年爵(36)についても注目すべき事例がある。最後にこれ

について簡単に触れておきたい。『小右記』治安元年（一〇二一）二月七日条には、

　太皇太后宮去寛仁三年御給爵、給二高田牧司宗形信遠一。今夜請印位記。件事帥中納言承行云々。

とある。佐古愛己氏は、これについて、実資は、特別な恩として太皇太后（藤原彰子）から太皇太后の寛仁三年（一〇一九）年爵の被推薦者の決定権を与えられ、その結果、宗形信遠を推薦し叙爵させたものとする。[37]この事例において、叙爵されたのが高田牧司の宗形信遠であったことは重要である。高田牧とは、筑前国にある小野宮家の主要領地の一つである。[38]つまり、実資は私領の牧司を推薦したことになるのだが、この叙爵によって実資と信遠の関係はより良好になり、両者のつながりが維持、強化されたものと考えられる。したがって、この事例は、牧司（庄司）との良好な関係を維持する手段として年爵が使用されたものと評価され、私領の安定した経営に年爵も利用されていたことを示している。

なお、本章で検討した事例を見てみると、安定した経営がなされていた庄園には、共通した存在形態があることがわかる。滝野庄の惣官を務めた播磨利明は播磨少掾の地位にあり、有年庄の総検校を務めた播磨傳野は播磨掾の地位にあった。このように、庄園所在国の国司に庄園の管理を任せる方法は、安定した庄園経営を実現させる最適な方法だったと考えられる。このような庄園管理のあり方は、庄園経営の実態を考究する際のポイントになると思われるので、そうした経営のあり方の歴史的展開については、今後も考えていく必要があるだろう。[補注3]

注

（1）渡辺滋「請人・口入人の持つ力—地方有力者が任用国司の地位を獲得する過程から—」（井原今朝男編『生活と文化の歴史学3　富裕と貧困』竹林舍、二〇一三年）。

（2）『大間成文抄』第一・臨時給、『魚魯愚別録』第五。

（3）大塚章「平安貴族政権下の美濃」（各務原市教育委員会『各務原市史　通史編　自然・原始・古代・中世』各務原市、一九八六年）。
（4）『大間成文抄』第一・当年給。
（5）渡辺滋前掲注（1）論文。
（6）年官による申任によって形成された人間関係の具体例として、藤原実資と大隅掾為頼の関係が知られる。『小右記』治安三年（一〇二三）正月十一日条には、「故宮御給大隅掾任料絹三十疋内廿疋、預₂観音院司阿闍梨清台₁」とあり、実資は「故宮御給」によって大隅掾に申任された者の任料絹三〇疋のうち、二〇疋を観音院司清台に預けている。ここの「故宮御給」とは太皇太后昌子内親王の年官のことであり、この時「大隅掾」に申任された者は為頼という人物である。また、任料を受け取った「観音院司」は昌子内親王の墓所がある石蔵観音院の院司で、「阿闍梨清台」が務めていた。この事例は、実資が故昌子内親王の年官未給によって為頼を大隅掾に申任し、彼から得た任料を、故昌子内親王のための仏事費用または墓所の管理費用に充てたものと理解される。実資は昌子内親王の太皇太后宮大夫を務めていたから、彼女の未給を使用できたのだろう。
『小右記』万寿二年（一〇二五）二月十四日条、同年七月二十四日条、同四年七月二十二日条によると、大隅国に居住していた為頼は、相撲人の秦吉高に付して檳榔・絹・牛鞦色革・営貝を実資に献上している。一方、『小右記』万寿四年八月七日条によると、実資は鹿毛の馬一疋を大隅国に帰る相撲人吉高に付して為頼に贈っている。これは為頼の要求によるものらしい。これら一連の記事から、実資と為頼の間に「良好な人間関係」が形成されていたことは明らかである。永山修一氏は、実資が故昌子内親王の年官によって為頼を大隅掾に申任したことをきっかけにして両者の関係が形成されたと説く（永山修一「『小右記』に見える大隅・薩摩からの進物記事の周辺」『鹿児島中世史研究会報』五〇、一九九五年）。このように、年官による申任は、中央の皇族・貴族と地方の有力者をつなぐきっかけになり得たのである。前述の永山氏の研究以外で、この事例に言及するものとして、渡辺滋前掲注（1）論文、加藤友康「平安時代の大隅・薩摩―人の交流と交易・情報伝達を媒介にして考える―」（『黎明館調査研究報告』一七、二〇〇四年。のち、倉本一宏編『王朝時代の実像1　王朝再読』臨川書店、二〇二一年に収録）がある。
（7）渡辺滋「日本古代の国司制度に関する再検討―平安中後期における任用国司を中心に―」（『古代文化』六五―四、二〇一四年）。
（8）『大間成文抄』第二・転任、『魚魯愚抄』第六、『魚魯愚別録』第一にも所収。なお、『大間成文抄』と『魚魯愚別録』は天元二年の例とし、『魚魯愚抄』は利明が任じられた官を「播磨大掾」とする。

(9)注(8)で説明したように、『大間成文抄』と『魚魯愚別録』は利明の任官年を天元二年とするが、天元二年の場合でも、当時の播磨守が源泰清であったことは変わらない。
(10)『円融院御灌頂記』(『大日本史料』第二編之一)。
(11)『小右記』永祚元年二月三十日条。
(12)『小右記』永祚元年十二月四日条。
(13)末松剛「摂関賀茂詣の成立と展開」(同『平安宮廷の儀礼文化』吉川弘文館、二〇一〇年)。
(14)『大間成文抄』第一・臨時給、『長徳二年大間書』(『大日本史料』第二編・二冊、五三五頁)。
(15)『魚魯愚別録』第五、『魚魯愚抄』第四、宮内庁書陵部図書寮文庫所蔵『除目申文之抄』。
(16)この話に見える播磨安高も貞理の子である。
(17)『小右記』長保元年七月三日条、宮崎康充編『国司補任　第四』(続群書類従完成会、一九九〇年)。
(18)『御堂関白記』長和元年閏十月十七日条、同長和四年八月七日条、前掲注(17)『国司補任　第四』。
(19)この想定が正しいならば、貞理は右近将監と滝野庄別当を兼任しており、適宜播磨国に下向して庄務を行っていたのだろう。しかし、子の保信の年齢から考えて、長保年間頃の貞理はかなりの高齢であり、そのために庄務を雑怠したのではないだろうか。
(20)貞理は中央に拠点を置く播磨氏であったが、彼が播磨国に下向すればそれなりの影響力を持ったであろうことは想像にかたくない。それゆえ、彼が別当に任命されたと思われる。
(21)播磨利明(播磨少掾)や有年庄総検校の播磨傳野(播磨掾)の存在から、その国の任用国司の地位にある有力者を庄司に就けることで、より安定した庄園経営を目指していたことも想定できる(播磨利明の場合は前播磨少掾かもしれないが、前司でも利明の影響力は強かったと考える)。
(22)史料纂集『権記』は滝野庄前物官「利明宿禰」(長保二年九月二十六日条)を、民利明だと推測する。しかし、本章で明らかにしたように、滝野庄の経営や管理は播磨氏が担当していたから、前物官「利明宿禰」は播磨利明と理解したほうがよい。しかし、もし史料纂集の説を採る場合でも本章の論旨に支障はない。民利明は、長徳二年に藤原顕光の年官によって播磨権少目に任ぜられており(『大間成文抄』第六・内舎人名替、『長徳二年大間書』)、この申任によって顕光と民利明はつながったと考えてよい。また、顕光は摂関家ではないが、同じ藤原氏として摂関家と交流があったことは間違いない。ならば、顕光を通して民利明と摂関家はつながったとする推測は無理なものではなく、このように考えることによって、摂関家は年官によってつながった人物を庄司として採用したと理解することができる。したがって、前惣官「利明宿禰」を民利明と比定した場合でも、論旨と矛盾するものではない。

(23)『平安遺文』六一六五。
(24)『平安遺文』二〇八二。
(25)「利」の字を持つ紀氏については、すでに渡辺滋氏が指摘している（前掲注(1)論文）。また、紀朝臣氏は在田郡の郡領氏族として確認される（『平安遺文』一一五）。
(26)『平安遺文』三五七。
(27)大石直正「平安時代の郡・郷の収納所・検田所について」（豊田武教授還暦記念会編『日本古代・中世史の地方的展開』吉川弘文館、一九七三年）。
(28)大石直正氏は、この点について「在地性が強かった」と表現している（前掲注(27)論文）。しかし、「在地」の語については、梅村喬氏の議論があるため（後掲注(29)論文）、今回は「在地性」という表現を避けた。
(29)梅村喬「在地の歴史的語義について―在地成語と在地造語―」（同『日本古代社会経済史論考』塙書房、二〇〇六年）、同「在地再論」（前掲同書）、同「平安時代の土地公証制度について」（前掲同書）。
(30)梅村喬「在地郡司と「職」」（同『「職」成立過程の研究―官職制の外縁―』校倉書房、二〇一一年）注(1)。
(31)大石直正前掲注(27)論文、佐藤泰弘「国の検田」（同『日本中世の黎明』京都大学学術出版会、二〇〇一年、初出一九九二年）。
(32)『平安遺文』三六〇。
(33)天喜四年（一〇五六）の伊賀国では八月二十五、六日頃に検田が行われた（『平安遺文』七八一）。なお、国の検田は、国検田使によって馬上帳が作られたあと、馬上帳をもとに検田目録が作成され、免除が確定する（佐藤泰弘前掲注(31)論文）。検田目録は馬上帳の内容に即して作成されたから、馬上帳の作成が終わっていれば、その年の検田はほぼ終了したものと理解してよいだろう（ただし、検田目録の作成の際、馬上帳の内容を一部修正する場合もあったと思われる）。
(34)このように在田郡司解を読解すると、国符が在田郡司に届くまで一年以上かかった理由を説明できる。つまり、本当は、解文は一年もかからずに在田郡司のもとに届いていたが、在田郡司は、正暦五年も惟仲領庄園に国検田使を入検させるために、検田終了後の九月二十七日に国符が届いたという虚偽の報告をしたものと考えられる。国検田使と在田郡司は結託していたのだろう。

(35) 梅村喬「「免の体系」としての荘園制」(前掲注(30)著書)。
(36) 年爵については、時野谷滋「年給制度の研究」(同『律令封禄制度史の研究』吉川弘文館、一九七七年)、尾上陽介「年爵制度の変遷とその本質」(『東京大学史料編纂所研究紀要』四、一九九四年)、佐古愛己「年爵制度と貴族社会」(同『平安貴族社会の秩序と昇進』思文閣出版、二〇一二年)など。
(37) 佐古愛己前掲注(36)論文。
(38) 高田牧については、告井幸男「実資家の所領」(同『摂関期貴族社会の研究』塙書房、二〇〇五年)、服部英雄「宗像大宮司と日宋貿易―筑前国宗像唐坊・小呂島・高田牧―」(九州史学研究会編『境界からみた内と外』下巻、岩田書院、二〇〇八年)、森公章「唐物・南島産品と小野宮流・御堂流―大宰府およびその管内の動向をめぐって―」(同『遣唐使と古代対外関係の行方―日唐・日宋の交流―』吉川弘文館、二〇二二年、初出二〇一九年)など。

(補注1) 受領が任国の有力者を年官による被推薦者として中央の給主に紹介することは、平安中期には一般的に行われていたものと思われる。受領が仲介者として動く目的は、任国の有力者と良好な協調関係を築き、彼らを自己の任国統治体制内に編成して安定した統治を実現させるためであったと理解されるが、泰清と播磨利明の場合もそのように考えてよいだろう。受領の仲介については、本書第二部第一章を参照されたい。

(補注2) 初発表時(二〇一七年七月)は、『日本三代実録』元慶二年(八七八)九月二十八日条に紀伊掾として見える紀利永を、「利」を通字とする紀氏一族の人だと理解し、「紀伊国には九世紀後半頃から「利」の字を名前に持つ紀氏がいたことがわかる」としていた。しかし、本書第一部第一章で論じたように、九世紀においては、本籍地回避の原則は遵守されており、土人が本国の国司に就くことはできなかった。したがって、紀利永を紀伊国の有力者と理解することは難しく、彼は中央官人として紀伊掾を務めた者と考えを改めるようになった。以上の理由から、本書に収録するにあたり、利永の記述を削除した。なお、推測による部分が大きいが、もし利永が紀伊掾の任期終了後、そのまま紀伊国に土着したとすれば、十一世紀に確認される「利」を通字とする紀氏一族は、利永の子孫の可能性があろう。

(補注3) 皇族・貴族領荘園の経営に所在国の国司が関与するあり方は、九世紀後半の高子内親王家領庄園でも確認される。高子内親王家領庄園については、第一部付論を参照されたい。

第三章　平安後期における年官の変容

はじめに

時野谷滋氏は、十世紀後半以降、下位の国司から希望者が減少していくことによって、年官に与ることを希望する者が減少し、さらに十一世紀後半になると、作名の人物を申任するようになり、鎌倉時代には、年官は全く形骸化したとする。(1)こうした理解に対して、本書では、平安中期の年官は、中央の皇族・貴族が地方有力者を本国の任用国司に申任させ、彼らとの良好な関係を形成・維持または強化する有効な手段として、受領の任国支配や給主の庄園経営などに活用されていたことを明らかにし、十世紀後半以降における年官が形骸化の方向に進んでいたわけではなかったことを論じてきた。(2)しかし、ここまでの検討は平安中期を対象にしており、そこで明らかにした年官の機能――中央と地方の人的ネットワークを形成・維持・強化する機能――が平安後期以降も継続するのかという点については未検討のままであった。

こうした問題意識のもと、本章では、前述した年官の機能が平安後期以降に変化するのかについて検討していくが、その際、着目したいのが年官による推薦である。というのも、年官が給主（または仲介者）と地方有力者の関係を形成・維持・強化する役割を果たす場合、その任官では、地方有力者が所望する官職への推薦が行われていたが、その推薦のあり方が変化すれば、それは年官の運用のあり方が変化したものと考えられるからである。

そこで本章では、年官でどこの国の国司へ推薦したのかを知ることができる年官申文（年官による推薦文書）の分析を起点に、年官の〝中央と地方の人的ネットワークを支える機能〟が平安後期以降も継続するのかという問題を考えていきたい。

一　平安中期における年官による推薦

本書では、年官が給主（または仲介者）と地方有力者の関係を形成・維持・強化する役割を果たす事例として、地方有力者をその者が本拠を置く国の国司に申任する事例を検討してきた。まず、こうした事例における推薦のあり方を確認しておきたい。

本章末掲載の表8は、宮内庁書陵部図書寮文庫所蔵『除目申文之抄』『大間成文抄』『除目申文抄』『魚魯愚抄』『魚魯愚別録』に収載される平安時代の年官申文を年代順に整理したものである（ただし、表8作成の目的が年官による推薦の変化を把握するものであるため、任官作法上、すでに推薦先が決まっている名替や更任の申文は除いた）。表8掲載の事例のうち、地方有力者を本国の任用国司に申任したと考えられる、またはその可能性が高い事例は、No.6・16・22・26・46・52・54・56・61・118・120・149・159・249などであり、これらの事例では、

正六位上依智秦宿禰武兼

望㆓近江大目㆒

右、去年給未補、以㆓件武兼㆒可㆑被㆑任之状、所㆑請如㆑件。

寛弘三年正月廿六日従二位行権中納言中宮大夫右衛門督藤原朝臣

のように（表8№26）、特定の国の国司に推薦されていた。これは、被推薦者である地方有力者が本国の任用国司を所望したからだと理解される。

しかしながら、年官で地方有力者を申任する場合、本国ではない国の任用国司に申任する場合もあった。たとえば、『大間成文抄』第一・当年給には、次のような任官例と年官申文（表8№3）が載せられている。

　参河権掾正六位上布勢宿禰時枝中務卿親王巡給

（中略）

　正六位上布勢宿禰時枝

　　望二参河・美濃・美作・伊予等国掾一

　右、当年巡給二合、以二時枝一件国掾闕、所レ請如レ件

　　　長徳二年正月廿二日四品行中務卿作名親王

これによると、布勢時枝は、中務卿具平親王の年官（巡給二合）によって参河・美濃・美作・伊予の四国の掾のポストに推薦され、除目の結果、三河権掾に任官されたことが知られるが、ここの時枝は、『小右記』長和二年（一〇一三）四月八日条に「紀伊郡司布勢時枝」と見えるように、山城国紀伊郡の有力者であったと理解される。

このように、年官による申任では、地方有力者を他国の任用国司に申任することもあった(3)のであり、その場合の任用国司は揚名国司であったと考えられる。

揚名国司（揚名官）とは、国司としての実権も給与もない、名目だけの国司号のことである。揚名国司に任じられた者は、赴任せず（任符奉行の儀を行わず）、ただ任用国司号を肩書とするだけであり、十世紀以降、中央に限らず地方においても揚名国司を肩書とする者が多く確認されるようになってくる。そして地方有力者は、中央への奉仕の見返

りなど、中央との関係を通して揚名国司に任じられたと考えられており、その一つのあり方として、年官による任官もあったとされ、その場合の申任でも、給主と被推薦者の関係を確認する役割があったと考えられる(4)。したがって、表8に掲げた事例のなかには、地方有力者を揚名国司に推薦・任官した事例も多く含まれている。

では、年官で揚名国司に申任する場合、その推薦には、どのような傾向があったのだろうか。この点を表8から考えてみたい。その際、表8掲載の年官申文には、地方有力者を揚名国司に推薦したものだけでなく、地方有力者を本国の任用国司に推薦したものや、中央に拠点を置く者を任用国司に推薦したものが含まれている点に注意したい。

さて、表8によると、平安中期における年官の推薦の傾向として、特定の国の国司への推薦が一般的であったことが窺える。前述のように、地方有力者を本国の任用国司に推薦する場合は特定の国の国司に推薦していたが、表8掲載の事例のすべてが地方有力者を本国の国司に推薦する事例でないことを踏まえると、この傾向は、年官で揚名国司に申任する場合にも当てはまるものと理解されよう。なお、当該期に散見される「諸国目」への推薦（特定の国の国司に推薦しない事例）の評価については後述する。

では、揚名国司に申任する事例の場合、どのような国の国司に推薦されていたのだろうか。そこで表5を見てほしい。表5は、表8掲載の年官申文のうち、特定の国の国司に推薦した永承五年（一〇五〇）までの事例を対象に、推薦された回数を国別に整理し、かつその国の等級（『延喜式』による）を表記したものである。なお、複数の国の国司に推薦された事例については、推薦された国それぞれに推薦回数一をカウントした。

表5によると、平安中期における年官による推薦では、大国・上国といった等級が高い国の任用国司に多く推薦されていたことが指摘できる。この傾向については、表6も参考になる。

表6は、『大間成文抄』所収の年官による任用国司の申任事例を国別に整理し、その数を示したものであり、対象

表5　国別推薦回数と国の等級（～永承5年〈1050〉）

推薦回数	国（等　級）
8	近江（大）
6	播磨（大）
5	美濃（上）
4	摂津（大），信濃（上），伊予（上）
3	山城（上），伊賀（下），遠江（上），但馬（上），備前（上），備中（上）
2	大和（大），尾張（上），武蔵（大），越前（大），丹波（上），美作（上），備後（上），土佐（中）
1	河内（大），参河（上），甲斐（上），上総（大），下総（大），常陸（大），下野（上），若狭（中），佐渡（中），因幡（上），周防（上），阿波（上），讃岐（上），筑後（上）

表6　国別年官事例数（『大間成文抄』延喜元〈901〉～永承5年〈1050〉）

国名(等級)	任官数	国名(等級)	任官数	国名(等級)	任官数	国名(等級)	任官数
山城（上）	5	下総（大）	1	丹後（中）	2	讃岐（上）	9
大和（大）	9	常陸（大）	8	但馬（上）	5	伊予（上）	5
河内（大）	4	近江（大）	13	因幡（上）	6	土佐（中）	8
和泉（下）	2	美濃（上）	11	伯耆（上）	5	筑前（上）	0
摂津（上）	7	飛驒（下）	0	出雲（上）	5	筑後（上）	2
伊賀（下）	5	信濃（上）	8	石見（中）	1	豊前（上）	1
伊勢（大）	4	上野（大）	6	隠岐（下）	0	豊後（上）	2
志摩（下）	0	下野（上）	1	播磨（大）	13	肥前（上）	4
尾張（上）	7	陸奥（大）	7	美作（上）	3	肥後（大）	4
参河（上）	5	出羽（上）	0	備前（上）	6	日向（中）	1
遠江（上）	4	若狭（中）	1	備中（上）	9	大隅（中）	0
駿河（上）	2	越前（大）	3	備後（上）	3	薩摩（中）	2
伊豆（下）	0	加賀（上）	6	安芸（上）	4	壱岐（下）	0
甲斐（上）	6	能登（中）	1	周防（上）	4	対馬（下）	0
相模（上）	1	越中（上）	2	長門（中）	2	計	267
武蔵（大）	3	越後（上）	2	紀伊（上）	9		
安房（中）	0	佐渡（中）	1	淡路（下）	4		
上総（大）	2	丹波（上）	8	阿波（上）	3		

備考　国の等級は『延喜式』による．

年代は、延喜元年（九〇一）から表5と同じ永承五年（一〇五〇）までとした。表6では、推薦ではなく申任事例を扱ったため、推薦先とは異なる国の国司に任命された事例も多少含まれているが、年官による推薦は希望通りになりやすかった点[5]を踏まえると、表6は年官による推薦の傾向をある程度反映しているものと考えられよう。

表6を見ると、中・下国の国司への申任が少ないことがわかる。裏を返せば、年官による申任には、大国・上国の国司への申任が多かったと言える。もちろん、中国・下国は国司の数が大国・上国よりも少ないので、こうした現実的なポスト数の問題も影響しているだろうが、表5から読み取れる情報と合わせると、平安中期における年官による推薦では、大国・上国の国司への推薦が多かった傾向が指摘できよう。

こうした傾向の背景には、被推薦者が大国・上国の任用国司の地位を所望していた状況が想定される。その点について、注目されるのが、早稲田大学図書館所蔵『揚名介事計歴事勘文』所引の長徳三年（九九七）八月二十五日の法家問答[6]である。

宣旨検校上野掾与二検校河内介一何可二上座一事

河内国大江御厨検校前介高安満雅問長徳三年八月廿五日

仮令、或供御調備之散所、元来以二本所任符一補二職事一勤二仕日供一。而同職之人甲者当国前介、乙者上野揚名掾。爰乙陳云、任符之面注云、乙依二宣旨一補任者、誠雖二同職一苟是　宣旨者也。可二上座一也。甲陳云、古今随二永宣旨一所二任来一也。一局之間、専無二此論一者。甲・乙座次其理如何。謹請二明判一、将レ決二是非一。謹問。

答、公式令云、文武職事散官、朝参行立各依二位次一為二序位一、同者六位以下以レ歯。或(式)云、行列次第六位已下次以二位階一不レ依二官秩一。其申政之時以二官秩一。官位令云、大国介正六位下、大掾正七位下、少掾従七位上。又或(式)云、河内国大、上野国大者。今河内介与二上野掾一謂二其位階一已以懸▨隔也。縦□(雖)□(宣)旨(ママ)、縦非二綸言一。若被レ補二同所之

職事二不レ可レ有二異▨端之座論一。共案二令式一、須レ定二上下一。

この法家問答は、河内国大江御厨検校の前河内介高安満雅の質問状に対する明法家の回答であり、その論点は前河内介を肩書とする甲（高安満雅）と上野掾（揚名国司）を肩書とする乙（源訪）[7]の大江御厨における座次に関することであった。これによると、宣旨による検校補任を根拠に上座を主張する乙（源訪）に対して、甲（高安満雅）は、御厨検校は「永宣旨」に基づいて補任されるものであり、乙が主張するようなことはこれまで聞いたことがないとして、明法家の判断を求めている。そして明法家は、甲と乙、それぞれが帯びる官職――甲は前河内介、乙は上野掾（揚名国司）――の相当位を根拠に、甲（高安満雅）を上座だとする見解を示した（傍線部）。

この見解は、あくまで明法家の一見解にすぎないので、この事例をもって、実際の地方社会で任用国司号が身分の上下に直結していたと即断することはできない。しかし、十世紀末において、明法家が任用国司号を基準に座次を判断した事実は重要であろう。こうした見解の存在は、平安中期の地方有力者に、任用国司は座次（身分）を決める判断基準になり得るものという認識を提供したものと思われる。また、前官や揚名国司であっても判断基準になったことにも注意したい。当該期の地方社会では、揚名国司だけでなく、前官を肩書とする者も複数確認される[8]が、それは、揚名国司や前官であっても自らの身分を示す基準になり得たためだと考えられよう。さらに、『政事要略』逸文（早稲田大学図書館蔵『揚名介事計暦事勘文』所引）「允亮政事録云、揚名介逢二国司一者下馬云々[9]」の存在は、実際に揚名介と国司との間で下馬するか否かの争論があったこと、つまりそれは揚名国司がそれを帯びる者の身分を示すものとして機能していたことを示唆していると思われる。

このような諸事例を考慮すれば[10]、任用国司の地位は、揚名国司を含め、それを帯びる者の身分を示す一つの指標として機能していたと考えてよく、それゆえ、地方有力者は相当位の高い大国・上国の任用国司を所望していたのではないだろうか。
以上、平安中期において、年官による推薦にはどのような傾向があったのかについて考察を進めてきた。その結果、当該期における年官の推薦では、特定の国の国司に推薦することが一般的であったことを確認した。そして、こうしたあり方は、被推薦者である地方有力者が本国の任用国司を所望したり、大国・上国の任用国司（揚名国司）を所望したりしていたからだと考えられる。

二　特定の国の国司を所望しない推薦

平安中期には、年官で特定の国の国司に推薦することが一般的であった。では、このあり方はその後も続くのだろうか。その際、注目したいのが、「諸国掾」「諸国目」に推薦する事例である。一例を示すと、次のようなものである（表8No.9）。

従七位上清原真人清光
望㆓諸国目闕㆒
右、当年給、所㆑請如㆑件。
長徳四年正月廿一日参議従二位行式部大輔兼大和権守菅原朝臣輔正〔三〕

この年官申文は、清原清光を「諸国目」に推薦する参議菅原輔正の年官申文である。除目の結果、清原清光は紀伊権大目に任命されたが（『大間成文抄』第一・当年給）、本申文で「望諸国目闕」とある以上、清原清光が特定の国の国司を所望していなかったことは明らかである。このように、年官による推薦のなかには、「諸国掾」「諸国目」に推薦する、すなわち特定の国の国司に推薦しない事例が確認されるのである。

そうした事例に着目して表8を見ると、「諸国掾」「諸国目」への推薦は、十一世紀中頃以前においてはわずかに確認される程度だが、十一世紀後半になると、その数は増加していき、十二世紀には、大半が「諸国」の国司へ推薦する事例になっていったことが窺える（望諸国掾〈目〉の事例は太字にした）。平安中期には、特定の国の国司に推薦する事例が主流であったことを踏まえると、「諸国掾」「諸国目」への推薦の増加は、年官による推薦に何らかの変化が起こっていたことを示していると考えられる。

この問題を考えるにあたって、まず注目したいのは、早稲田大学図書館所蔵『揚名介事計歴事勘文』に引用されている『帥記』逸文（永保二年〈一〇八二〉正月二十一日条）[11]である。それを以下に掲げる。

永保二年正月廿一日経信卿記云、掃部頭佐国来之次、予相示云、雖レ至二二合年一、依レ無二所望人一不レ献二中文一者。佐国云、以二揚名一可下令レ申二任大□□（監カ）一給上、若承二罷（ママ）成之由一候、献二任料一人多歟三百疋云々。仍令レ書二献中文一。

これによると、記主の源経信は、掃部頭佐国に対して、永保二年は自身の年官を二合して三分官（掾）を申請できる年にあたるが、二合の年官に与りたい人（所望人）が見つからないから、申文を提出しないと述べている（傍線部）。また、そうした経信に対し、佐国は、いったん作名（揚名）の人物で「大□□（監カ）」への任官を申請し、もしその申請が実現すれば、任料を献上しようとする人（「大□□（監カ）」を所望して経信の年官二合に与りたい人）が多く出るだろうと答えている。[12]

本史料から、十一世紀後半になると、三分官（掾）への推薦であっても、年官の希望者が集まらない状況になっていたことが確認される。また、そうした状況に対して、作名（揚名）の人物を推薦する申文の提出が提案されたことも留意しておきたい。同様の状況は、洞院公賢『魚書秘伝別抄』所収「鷹司冬嗣書状」が引く『江記』逸文（寛治元年〈一〇八七〉正月二十三日条）[13]からも知ることができる。

寛治元年正月廿三日、摂政御㆓直廬㆒、被㆑始㆓除目㆒。内給所依㆑無㆓所望人㆒、注㆓上揚名之者㆒（下略）

これによると、寛治元年の春除目の際、内給所[14]は内給に与ることを望む人がいなかったので、「揚名之者」（作名の者）を中文に書いて提出したという。

以上のように、「諸国掾」「諸国目」への推薦が増え始める十一世紀後半には、年官に与ることを希望する人が集まらず、作名の人物を推薦する行為がなされるようになっていた。こうした状況を踏まえると、「諸国掾」「諸国目」への推薦の増加と、年官に与ることを希望する者が現れない状況の発生は関連しているように思われる。さらに、第一部第二章で論じたように、十世紀後半以降、年官に与る者として地方有力者が増えていったことを考慮すれば、十一世紀後半になると、地方有力者が年官に与ることを希望しなくなっていく状況を想定することができよう。そこで次節では、地方有力者の肩書を検討して、十一世紀後半の変化について考察していきたい。

三　地方有力者の肩書の変化

本章末掲載の表9は、『平安遺文』所収文書から、十世紀以降を対象に、任用国司を肩書に持つ地方有力者を抜き出し、年代順に整理したものである（地方で活動する目代・郎等を含む）。これを見ると、十一世紀後半頃より、①地方有力者の肩書から他国の任用国司が減少し、②本国の任用国司に収斂されていく様子が窺える。①と②の変化は連関したものと考えられるが、論の都合上、①と②を分けて検討していきたい。

1　揚名国司を望む地方有力者の減少

十一世紀後半以降における地方有力者の肩書の変化の一つに、①他国の任用国司（揚名国司）が減少するというものがあった。この点について、平安中・後期を通して刀禰層に関する史料が残る大和国平群郡を具体例に確認しておきたい。

大和国平群郡において、揚名国司を肩書とする者の初見は、延長六年（九二八）、故内供奉十禅師禎果大法師の弟子らの「地山」の領掌を保証した刀禰の加署欄に見える「信濃目河内」である。(15) 次に確認されるのは、正暦二年（九九一）、京南八条九里三四坪の家地の売買を保証した保証刀禰の「伊賀掾和忠興」であり、(16) また、永承元年（一〇四六）、僧長仁が坂門郷八条九里二九・三〇坪所在の畠四段の紛失状を申請した際、それに加署した在地刀禰五人のうちの三人は、上野掾子部某・周防掾三統某・甲斐介三統某であった。(17)

このように、十一世紀中頃までの平群郡には、任用国司を肩書とする有力者を確認することができる。これに対して、康和三年（一一〇一）の東郷九条三里四坪所在の田地の売券に見える在地随近刀禰の加署部分は、

件田売買事、依レ有二明白一、在地随近刀禰加署判了。

和是任（花押）

石造婦子（花押）

明久則（花押）

僧（花押）

現刀禰真野（花押）

郡□（司）多治（花押）

であり、任用国司を肩書とする者は確認されない[18]。同じ状況は以降も続く。元永二年（一一一九）、飽波東郷七条大井里一九坪の田地の売券に署名した「随近在地」は「強木御庄司平（花押）」であり[19]、仁平三年（一一五三）、同郷九条五里一五坪の田地の売券に署名した「在地」は、「岡前庄蔵入道（花押）／同庄林入道（花押）／僧（花押）／僧（花押）／平（花押）」らであった[20]。

以上のように、十一世紀後半以降、地方有力者の肩書から揚名国司が消えていった[21]。このことは、地方有力者が揚名国司を所望しなくなったことを示していると考えられるが、この点については、別の角度からも確認することができる。

渡辺滋氏は、十世紀末以降、畿内近国の広い範囲で揚名国司を所望する者が見られるようになると、任官希望者の要望を叶えるために、一つの任用国司の枠を数ヵ月から一年程度で改替し続ける方法がとられるようになったとする。また、そうした運用は、確定した任官から任人のみを替える「名替」や任人と任官国司の両方を替える「名国替」の方法によって年官でも行われており（一つの年官枠の使い回し）、こうした運用によって、多くの揚名国司を肩書とする者が生み出されたという[22]。

この見解に従えば、年官の名替や名国替は、年官による推薦に与りたい者、つまり任用国司の地位を望む者が多い状況のなかで、彼らの要望をできるだけ多く叶えるために行われた任官方法であったと理解することができよう。この点を踏まえた上で、『殿暦』長治元年（一一〇四）正月二十六日条に注目したい。そこには、

（上略）除目議亥尅許始（中略）余授二申文於左府一〈院宮未給・公卿未給・当年内給等也。但名替・国替無二一通一、奇恠事也〉（下略）

とあり、長治元年の春除目の際、内覧の藤原忠実が執筆の左大臣源俊房に下した年官申文のなかに名替と国替の申文

表7　長治2年春除目における年官事例

任　　人	給　　主	年官の種類	推薦国司	任官国司	出典
三宅宿禰武重	源顕雅	当年給	諸国目	上野少目	大
安倍朝臣安国	藤原家忠	当年給	諸国目	若狭少目	大
紀朝臣安重	藤原忠実	当年給（二合）	諸国掾	越前少掾	大
丹波朝臣国光	藤原仲実	当年給（二合／五節）	諸国掾	備後少掾	大
桜島宿禰兼重	源雅俊	当年給（二合／五節）	諸国掾	阿波少掾	大
小長宿禰永宗	斎宮（善子内親王）	当年給	諸国掾	遠江少掾	大
六人部宿禰常貞	斎宮（善子内親王）	当年給	諸国目	尾張少目	大
清原真人常安	斎院（禛子内親王）	当年給	諸国掾	周防掾	大
大和宿禰礒永	斎院（禛子内親王）	当年給	諸国目	伯耆大目	大
藤井宿禰守次	源雅実	当年給（二合）	諸国掾	但馬少掾	大
藤原朝臣則経	斎院（令子内親王）	未給（承徳元年）	左右馬允	右馬少允	大
橘正盛	白河法皇	臨時給		右馬允	除次
内蔵朝臣成友	二条院（章子内親王）	未給（応徳2年）		大和少掾	大
源朝臣国次	俊子内親王	未給（寛治元年巡給）		甲斐少掾	大
源朝臣長兼	中宮（篤子内親王）	臨時給		内舎人	大

出典表記　大…『大間成文抄』，除次…下郷共済会所蔵『除目鈔』（藤原宗忠『除目次第』）．

が一通もなかったことが知られる。同条および翌日・翌々日条を見ても、この時の除目で名替・国替による任官が行われた様子は確認されない。また、『殿暦』長治二年（一一〇五）正月二十五日条にも、

（上略）此間院宮外官未給・公卿未給・公卿当年二合、是等文を取出テ注二袖書一。院宮公卿未給ハ可レ勘二給否一、公卿当年給ハ可レ勘二二合年一、但名替・国替申文一通不レ見二此中一。雖二当年二合一、内府申文并余申文不二下勘一、故殿仰也（下略）

とあり、翌年の春除目でも名替・国替の年官申文が提出されなかったことが知られる。『大間成文抄』などの除目書には、この年の除目で任官された年官の申任例がいくつか収められているが[23]（表7）、それらを見ても、年官名替・国替による任官はなかったことが確認される。

　このように、十二世紀初頭になると、年官名替がない除目が確認されるのである。ただし、十二世紀以降でも年官名替による任官例は確認されるから、名替な

どが全くなくなるわけではない。しかし、『長徳二年大間書』[24]に見える年官名替・名国替による任官が五三例であったのに対し、延久二年（一〇七〇）の春除目・京官除目の全容が窺える明治大学図書館所蔵『除秘鈔』（後三条天皇『院御書』）「延久二年正月廿九日尻付」「延久二年十二月廿八日尻付」部分[25]に見える年官名替・名国替による任官は一例だけであった[26]。このことも考慮すれば、十一世紀後半以降、年官名替・名国替が減少していったことは間違いないだろう。

以上、十一世紀後半以降の現象として、(1)地方有力者の肩書から揚名国司が減少すること、(2)揚名国司を肩書とする者を多く生み出したとされる年官名替・名国替が減少したことを確認した。これらのことを合わせ考えると、十一世紀後半以降、地方有力者は揚名国司を所望しなくなっていったと理解することができる。

2　在庁職としての国司号

次は、表9から窺える二つ目の変化（②本国の任用国司に収斂していくこと）について検討していく。

まず十一世紀後半以降において、地方有力者を本国の任用国司に申任したと考えられる、またはその可能性がある事例については、①承暦元年（一〇七七）、白河天皇の内給（名替）で播磨宿禰時任を播磨大掾に推薦し、播磨掾に任官した事例（『除目申文之抄』）、②同年、皇太后藤原歓子の年官（国替）で三野真人光常を備前大目に推薦・任官した事例（表8No.118）、③承暦四年（一〇八〇）、二条院の年官（当年給）で綾宿禰致貞を讃岐大掾に推薦した事例（表8No.120）、④永保二年（一〇八二）、女御藤原道子の年官（名替）で上道宿禰之真を備前掾に推薦・任官した事例（『魚魯愚抄』第六）、⑤嘉保二年（一〇九五）、媞子内親王の年官（巡給二合、名国替）で阿比留宿禰忠好を対馬掾に推薦した事例（表8No.149）、⑥康和四年（一一〇二）、堀河天皇の内給（当年給）で江沼宿禰久方を加賀大掾に推薦した事例（表8No.159）、⑦保安二年

（一一二一）、藤原忠実の年官（当年給二合）で佐伯宿禰時重を播磨掾に推薦し、播磨大掾に任官した事例（表8No.248）などが確認される。これらの事例から、地方有力者を本国の任用国司に申任することは十一世紀後半以降も行われていたと考えられる。したがって、十一世紀後半以降も、本国の任用国司に任命される地方有力者は存在しており、表9に見える本国の任用国司を肩書とする者のなかには、そうした存在が含まれていたと思われる。しかし、表8を見てもらうと明らかなように、「諸国掾」「諸国目」への推薦が主流となる十二世紀以降になると、地方有力者を本国の任用国司に申任したと考えられる事例がほぼ見られなくなる点は注意したい。

また、十一世紀後半以降、地方有力者が帯びる国司号が本国のものに収斂していく現象に関しては、在庁職の国司号の成立にも注目したい。

在庁職の国司号（在国司職）とは、国除目で補任される「介」「権介」「大掾」「掾」などの国司号である。この国司号は、除目で任じられる任用国司と同じ名称だが、同時に複数の「介」が存在したり（たとえば、肥前国の在庁官人は一四人が全員「介」を肩書にしていた〈『平安遺文』三七六六〉）、「官人大目藤原／掾散位藤原朝臣在判／権介散位清原朝臣／介散位尾張宿禰在判」のように、「散位」を帯びたりする（『平安遺文』二五一七）など、令制の原則に反するあり方を見せており、除目で任じられる任用国司とは異なるものであった。

その最初期の事例は、『時範記』承徳三年（一〇九九）三月十日・十六日・二十五日条に見える因幡国の在庁「介久経」「介助貞」「介邦真」が帯びる「介」だと考えられ、以降、在庁職の国司号は諸国で成立していく[27]。したがって、十一世紀末以降の地方有力者が帯びる本国の国司（「介」「権介」「大掾」「掾」など）には、除目で任じられた任用国司と在庁職（在国司職）が混在していたと考えられるが、両者は名称が同じであるため、判断が難しい事例も少なくない。ただ、同じ国司号を帯びる者が同時に複数存在する事例[28]、同時に「散位」を帯びる事例[29]、在国司職であることが判明する事例は、[30] 在庁職の国司号と判断されるから、これらに注意して表9を見ると、十二世紀以降は在庁職が主流になっていた様子が窺える。

この点に加えて、(1)十二世紀以降、年官で地方有力者を本国の任用国司に申任したと考えられる事例が見られなくなること、(2)十世紀以降の地方有力者は任用国司という「官」を媒介に国衙における立場や政治的発言権を確保し、それをテコに在庁官人「職」という地位を創出していったという指摘、[31] (3)久安五年（一一四九）、日下部尚盛が嫡子盛平に「在国司職」と田畠を譲与したように（その後、盛平は国司庁宣によって「権介」〈在国司職〉に補任された〈『平安遺文』二六六一・二六七三〉）、十二世紀前半、在地領主層において中世的な「家」（中世的嫡子制）が成立し、在庁職などの「職」が相伝・継承の対象になったことを踏まえると、[32] 十一世紀末以降の地方有力者は、中央の皇族・貴族や諸司などの推薦を受けて朝廷の除目で任命される必要がある――任命までに時間も労力もかかる――任用国司（任期もある）よりも、国除目で補任され、かつ子孫に継承できる在庁職のほうを所望するようになっていったのではないだろうか。

ここまで、表9に基づいて、地方有力者の肩書として見える任用国司について検討してきた。推測による部分も多くなったが、その結果をまとめると、第一に、十一世紀後半以降、地方有力者は揚名国司を所望しなくなっていったと考えられること、第二に、十一世紀末以降、在庁職の国司号が成立すると、地方有力者は除目で任じられる任用国司よりも、在庁職のほうを所望するようになっていったと考えられることの二点になる。

以上の点は、十一世紀後半以降の地方有力者が任用国司の地位を所望しなくなったことを示しており、それは年官による推薦に与りたい地方有力者が減少していったことを意味するのである。

四　平安後期以降における年官の機能

ここで、前節までの検討結果を簡単にまとめておきたい。

（一）平安中期において年官による推薦は、特定の国の国司に推薦することが一般的であった。

（二）十一世紀後半以降、特定の国の国司に推薦しない年官事例（諸国掾・目に推薦する事例）が増え始め、十二世紀以降はこの推薦が主流となった。

（三）十一世紀後半には、年官による推薦に与ることを希望する者がいない状況が生じており、この状況に対応して、作名の人物を推薦する申文が作成・提出されるようになった。

（四）十一世紀後半以降、任用国司の地位を所望する地方有力者は減少していったと考えられる。

以上のうち、（二）〜（四）はすべて連関した変化であると理解される。すなわち、十一世紀後半以降、それまで年官による推薦に与っていた地方有力者たちが任用国司を所望しなくなり、年官に与ることを希望しなくなった。こうした地方の変化により、中央では、年官に与ることを希望する者が現れない状況が生じたものと考えられ、結果、作名の人物を推薦する申文が作成・提出されるようになり、特定の国の国司に推薦しない年官事例が主流になっていったと理解されるのである。[33] ただし、後述するように、特定の国の国司に推薦しない事例のすべてが作名の人物の推薦だと考えているわけではないことは付言しておきたい。

この理解が正しいとすれば、特定の国の国司に推薦しない事例が増加する十一世紀後半以降は、年官で地方有力者を推薦・任官することがなくなっていったものと理解される。そして、年官で地方有力者を推薦しなくなるということは、年官が中央と地方の人的ネットワークを形成・維持・強化する手段として運用されなくなることを意味している。

以上より、本章の「はじめに」で示した課題に対する解答を示すと、十一世紀後半以降、年官は〝中央と地方の人的関係を支える手段〟としての機能を失っていったと結論づけることができる。

では、十一世紀後半以降の年官は、先学[34]が示すように、形骸化していったのだろうか。結論を先に示すと、そうではないと考える。十一世紀後半以降、作名の人物の推薦が増えていったことは間違いないと考えるが、すべての年官による推薦が作名の人物を推薦したものになったわけではない。このことは以下の史料から明らかである。

まず『江記』（逸文）寛治五年（一〇九一）正月二十六日条[35]の白河院の年官申文を見たい。

院
　正六位上山宿禰信国
　　望二諸国掾一
　従七位上清原真人武末
　　望二諸国目一
　右、当年御給、所レ請如レ件。
　　寛治五年正月廿六日

この申文では、白河院の当年給で山宿禰信国が「諸国掾」に、清原真人武末が「諸国目」に推薦されているが、『江記』同日条には、「信国者召継、武末者御車副也」とあり、両者は白河院の召継と車副であったことが知られる。この事例では、院に日常的に仕えていたと思われる人物が「諸国掾」「諸国目」に推薦されていたことが確認される。

また、『猪隈関白記』建久九年（一一九八）正月二十八日条には、

従七位上紀朝臣光延

望二諸国掾一

右、当年給二合、所レ請如レ件。

建久九年正月廿八日従二位行権中納言兼左近衛大将藤原朝臣家実

という記主藤原家実がこの年の春除目に提出した当年給二合の年官申文が載せられている。この事例で注目すべきは、本申文の「光延」の部分に「雑色也」という傍書がある点である。ここから、被推薦者の紀光延は家実の雑色であったこと、そして雑色の光延は「諸国掾」へ推薦されていたことが知られる。

このように、本章で注目してきた「諸国掾」「諸国目」に推薦する事例のなかには、給主に日常的に仕えていた実在の人物が推薦される事例もあった。では、こうした事例はどう評価すべきであろうか。

そこで注目したいのが、長保五年（一〇〇三）正月十一日「内蔵有満解」[36]である。

小舎人所内蔵有満解　申請　政所恩裁事

請レ被下特蒙二哀憐一、依二恪勤労一、拝中任諸国目闕上状

右、有満参二仕殿下一以来、奔二営之役一無レ論二昼夜一、謂二其勤節一不レ劣二等倫一。方今、倩見二所底傍輩一之間、或有下依二衆厭一而参仕□者上、〔至〕□有満者、偏企二深誠一、忝献二拙身一、若優二微労一、蓋蒙二哀矜一乎。望請、政所恩裁、依二恪勤労一、拝二任諸国目闕一、且弥竭二中丹一、且将レ励二後進一、仍勒レ事状、謹解。

長保五年正月十一日　　小舎人所内蔵有満

この解は、藤原公任の稿本『北山抄』の紙背文書の一つである[37]。この点を踏まえると、この解は、「殿下」すなわ

ち藤原公任に仕えていた内蔵有満が、「恪勤労」によって「諸国目闕」への申任を公任の政所に申請したものと理解される。渡辺滋氏が述べるように、もし公任の許可が下りれば、有満は公任の年官で「諸国目」に推薦されただろうと思われるが(38)、ここで注目したい点は、内蔵有満が「諸国目」への申任を所望していた、つまり特定の国の国司を希望していなかったことである。

こうした内蔵有満の事例を踏まえると、先に確認した山信国・清原武末や紀光延の場合も、彼らは特定の国の国司を希望していなかったと想定され、それゆえ、「諸国掾」「諸国目」に推薦されたものと考えられる。では、なぜ彼らは特定の国の国司を希望していなかったのか。この点に関しては次のように考えることができよう。

これまで論じてきたように、特定の国の国司を所望する主体は地方に拠点を置く者だったと考えられる。一方、活動の拠点を京に置き、日常的に給主に仕えていた者にとっては、どこの国の国司に任命されるのかよりも、日頃から仕える主人に推薦されて官職を得たという事実――これまでの労に対する恩として主人からの推薦を賜った事実――の方が重要であり、それゆえ、確実にどこかの国の国司に任命される「諸国掾」「諸国目」への推薦を望んだのではないだろうか(39)。

このように、実在の人物を「諸国掾」「諸国目」に推薦する事例を理解できるとすれば、表8に見える特定の国の国司に推薦しない事例には、日常的に給主に仕える者を推薦した事例が含まれていたと考えられる。さらに言えば、特定の国の国司への推薦が一般的であった平安中期に散見される「諸国掾」「諸国目」に推薦する事例は、京に拠点を置く者を推薦した事例であった可能性が高いのではないだろうか。

以上をまとめると、特定の国の国司に推薦しない事例が主流となる十一世紀後半以降においても、活動の拠点を京に置き、日常的に給主に仕える者を推薦することは行われており、こうした年官の行使は、給主と被推薦者（従者）

の関係を確認し、維持・強化するものであったと理解される。このような日頃の奉仕に対する恩として年官で推薦することは、年官制度の本質であり、その成立期から確認される運用であるが[40]、そうした運用は、地方有力者を推薦することが減少する十一世紀後半以降も継続して行われていたのである。したがって、年官が中央と地方の人的ネットワークを支える手段として運用されなくなる十一世紀後半以降も、年官は給主と従者（日常的に仕える者）という中央における関係を維持・強化する役割を果たしていたと言えるだろう。

おわりに

本章では、年官の中央と地方の人的ネットワークを形成・維持・強化する機能が、平安後期以降も継続するのかという点について考察を進めてきた。結論としては、年官の給主と被推薦者の関係を維持・強化する機能は平安後期以降も継続するが、年官で地方有力者を推薦することは十一世紀後半を境に減少し、それに伴い、年官の中央と地方をつなぐ機能も失われていったものと考えられる。つまり、年官の中央と地方の人的ネットワークを形成・維持・強化する役割は、十世紀後半から十一世紀後半までの約一世紀の間に最も機能したと評価でき、この時期が、人的ネットワークを支えるという点で、年官の歴史的意義が最も高かった時期と言うことができるのである。

九世紀以降、受領による現地有力者層（国衙雑色人）の組織化が始まると、九世紀後半には、非令制職名郡司（雑色人郡司）や国検非違使・国掌などが、十世紀前半には、判官代や非令制国使（調物使など）が成立し[41]、十世紀末には、受領を軸に国衙機構の再編が行われ、受領郎等が本格的に国務に参画し始めた[42]。このような地方支配体制の再編は、地域における有力者同士の関係性にも影響を与え、地域秩序のあり方にも変化をもたらしたものと思われる。また、この時期における国衙機構内の地位は、受領の交替に際して改替される可能性があるなど不安定であり、地域秩序も流動的で不安定であったと言える(43)。

このように、年官で地方有力者を本国の任用国司に申任していた時期（地方有力者が任用国司の地位を所望していた時期）というのは、地域における秩序が流動的な時期であった。それゆえ、地方有力者たちは、国衙機構内における自らの地位を確保でき、かつ中央（と受領）との関係を構築または維持・強化する機会にもなった年官による任用国司への申任を望んだのではないだろうか。ところが、十一世紀後半頃より、在庁官人の職が固定化して世襲が可能になり、また荘園制の形成が進むにつれて、流動的であった地域秩序が一応の安定をみたことを背景に、地方有力者は任用国司の地位を必要としなくなったものと思われる。そうだとすれば、年官は、地方有力者が不安定で流動的だった時期を生き抜くための手段でもあったと言えるが、右で述べた想定については、受領の任国支配における任用国司の役割(44)という点も含めて、今後も調査・検討を進めていきたい。

注

（1）時野谷滋「年給制度の研究」（同『律令封禄制度史の研究』吉川弘文館、一九七七年）。

（2）本書第一部第二章、第二部第一章、同第二章。

（3）その他、安和三年（九七〇）正月以前に、故右衛門督藤原兼輔の年官で筑後掾に申任された秦兼平が、貞元三年（九七八）に「前筑後掾」を肩書とする山城国葛野郡司として確認される事例もある（尊経閣文庫所蔵『北山抄』巻三・拾遺雑抄上〈乙本〉・除目事「勘物」、貞元三年「山城国葛野郡山田郷長解」〈『平安遺文』三一三号〉）。秦兼平の事例については、手嶋大侑「平安・鎌倉時代における任官情報伝達文書とその公験的機能」（『年報中世史研究』四八、二〇二三年）も参照されたい。

（4）小原嘉記「平安後期の任用国司号と在庁層」（『日本歴史』七三五、二〇〇九年）、渡辺滋「揚名国司論—中世的身分表象の創出過程—」（『史学雑誌』一二三—一、二〇一四年）。

（5）本書第一部第二章。

（6）早稲田大学古典籍総合データベース公開デジタル画像により、早稲田大学図書館編『早稲田大学所蔵荻野研究室収集文書　上巻』（吉川弘文館、一九七八年）の釈文を一部訂正した。

（7）法家問答の「乙」は、同年六月十一日「美努兼倫解」（『平安遺文』三七二）に見える河内国若江郡「郡使上野掾源訪」のことと理解される（渡辺滋「平安中期における地域有力者の存在形態―河内国における源訪を事例として―」『上智史学』五九、二〇一四年）。

（8）たとえば、天暦五年（九五一）の大和国葛下郡保証刀禰である伴秋範は「前土佐掾」を肩書とし（『平安遺文』二五九）、寛弘七年（一〇一〇）の山城国葛野郡山田郷の保証人である小治田助忠と蔵人方房は、それぞれ「前出雲目」「前武蔵大掾」を肩書としていた（『平安遺文』四五四）。

（9）釈文は前掲注（6）『早稲田大学所蔵荻野研究室収集文書　上巻』に従った。

（10）渡辺滋前掲注（4）論文。

（11）本史料の釈文については、前掲注（6）と同様。

（12）佐国が、任官が決まれば任料を献ずる者が出てくるだろうとした官職について、前掲注（6）『早稲田大学所蔵荻野研究室収集文書　上巻』は「大□□」とするが、早稲田大学古典籍総合データベース公開のデジタル画像（https://www.wul.waseda.ac.jp/kotenseki/）を見ると、その残画から、三文字目は「監」である可能性が指摘できる。

（13）本条について、「鷹司冬嗣書状」や時野谷滋前掲注（1）論文は『為房卿記』だとするが、渡辺滋氏によれば、本条は『江記』だという（前掲注（4）論文・注（23））。本章では、渡辺氏の指摘に従う。なお、『魚魯秘伝別抄』については、細谷勘資「『魚書秘伝別抄』の考証と翻刻」（細谷勘資氏遺稿集刊行会編『中世宮廷儀式書成立史の研究』勉誠出版、二〇〇七年、初出一九九四年）を参照されたい。

（14）内給所については、尾上陽介「内給所について」（虎尾俊哉編『日本古代の法と社会』吉川弘文館、一九九五年）を参照されたい。

（15）『平安遺文』二三一。

（16）『平安遺文』三五二。なお、「伊賀掾和忠興」は、当該家地の天延二年（九七四）売買立券文（『平安遺文』三〇八）にも、正暦三年に保証刀禰として加署している。

（17）『平安遺文』六三七。

（18）『平安遺文』一四六九。本史料の釈文については、田村憲美「郡支配体制の再編と興福寺」（同『日本中世村落形成史の研究』校倉書房、一九九四年、初出一九八二年）一〇六〜一〇七頁に従った。

（19）『平安遺文』一九〇五。

（20）『平安遺文』二七八二。

（21）在地刀禰について検討された丹生谷哲一氏は、十一世紀前半以降、刀禰たちの肩書から任用国司を含む律令的官職が消えることを指摘している。氏によると、十一世紀初頭までの刀禰は、「律令法の体系に依拠して保証するという歴史的役割を担う存在」であったので、何らかの形で律令体制と結び付く必要性があり、それゆえ、律令的官職を肩書としていたが、「在地刀禰」の語が登場する十一世紀中期頃になると、刀禰は、新たに形成された在地共同体にその存立基盤を置くようになり、こうした変化によって、刀禰の肩書から律令的官職が消えていったという（丹生谷哲一「在地刀禰の形成と歴史的位置」同『日本中世の身分と社会』塙書房、一九九三年、初出一九七六年）。

（22）渡辺滋前掲注（4）論文。

（23）下郷共済会所蔵『除目鈔』（藤原宗忠『除目次第』）については、吉田早苗「〔翻刻〕下郷共済会所蔵「除目鈔」」（『国書逸文研究』一六、一九八五年）による。また本史料については、吉田早苗「藤原宗忠の「除目次第」」（『史学雑誌』九三―七、一九八四年）を参照されたい。

（24）『大日本史料』第二編・二冊、五一一〜五四六頁。

（25）田島公「除秘鈔」（明治大学除目書刊行委員会編『明治大学図書館所蔵三条西家本除目書』八木書店、二〇二一年）。なお、『大間成文抄』第二・国替は、延久二年の任官例として「伊予掾正六位上民宿禰友武停㆓内大臣延久二年給近江少掾㆒改任」を載せる。尻付によれば、本任官は内大臣藤原信長の延久二年給で近江少掾に任官された民友武を伊予掾に任官しなおす、国替による任官である。『除秘鈔』「延久二年正月廿九日尻付」に、近江少掾に民宿禰友武を任官した例が確認されるので、右記任官は延久二年京官除目での任官だと理解されるが、『除秘鈔』「延久二年十二月廿八日尻付」には、民友武を伊予掾に任官した例は載せられていない。『大間成文抄』が示す「延久二年」という任官年が正しいとすれば、『除秘鈔』当該部分には抜け落ちがあることになろうが、右記任官例以外の延久二年の年官事例（『大間成文抄』等所収）はすべて確認されるので、当該部分から年官名替の少なさを読み取ることに問題はないと思われる。

(26) その一例は春除目の「大宰府／大監正六位上藤原朝臣公通停二関白永承元年給一、大蔵孝言改任」である。また、国替の例も、春除目の能登「少掾従七位上紀朝臣国任返二上治部卿源朝臣治暦三年給備後掾任符一改任」の一例だけである。

(27) 小原嘉記前掲注(4)論文。

(28) 『平安遺文』一〇八五、一二〇五、三〇〇一、三〇九二、三五三五、三七六六、四〇二三、補三〇二。

(29) 『平安遺文』二二二九、二五一七、二六七三、三六八四、四九八一。

(30) 『平安遺文』一九八一、二六七三、四六九四。在国司職については、関幸彦『国衙機構の研究』（吉川弘文館、一九八四年）を参照されたい。

(31) 渡辺滋「日本古代の国司制度に関する再検討―平安中後期における任用国司を中心に―」（『古代文化』六五―四、二〇一四年）。

(32) 高橋秀樹「在地領主層における中世的「家」の成立と展開」（同『日本中世の家と親族』吉川弘文館、一九九六年）。

(33) 作名の人物を推薦する年官申文を作成し、除目の場に提出することは、除目という儀式の形式を守るために行われる行為と評価されるが、特定の国の国司に推薦しない事例も、同じように除目の形式を守る側面もあったと思われる。こうした点からも、特定の国の国司に推薦しない事例の増加、年官に与ることを望む地方有力者の減少、作成の人物を推薦する事例（年官の形骸化）の増加は連関したものと考えることができよう。

(34) 時野谷滋前掲注(1)論文。

(35) 木本好信編『江記逸文集成』（国書刊行会、一九八五年）。

(36) 『大日本史料』第二編・四冊、八〇三頁。なお、本史料の釈文については、渡辺滋前掲注(4)論文（七〇頁）に従い、一部改めた。

(37) 稿本『北山抄』の料紙には、長徳二年（九九六）七月十四日から長保三年（一〇〇一）十二月七日まで検非違使別当を務めた公任が、別当辞任の際に検非違使庁に保管されていた文書群を反故にして持ち帰ったものが再利用されているが、本史料は別当辞任後のものであり、検非違使庁関係の文書ではない。稿本『北山抄』の料紙については、河音能平「日本中世前期の官司・権門における文書群の保管と廃棄の原則について」（『河音能平著作集　第5巻　中世文書論と史料論』文理閣、二〇一一年、初出一九九〇年）を参照。

(38)　渡辺滋前掲注(4)論文。
(39)　『殿暦』長治二年（一一〇五）正月二十五日条には、「当年内給ハ、所望国不レ闕ハ不レ任」とあり、特定の国の国司に推薦した場合、そのポストが埋まっている場合は、任官されないこともあった。
(40)　尾上陽介「年官制度の本質」（『史観』一四五、二〇〇一年）。
(41)　中原俊章「在庁官人制の成立と展開」（同『中世王権と支配構造』吉川弘文館、二〇〇五年、初出一九八三年）、山口英男「十世紀の国郡行政機構―在庁官人制成立の歴史的前提―」（同『日本古代の地域社会と行政機構』吉川弘文館、二〇一九年、初出一九九一年）、小原嘉記「中世初期の地方支配と国衙官人編成」（『日本史研究』五八二、二〇一一年）、本書第一部第一章など。
(42)　飯沼賢司「在庁官人制成立の一視角―子姪郎等有官散位を中心として―」（『日本社会史研究』二〇、一九七九年）、久保田和彦「国司の私的権力機構の成立と構造―十一～十二世紀における国司権力の再検討―」（『学習院史学』一七、一九八一年）、大石直正「平安時代の郡・郷の収納所・検田所について」（豊田武教授還暦記念会編『日本古代・中世史の地方的展開』吉川弘文館、一九七三年）、佐藤泰弘『日本中世の黎明』（京都大学学術出版会、二〇〇一年）。
(43)　中原俊章氏は、十世紀における判官代などの在庁は、受領の意に添う者であれば、現地の者であってもなくてもよかったため、受領の交代により流動的で変遷が激しかったといい、「在庁官人が在地の者として安定するのは、在庁官人が世襲化され身分が安定する」十一世紀中頃まで待たなければならなかったとした（中原俊章前掲注(41)論文）。また、小原嘉記氏も、十一世紀は「土着した京下官人や受領郎等などの新しい勢力が国衙官人等に転身するような道も十分に開かれていて、御館人となり得る母体集団は流動的なものであった」という理解を示している（小原嘉記前掲注(41)論文）。
(44)　地方有力者が任用国司の地位を所望しなくなった要因の一つに、受領の地方支配における任用国司の役割が低下したことが想定される。十世紀以降も受領の地方支配にとって任用国司が必要であったことは、渡辺滋「平安時代における任用国司―受領の推薦権を中心に―」（『続日本紀研究』四〇一、二〇一二年）が指摘していることになるが、そうした状況がいつ頃まで続くのかは今後の課題だと考える。

表8　年官申文一覧表

No.	年	氏名	給主	推薦国司（国の等級）	申任官	出典
1	寛和二（九八六）	藤原朝臣連延	円融上皇	近江掾（大）	近江少掾	「大」一
2	長徳二（九九六）	壬生宿禰弘重	斎院（選子内親王）	美濃／土佐掾（上／中）	土佐権掾	「大」一
3	同右	布勢宿禰時枝	具平親王	参河／美濃／美作／伊予掾（上／上／上／上）	参河権掾	「大」一
4	同右	江沼宿禰富基	藤原綏子	山城権大目（上）	山城権大目	「大」一、「魚」四
5	同右	依智秦宿禰正頼	藤原実資	伊賀掾（下）	伊賀権掾	「大」一
6	同右	播磨造延行	一条天皇	播磨少掾（大）	播磨少掾	「大」一
7	長徳三（九九七）	山背宿禰師光	為平親王	甲斐掾（上）	甲斐権掾	「大」一
8	同右	生江宿禰兼平	花山上皇	河内権大目（大）	参河権大目	「大」二
9	長徳四（九九八）	清原真人清光	菅原輔正	**諸国目**	紀伊権大目	「大」一
10	同右	倉橋部公兼	東三条院（藤原詮子）	土佐掾（中）	土佐権掾	「大」一
11	同右	秦宿禰公真	東三条院（藤原詮子）	但馬目（上）	但馬大目	「大」一
12	同右	六人部宿禰茂興	一条天皇	**諸国目**	甲斐権少目	「大」一
13	長保元（九九九）	清原真人清方	藤原公任	大和／摂津大目（大／上）	大和権大目	「大」一
14	同右	嶋田朝臣種忠	藤原道長	山城／美濃目（上／上）	摂津権少目	「大」一
15	長保二（一〇〇〇）	健部宿禰忠信	源時中	**諸国目**	駿河大目	「大」一
16	長保四（一〇〇二）	小長谷宿禰利興	冷泉上皇	遠江少目（上）		「除目」
17	同右	清原真人正忠	東宮（居貞親王）	若狭掾（中）		「大」一
18	同右	小野朝臣有連	東宮（居貞親王）	阿波目（上）	阿波大目	「大」一
19	同右	清原真人重方	冷泉上皇	丹波掾（上）	丹波掾	「大」一

20	同右？	中野宿禰徳太	冷泉上皇	近江権少掾（大）		「除目」
21	長保五（一〇〇三）	多治宿禰良利	中宮（藤原彰子）	讃岐大目（上）	土佐権少目	「大」一
22	寛弘元（一〇〇四）	播磨宿禰延行	藤原道長	播磨大掾（大）		「除目」、「魚」四、「魚別」五
23	寛弘二（一〇〇五）	丈部宿禰真枝	冷泉上皇	尾張目（上）		「除目」
24	同右	賀茂朝臣忠任	東三条院（故）	**揚名介**		「除目」「魚」四、「魚別」五
25	同右	藤原朝臣惟光	藤原道長	**諸国揚名介**		「除目」「魚」四、「魚別」五
26	寛弘三（一〇〇六）	依智秦宿禰武兼	藤原斉信	近江大目（大）		「除目」
27	同右	笠朝臣貞正	敏子内親王	播磨／伊予／丹波掾（大／上／上）		「除目」、「魚」八
28	同右	大蔵朝臣信正	前太皇太后（故昌子内親王）	大和／伊賀掾（大／下）		「除目」、「魚」八
29	寛弘四（一〇〇七）	他戸宿禰弘材	東三条院（故）	伊予掾（上）		「除目」
30	同右	来宿禰澄胤	花山院	伊賀掾（下）	伊賀掾	「大」一
31	同右	大神宿禰長光	花山院	越前目（大）	越前大目	「大」一
32	同右	大和水間公安頼	敦康親王	近江少目（大）		「除目」「魚」五
33	同右	物部宿禰清武	藤原正光	**諸国目**	美作大目	「大」一
34	同右	清原真人光景	皇太后（藤原遵子）	近江目（大）		「除目」、「魚」五
35	同右	紀朝臣是成	東宮（居貞親王）	近江目（大）		「除目」
36	同右	牟礼宿（禰）成昌	斎院（選子内親王）	美濃／但馬／備前介（上／上／上）		「除目」
37	同右	文室真人興茂	無品内親王	摂津大目（上）		「除目」「魚」五
38	同右	大和宿禰当世	致平親王	佐渡掾（中）		「除目」

39	同右	多治真人礼茂	藤原元子	尾張大目（上）		「除目」
40	同右	算部宿禰清親	藤原忠輔	筑後大目（上）		「除目」
41	同右	佐伯宿禰有延	藤原朝光の後家	美作／備前目（上／上）		「除目」、「魚」八
42	同右	春日朝臣弥高	源重光の後家	**諸国目**		「除目」、「魚」八
43	同右	紀朝臣満信	藤原顕光	摂津大目（上）		「除目」、「魚」六
44	寛弘七（一〇一〇）	忌部宿禰氏正	藤原時光	**諸国目**	紀伊大目	「大」一
45	長和四（一〇一五）	飛鳥部宿禰弘真	敦康親王	常陸掾（大）	常陸大掾	「大」一
46	同右	佐波宿禰元親	敦康親王	周防目（上）	周防目	「大」一
47	同右	県宿禰貞生	敦康親王	備後掾（上）		「除目」、「魚」六
48	治安元（一〇二一）	寺宿禰清正	後一条天皇	遠江掾（上）		「除申」
49	同右	壬生宿禰助貴	後一条天皇	遠江介（上）		「除申」
50	治安二（一〇二二）	大春日朝臣恒俊	皇太后（藤原妍子）	美濃掾（上）		「除申」
51	同右	伴朝臣茂仲	皇太后（藤原妍子）	近江目（大）		「除申」
52	同右	調宿禰時輔	禎子内親王	近江掾（大）		「除申」
53	治安三（一〇二三）	紀朝臣是信	藤原教通	備中少目（上）		「除目」、「除申」
54	同右	五百木部宿禰陳当	藤原広業	播磨大目（大）		「除目」
55	同右	多治真人石長	後一条天皇	武蔵介（大）	武蔵介	「大」一、「除目」、「魚」四、「魚別」五
56	同右	越智宿禰助時	藤原婉子	伊予掾（上）	伊予掾	「大」一、「除目」、「魚」五
57	同右	角宿禰国武	斎院（選子内親王）	信濃／越前掾（上／大）	越前少掾	「大」一、「除目」、「魚」五
58	同右	土師宿禰利兼	太皇太后（藤原彰子）	山城／摂津目（上／上）	山城権大目	「大」二、「魚」六

59	同右	刑部宿禰時久	東三条院（故）	武蔵介（大）	武蔵権介	「除目」
60	同右	佐伯宿禰（朝臣）真重	故昭平親王	上総大掾（大）	上総権少掾	「大」二、「除目」、「魚」八
61	同右	石野宿禰行信	藤原道長	備前介（上）	備前介	「大」二、「魚別」五
62	長元六（一〇三三）	伴宿禰貞資	章子内親王	信濃介（上）	信濃権介	「除目」、「魚」四、「魚別」五
63	同右	弓削宿禰氏実（貫）	章子内親王	備中掾（上）		「大」二、「除目」
64	長元九（一〇三六）	平郡（群）朝臣高則	上東門院（藤原彰子）	下野大掾（上）		「除申」
65	同右	清原真人真孝	故太皇大后	下総大目（大）		「除申」
66	同右	藤井宿禰是光	章子内親王	信濃／播磨／但馬掾（上／大／上）		「除目」
67	同右	酒人宿禰久頼	章子内親王	信濃掾（上）		「除目」
68	長暦元（一〇三七）	日置宿禰広光	章子内親王	因幡掾（上）		「除目」
69	同右	綾宿禰貞材	章子内親王	播磨／備中／備後目（大／上／上）		「除目」
70	永承四（一〇四九）	文室真人信通	藤原行経	**諸国目**	長門少目	「大」一
71	同右	紀朝臣重守	藤原経季	**諸国目**	出雲目	「大」一
72	天喜二（一〇五四）	安倍朝臣俊助	師明親王	**諸国掾**	駿河少掾	「大」二
73	天喜三（一〇五五）	安倍朝臣頼武	藤原俊家	播磨／越後掾（大／上）	越後掾	「大」一
74	天喜五（一〇五七）	品治宿禰是利	源基平	備中掾（上）		「除目」
75	同右	立花宿禰春重	皇太后（藤原妍子）	伊予掾（上）		「除目」
76	同右	物部宿禰延武	資子内親王	**諸国目**		「除目」
77	康平元（一〇五八）	安倍朝臣菊武	資子内親王	越後／丹後目（上／中）		「除目」

78	康平二（一〇五九）	物部宿禰重武	藤原兼頼	**諸国目**	下野権大目	「大」一
79	同右	清原真人是光	源資通	**諸国目**	安芸大目	「大」一
80	康平四（一〇六一）	藤井宿禰成武	源資綱	**諸国目**	出雲少目	「大」一
81	同右	宗岡利武	源経成	讃岐目（上）		「魚」六
82	康平六（一〇六三）	藤井真人守秋	藤原能信	**諸国目**	美濃少目	「大」一
83	同右	宇治宿禰有吉	源基平	**諸国目**	安芸少目	「大」一
84	同右	大蔵朝臣末利	藤原歓子	**諸国掾**	丹波権掾	「大」一
85	同右	田使真人安光	藤原歓子	**諸国目**	伯耆大目	「大」一
86	康平七（一〇六四）	宮道朝臣則経	藤原頼通	越中介（上）		「除目」、「魚」六
87	同右	藤原朝臣為長	後冷泉天皇	**諸国介**	越中介	「大」一
88	治暦四（一〇六八）	藤井朝臣是信	馨子内親王	**諸国掾**	伊予掾	「大」一〇
89	延久元（一〇六九）	坂上大宿禰武光	源経長	**諸国目**	土佐権少目	「大」一
90	同右	山宿禰吉武	禖子内親王	**諸国掾**	播磨大掾	「大」一〇
91	延久二（一〇七〇）	春日宿禰重武	源隆国	美作目（上）	美作大目	「大」一
92	延久三（一〇七一）	八田宿禰頼弘	皇太后（藤原寛子）	**諸国掾**	因幡大掾	「大」一
93	同右	文宿禰清信	皇太后（藤原寛子）	**諸国目**	讃岐大目	「大」一
94	延久四（一〇七二）	紀朝臣石常	入道師明親王	備後／周防掾（上／上）		「除目」「魚」五
95	同右	紀朝臣光近	藤原俊家	周防／土佐掾（上／中）	土佐大掾	「大」一、「除目」
96	同右	清原真人是（孝?）	東宮（貞仁親王）	伊予大掾（上）		「除目」
97	同右	清原真人重枝	東宮（貞仁親王）	美作目（上）		「除目」
98	同右	漢部宿禰近光	良子内親王	播磨大掾（大）		「除目」

99	同右	藤井宿禰武安	良子内親王	丹波大目（上）		「除目」
100	同右	川原宿禰近友	藤原信長	**諸国目**		「除目」
101	同右	佐伯宿禰吉武	藤原忠家	**諸国目**		「除目」
102	同右	藤井吉武	藤原能長	**諸国掾**		「除目」
103	同右	秦宿禰安永	実仁親王	美作掾（上）		「除目」
104	同右	藤井宿禰友国	後三条天皇	播磨大掾（大）	播磨大掾	「魚」四
105	同右	坂上宿禰国松	後三条天皇	伊予大掾（上）	伊予権大掾	「魚」四
106	同右	秦忌寸守末	後三条天皇	備中目（上）	志摩目	「魚」四
107	同右	宗岡宿禰成武	後三条天皇	阿波目（上）	阿波少目	「魚」四
108	同右	秦宿禰成元	後三条天皇	讃岐目（上）	讃岐目	「魚」四
109	承保元（一〇七四）	立花宿禰得武	藤原教通	**諸国目**		「除目」、「魚」四、「魚別」四
110	承保三（一〇七六）	大中臣朝臣行重	入道師明親王	伊予／周防掾（上／上）	伊予掾	「大」一
111	同右	藤原朝臣季致	藤原経季	備中大掾（上）	備中掾	「大」二
112	同右	大中臣朝臣国利	源師房	**諸国掾**	讃岐少掾	「大」一〇
113	承暦元（一〇七七）	飯高宿禰国基	源経信	**諸国目**		「除目」
114	同右	立花宿禰近方	藤原師実	**諸国掾**		「除目」
115	同右	小槻宿禰兼国	源顕房	若狭掾（中）		「除目」
116	同右	安倍宿禰時道	敦文親王	備後掾（上）		「除目」
117	同右	清原真人重房	白河天皇	丹波掾（上）		「除目」、「魚」五
118	同右	三野真人光常	皇太后宮（藤原歓子）	備前大目（上）	備前大目	「除目」、「魚」六
119	承暦二（一〇七八）	清原真人延友	佳子内親王	**諸国掾**		「除申」

120	承暦四（一〇八〇）	陵（綾ヵ）宿禰致貞	二条院	讃岐大掾（上）		「除申」
121	同右	朝原宿禰未（末ヵ）遠	二条院	**諸国目**		「除申」
122	同右	金宿禰保頼	東宮（善仁親王）	備中目（上）		「除申」
123	同右	藤井宿禰吉正	藤原師実	**諸国目**		「除申」
124	永保三（一〇八三）	大秦宿禰石常	藤原師通	加賀掾（上）	加賀大掾	「大」一
125	同右	内蔵宿禰正道	善仁親王	**諸国掾**	近江少掾	「大」一、「魚」五
126	同右	漆宿禰安光	禖子内親王	**諸国掾**	近江少掾	「魚」五
127	同右	清原真人正末	藤原師実	**諸国掾**	周防大掾	「魚」五
128	同右	小田宿禰延武	源俊房	**諸国掾**	土佐少掾	「魚」五
129	応徳二（一〇八五）	清原真人安光	禖子内親王	**諸国掾**	近江大掾	「大」一、「除目」、「魚」五
130	同右	櫻井宿禰為通	藤原通俊	周防掾（上）	周防掾	「除目」、「魚」五
131	同右	大中臣朝臣兼利	藤原伊房	**諸国掾**	駿河少掾	「魚」五
132	応徳三（一〇八六）	藤井宿禰延末	皇太后宮（藤原歓子）	美作／播磨／周防大掾（上／大／上）	周防少掾	「魚」五
133	同右	秦忌寸今重	源俊房	周防目（上）	播磨少目	「大」二、「魚」四
134	同右	葛原宿禰忠国	善仁親王	**諸国掾**		「除目」
135	寛治二（一〇八八）	中原朝臣月里	藤原道子	伊予掾（上）	伊予大掾	「大」一
136	同右	藤井宿禰重任	藤原道子	土佐目（中）	土佐大目	「大」一
137	寛治七（一〇九三）	藤井宿禰武国	藤原宗俊	越前／加賀／播磨掾（大／上／大）	越前少掾	「魚」四
138	同右	藤井宿禰武吉	二条院	**諸国目**	土佐少目	「魚」五

139	同右	大蔵宿禰宗吉	源顕房	**諸国目**	尾張少目	「魚」五
140	同右	秦宿禰長里	藤原忠実	加賀掾（上）	加賀少掾	「大」一
141	同右	日下部宿禰石国	禖子内親王	出雲／石見掾（上／中）	石見掾	「魚」四
142	同右	清原真人守忠	院	**諸国掾**		「除申」
143	同右	美努宿禰吉邦	禖子内親王	**諸国目**	和泉少目	「大」一
144	嘉保元（一〇九四）	藤井宿禰光末	大江匡房	**諸国目**	美濃権目	「大」一
145	嘉保二（一〇九五）	秦宿禰久行	藤原通俊	**諸国目**	阿波少目	「魚」五
146	同右	大中臣朝臣有武	禖子内親王	**諸国掾**	遠江大掾	「魚」五
147	同右	佐伯宿禰為茂	藤原宗俊	阿波掾（上）	阿波少掾	「魚」五
148	同右	秦忌寸光行	藤原忠実	**諸国掾**	備中大掾	「魚」五
149	同右	河〔阿〕比留宿禰忠好	禖子内親王	対馬掾（下）		「除申」
150	嘉保三（一〇九六）	秦宿禰武末	禖子内親王	**諸国目**	備前少目	「大」一
151	承徳二（一〇九八）	凡宿禰貞義	藤原師通	淡路大掾（下）		「魚」五
152	同右	紀朝臣武末	佳子内親王	**諸国目**	土佐大目	「大」一
153	同右	紀朝臣成長	堀河天皇	紀伊介（上）	紀伊介	「魚」四
154	同右	漢人宿禰季頼	堀河天皇	摂津介（上）		「除申」
155	康和二（一一〇〇）	坂上宿禰久延	覚行親王	**諸国掾**	周防大掾	「魚」五
156	同右	藤井兼次	源国信	越前掾（大）		「魚」五
157	康和三（一一〇一）	身人部連瀧式	藤原能実	**諸国目**		「魚」五
158	康和四（一一〇二）	小田宿禰忠季	皇太后	**諸国掾**		「除目」
159	同右	江沼宿禰久友	堀河天皇	加賀大掾（上）		「除目」

160	同右	伴朝臣知光	堀河天皇	因幡掾（上）		「除目」
161	同右	藤井宿禰清重	堀河天皇	近江目（大）		「除目」
162	同右	大田部宿禰包貞	堀河天皇	播磨目（大）		「除目」
163	同右	秦忌寸利光	堀河天皇	周防目（上）		「除目」
164	同右	紀朝臣時経	白河上皇	**諸国掾**		「除目」
165	同右	藤井宿禰武末	白河上皇	**諸国目**		「除目」
166	同右	藤井恒国	二条院（章子内親王）	**諸国掾**		「除目」
167	同右	紀朝臣末成	斎院（禛子内親王）	石見掾（中）		「除目」
168	同右	船宿禰則恒	斎院（禛子内親王）	**諸国目**		「除目」
169	同右	三尾屋宿禰有末	源基子	**諸国目**		「除目」
170	同右	菅野宿禰得国	源基子	**諸国目**		「除目」
171	長治二（一一〇五）	三宅宿禰武重（里）	源顕雅	**諸国目**	上野少目	「大」一
172	同右	安倍朝臣安国	藤原家忠	**諸国目**	若狭少目	「大」一
173	同右	紀朝臣安重	藤原忠実	**諸国掾**	越前少掾	「大」一
174	同右	丹波朝臣国光	藤原仲実	**諸国掾**	備後少掾	「大」一
175	同右	桜島宿禰兼重	源雅俊	**諸国掾**	阿波少掾	「大」一
176	同右	小長（谷脱ヵ）宿禰永宗	斎宮（善子内親王）	**諸国掾**	遠江少掾	「大」一
177	同右	六人部宿禰常貞	斎宮（善子内親王）	**諸国目**	尾張少目	「大」一
178	同右	清原真人常安	斎院（禛子内親王）	**諸国掾**	周防掾	「大」一
179	同右	大和宿禰礒永	斎院（禛子内親王）	**諸国目**	伯耆大目	「大」一
180	同右	藤井宿禰守次	源雅実	**諸国掾**	但馬少掾	「大」一

181	天永四（一一一三）	秦熊吉	行信法親王	**諸国掾**		「魚」五
182	永久四（一一一六）	秦宿禰乙右	佳子内親王	**諸国掾**	土佐少掾	「大」一
183	同右	藤原朝臣経遠	鳥羽天皇	参河掾（上）	参河大掾	「大」一
184	同右	佐伯朝臣安里	鳥羽天皇	**諸国掾**	下野少掾	「大」一
185	同右	秦忌寸重国	鳥羽天皇	**諸国掾**	周防掾	「大」一
186	同右	藤井宿禰里安	鳥羽天皇	**諸国目**	摂津少目	「大」一
187	同右	藤井宿禰富方	白河法皇	**諸国掾**	伊予大掾	「大」一
188	同右	我孫宿禰吉友	白河法皇	**諸国目**	讃岐少目	「大」一
189	同右	多治宿禰末国	太皇太后（藤原寛子）	**諸国掾**	土佐大掾	「大」一
190	同右	上毛野宿禰久友	太皇太后（藤原寛子）	**諸国目**	阿波大目	「大」一
191	同右	藤井宿禰武方	皇后（令子内親王）	**諸国掾**	播磨権掾	「大」一
192	同右	秦宿禰武元	皇后（令子内親王）	**諸国目**	美作少目	「大」一
193	同右	秦宿禰末延	善子内親王	讃岐掾（上）	讃岐少掾	「大」一
194	同右	刑部宿禰峯松	善子内親王	**諸国目**	阿波少目	「大」一
195	同右	上毛野朝臣延国	藤原忠実	**諸国目**	越前大目	「大」一
196	同右	橘朝臣末重	源雅俊	**諸国目**	丹波権少目	「大」一
197	同右	大原真人武国	源能俊	**諸国目**	尾張少目	「大」一
198	同右	秦宿禰延国	藤原忠教	**諸国目**	備中少目	「大」一
199	同右	藤井宿禰酒吉	藤原実行	**諸国目**	尾張少目	「大」一
200	同右	小野宿禰則貞	藤原忠通	**諸国掾**	備中少掾	「大」一
201	同右	豊原朝臣有廉	藤原家忠	**諸国掾**	備後権掾	「大」一

202	同右	美努宿禰包光	源基綱	**諸国掾**	信濃少掾	「大」一
203	同右	藤井宿禰行里	源重資	**諸国掾**	相模少掾	「大」一
204	同右	綾部宿禰力里	藤原通季	**諸国掾**	美濃少掾	「大」一
205	同右	伴朝臣恒元	源能俊	**諸国目**	能登目	「大」一
206	同右	百済朝臣年吉	藤原宗通	**諸国掾**	上野少掾	「大」一
207	同右	秦宿禰富吉	藤原宗忠	**諸国掾**	備前大掾	「大」一
208	同右	山宿禰信光	源俊房	備中掾（上）	備中掾	「魚」五
209	同右	清原真人成沢	源基子	**諸国掾**	丹波少掾	「大」二
210	同右	内蔵朝臣吉国	源基子	**諸国目**	丹後大目	「大」二
211	同右	藤井宿禰梅行	藤原道子	**諸国掾**	因幡少掾	「大」二
212	同右	榎本宿禰春武	藤原道子	**諸国目**	出雲少目	「大」二
213	同右	清原真人今武	藤原信通	**諸国目**	伊予少目	「大」一
214	同右	酒人宿禰久末	覚法法親王	**諸国掾**	丹波大掾	「大」一、「魚」五
215	同右	藤井宿禰吉国	藤原能実	**諸国目**	近江大掾	「大」一〇
216	同右	紀朝臣為真（貞）	鳥羽天皇	伊予大掾（上）	伊予大掾	「大」一、「魚」五
217	同右	藤井宿禰行里	源重資	備中掾（上）	備中大掾	「大」二
218	元永元（一一一八）	大伴宿禰員清	藤原宗忠	**諸国目**	美濃大目	「大」一〇
219	元永二（一一一九）	大忍宿禰国里	藤原家忠	**諸国掾**	美濃大掾	「大」二、「魚」六
220	同右	中臣宿禰武友	藤原宗通	**諸国目**	讃岐少目	「大」一
221	同右	物部宿禰友末	佳子内親王	**諸国掾**	筑前少掾	「大」一
222	同右	藤井宿禰国次	藤原忠通	**諸国目**	越前少目	「大」一

223	同右	藤井宿禰有次	源能俊	**諸国目**	因幡少目	「大」一
224	同右	荒田宿禰礒藤	源顕通	**諸国大目**	讃岐少目	「大」一
225	同右	安倍朝臣重成	藤原実隆	**諸国目**	安芸少目	「大」一
226	同右	大栗宿禰延末	藤原通季	**諸国目**	淡路少目	「大」一
227	同右	春日宿禰石国	藤原宗忠	**諸国掾**	安芸少掾	「大」一〇
228	保安元(一一二〇)	津守宿禰成光	聡子内親王	**諸国掾**	越後大掾	「大」一
229	同右	弓削朝臣武松	聡子内親王	**諸国目**	越中少目	「大」一
230	同右	秦宿禰清任	藤原通季	**諸国目**	備後少目	「大」一
231	同右	内蔵宿禰利国	顕仁親王	**諸国掾**	但馬少掾	「大」一
232	同右	秦宿禰牛経	鳥羽天皇	**諸国掾**	大和大掾	「大」一
233	同右	物部宿禰是友	藤原信通	**諸国目**	尾張少目	「大」一
234	同右	高橋朝臣武里	藤原忠通	**諸国掾**	伊予大掾	「大」一
235	同右	藤井(原)宿禰秋霧	源雅定	**諸国大掾**	美濃少掾	「大」一
236	同右	藤井宿禰吉末	藤原家忠	**諸国大目**	尾張少目	「大」一
237	同右	清原真人延影	藤原実行	**諸国掾**	安芸大掾	「大」二
238	保安二(一一二一)	紀朝臣国沢	鳥羽天皇	播磨掾(大)	播磨権掾	「大」一
239	同右	藤井宿禰牛安	鳥羽天皇	周防掾(上)	周防権掾	「大」一
240	同右	清原真人国末	鳥羽天皇	備後掾(上)	備後大掾	「大」一
241	同右	藤井宿禰諸武	鳥羽天皇	備前目(上)	備前大目	「大」一
242	同右	藤井宿禰武里	鳥羽天皇	加賀目(上)	加賀大目	「大」一
243	同右	平群宿禰重光	顕仁親王	**諸国掾**	備中大掾	「大」一

244	同右	秦宿禰定宗	覚法法親王	**諸国掾**	阿波少掾	「大」一
245	同右	矢田部宿禰久恒	藤原忠通	播磨大目（大）	播磨目	「大」一
246	同右	大宅朝臣守友	源能俊	**諸国掾**	淡路大掾	「大」一
247	同右	久米朝臣萩方	源雅定	**諸国掾**	参河少掾	「大」二
248	同右	佐伯宿禰時重	藤原忠実	播磨掾（大）	播磨大掾	「大」二
249	保安三（一一二二）	上毛野朝臣助国	藤原忠実	**諸国目**	備中大目	「大」二
250	同右	藤原朝臣時末	源俊房（故）	**諸国掾**		「魚」八
251	天治二（一一二五）	中原朝臣広重	藤原宗忠	美作掾（上）		「魚」六、「除申」
252	大治元（一一二六）	秦宿禰恒末	藤原忠通	**諸国掾**	遠江大掾	「大」一
253	長承二（一一三三）	飛鳥部宿禰是貞	藤原実行	備中少目（上）	備中少目	「大」二
254	長承四（一一三五）	勝宿禰久永	聖恵法親王	**諸国目**	丹波権少目	「大」一
255	保延三（一一三七）	賀茂県主恒沢	藤原実衡	**諸国掾**	紀伊権掾	「大」一
256	保延六（一一四〇）	藤原朝臣仲盛	藤原宗輔	美作掾（上）	美作少掾	「大」二
257	天養二（一一四五）	豊原宿禰国沢	藤原伊通	**諸国掾**		「魚」六
258	久安三（一一四七）	中原朝臣重安	斎宮（姸子内親王）	**諸国掾**		「魚」五
259	仁平元（一一五一）	紀朝臣貞清	崇徳上皇	**諸国掾**	讃岐大掾	「大」一
260	同右	秦忌寸国里	崇徳上皇	**諸国目**	阿波目	「大」一
261	同右	藤井宿禰成吉	藤原清隆	**諸国目**	因幡少目	「大」一
262	同右	中原朝臣清正	藤原宗子	**諸国掾**	近江少掾	「大」一
263	同右	藤井宿禰秋次	藤原宗子	**諸国目**	越中少目	「大」一
264	同右	藤井宿禰国次	藤原忠通	**諸国掾**	備前大掾	「大」一

265	同右	紀朝臣盛沢	藤原実能	美作大掾（上）	美作大掾	「大」一
266	同右	大江朝臣時永	藤原忠雅	土佐掾（中）	土佐掾	「大」二
267	仁平三（一一五三）	紀朝臣貞清	藤原忠雅	土佐大掾（中）	土佐大掾	「大」二
268	同右	秦忌寸乙方	藤原伊通	**諸国掾**	紀伊少掾	「大」一〇
269	同右	高橋宿禰行国	藤原為通	**諸国掾**	紀伊権掾	「大」一〇
270	久寿元（一一五四）	中原朝臣有継	藤原実行	**諸国掾**	参河大掾	「大」一〇
271	同右	草部宿禰松久	藤原兼長	播磨掾（大）	加賀大掾	「大」一
272	同右	大原真人正則	藤原頼長	丹波掾（上）	加賀大掾	「大」一
273	同右	源朝臣為利	源雅定	播磨／伊予掾（大／上）	伊予大掾	「大」一
274	久寿二（一一五五）	丹生宿禰光行（行光）	藤原実行	**諸国掾**	備中大掾	「大」一
275	同右	惟宗朝臣忠久	藤原頼長	播磨掾（大）	播磨少掾	「大」一
276	同右	藤原朝臣盛隆	禛子内親王／禎子内親王	筑後権介（上）	筑後（権）介	「大」一・二
277	承安四（一一七四）	大中臣朝臣助則	平盛子	下野権介（上）	下野権介	「大」一
278	同右	源朝臣兼盛	太皇大后（藤原多子）	因幡／豊前介（上／上）	豊前権介	「大」一〇
279	同右	藤井宿禰久直	藤原兼実	**諸国掾**	越後少掾	「大」一
280	安元元（一一七五）	秦忌寸千世寿	高倉天皇	**諸国掾**	河内大掾	「大」一
281	安元二（一一七六）	惟宗朝臣俊政	中宮（平徳子）	**諸国介**	駿河権介	「大」一
282	同右	惟宗朝臣真康	高倉天皇	**諸国掾**	美濃掾	「大」一
283	同右	紀朝臣有貞	高倉天皇	**諸国掾**	安芸大掾	「大」一
284	同右	車持宿禰牛貞	高倉天皇	**諸国目**	相模大目	「大」一
285	同右	藤井宿禰通松	高倉天皇	**諸国目**	加賀大目	「大」一

286	同右	紀朝臣信安	高倉天皇	**諸国目**	播磨大目	「大」一
287	同右	中原朝臣国弘	藤原兼実	**諸国目**	美作目	「大」一
288	同右	藤井宿禰貞友	藤原公保	**諸国目**	周防大目	「大」一
289	同右	惟宗朝臣成俊	高倉天皇	**諸国介**	伊勢介	「大」一
290	同右	藤原朝臣範俊	上西門院（統子内親王）	**諸国介**	伊勢権介	「大」一
291	同右	清原真人花行	藤原忠親	播磨掾（大）	周防大掾	「大」二
292	同右	橘朝臣兼光	皇嘉門院（藤原聖子）	信濃／日向介（上／中）	摂津権介	「大」二
293	同右	清原真人守近	藤原師長	**諸国掾**	丹後大掾	「大」一
294	治承元（一一七七）	藤井宿禰末友	藤原長方	**諸国目**	相模少目	「大」一〇
295	治承二（一一七八）	惟宗朝臣俊元	上西門院（統子内親王）	出雲介（上）	紀伊介	「大」二
296	同右	藤井宿禰兼直	藤原実定	**諸国掾**	周防少掾	「大」一
297	同右	中原朝臣俊清	高倉天皇	出羽／豊後介（上／上）	豊後介	「大」二
298	治承三（一一七九）	藤原朝臣季長	藤原兼実	**諸国介**	相模権介	「大」一
299	同右	藤井宿禰盛沢	皇嘉門院（藤原聖子）	**諸国掾**	備前少掾	「大」一
300	同右	安倍朝臣国久	藤原兼実	**諸国掾**	備中少掾	「大」一
301	同右	清科朝臣重友	高倉天皇	丹後介（中）	丹後権介	「大」二
302	治承四（一一八〇）	藤井宿禰成清	八条院（暲子内親王）	**諸国掾**	伯耆大掾	「大」一
303	同右	中原朝臣近国	八条院（暲子内親王）	**諸国目**	周防大目	「大」一
304	同右	草部宿禰末光	中宮（平徳子）	**諸国掾**	伊予大掾	「大」一
305	同右	藤井宿禰正恒	中宮（平徳子）	**諸国目**	讃岐目	「大」一
306	同右	高向宿禰国廉	東宮（言仁親王）	**諸国掾**	播磨掾	「大」一

307	同右	錦宿禰末国	東宮（言仁親王）	**諸国目**	伊予大目	「大」一
308	同右	秦宿禰恒里	藤原良通	**諸国掾**	加賀大掾	「大」一
309	同右	丹波朝臣則行	藤原琮子	**諸国掾**	出雲少掾	「大」二
310	同右	藤井宿禰牛方	藤原琮子	**諸国目**	加賀大目	「大」二
311	建久四（一一九三）	林宿禰松方	藤原雅長	伊賀掾（下）	伊賀掾	「魚」六
312	建久六（一一九五）	矢田部宿禰宗包	藤原兼実	播磨少掾（大）	播磨少掾	「大」二
313	同右	秦宿禰末正	藤原定能	摂津目（上）	摂津少目	「大」一〇
314	建久七（一一九六）	物部宿禰久武	後鳥羽天皇	**諸国大掾**	駿河大掾	「魚」六
315	同右	伴朝臣利里	藤原兼雅	丹波掾（上）	出雲掾	「魚」六・八
316	同右	安倍朝臣惟良	藤原定長	丹後／但馬／伯耆掾（中／上／上）	但馬掾	「魚」六・八
317	同右	上道朝臣国次	藤原実房	**諸国掾**	備中少掾	「大」一
318	同右	藤井宿禰満安	昇子内親王	**諸国掾**	播磨大掾	「大」一
319	同右	秦宿禰有末	藤原兼実	**諸国掾**	備前大掾	「大」一
320	同右	清原真人経光	後鳥羽天皇	**諸国介**	武蔵介	「大」二
321	同右	藤井宿禰久友	守覚法親王	**諸国掾**	丹後大掾	「大」一

備考　本表の作成目的は推薦の変化を分析することにあるため、年官の作法上、推薦国が確定している名替（任人のみ替える作法）と更任（秩満後、同じ人物を同じ官に任じる作法）の申文は対象から外した。

出典表記　大…大間成文抄、魚…魚魯愚抄、魚別…魚魯愚別録、除目…除目申文之抄、除申…除目申文抄。

表9 『平安遺文』所収文書に見える任用国司号を持つ地方有力者

年	氏名	肩書	備考	文書番号
延長六（九二八）	河内某	信濃目	大和国平群郡保証刀禰	二三一
天暦五（九五一）	伴秋範	前土佐掾	大和国葛下郡保証刀禰	二五九
同右	平忠信	石見掾	大和国葛下郡の土地売人	二五九～二六一
天暦六（九五二）	安岑高村	**当国権大掾**	大和国平群郡の土地売人	二六四
天暦一〇（九五六）	巫部某	紀伊権少目	山城国葛野郡の土地売人	二六九
天暦一一（九五七）	置始房平	**大目**	大和国葛下郡司（惣行事）	二七〇
同右	伴秋範	前土佐掾	大和国葛下郡保証刀禰	二七〇
同右	藤原好陰	**当国前掾**	大和国葛下郡保証刀禰	二七〇
安和二（九六九）	氷有光	美乃少掾	山城国紀伊郡深草郷下村刀禰	三〇二
同右	錦某	美濃大掾	山城国紀伊郡深草郷上村刀禰	三〇二
貞元三（九七八）	秦兼平	前筑後掾	山城国葛野郡司（行事）	三一三
天元五（九八二）	桜嶋某	出羽掾	大和国宇陀郡刀禰	三二一
寛和三（九八七）	桜嶋某	出羽掾	大和国宇陀郡刀禰	三二七
永延二（九八八）	藤原基連	前下野掾	大和国葛下郡の土地買人	二七〇
永祚二（九九〇）	藤原某	大和介	豊後国税所官人	三三八
同右	平某	**前介**	豊後国税所官人	三三八
正暦二（九九一）	五百井一蔭	**大掾**	大和国国使	三四七、三四八、三五〇
同右	和忠興	伊賀掾	大和国平群郡保証刀禰	三五二
正暦三（九九二）	和忠興	伊賀掾	大和国平群郡保証刀禰	三〇八

正暦五（九九四）	三宅某	**権大掾**	大和国田所官人（判官代）	三五九
同右	伊水某	豊前掾	大和国目代	三五九
同右	紀某	丹波掾	紀伊国在田郡司（追捕使・郡務使）	三六〇、四九〇八
長徳二（九九六）	高向国明	播磨掾	摂津守郎等	三六八
長徳三（九九七）	秦兼信	丹後掾	山城国紀伊郡深草郷刀禰長	三七一
同右	美努兼倫	前淡路掾	河内国人	三七二
同右	美努公胤	前伊豆掾	河内国人	三七二
同右	源訪	上野掾	河内国若江郡の郡使	三七二
長保元（九九九）	正忠	前大和掾	在京の人か	三八四
同右	多治秋友	大和掾	田堵か	三八六
長保三（一〇〇一）	山村兼滋	越中掾	大和国添上郡楊生郷人。東大寺へ官米を進上	四五九三
長保四（一〇〇二）	山村上	淡路掾	大和国添上郡中郷人。東大寺へ米を進上	四二七
同右	紀末高	相模介	東大寺の使	四二九
長保五（一〇〇三）	佐伯良方	備前掾	豊前国門司別当	四五九九
同右	吉友	遠江介	宇佐宮御厩検校	四五九九
寛弘二（一〇〇五）	小治田助忠	出雲目	山城国葛野郡山田郷随近の保証人	四三八
同右	蔵人方房	武蔵権大掾	山城国葛野郡山田郷随近の保証人	四三八
寛弘三（一〇〇六）	藤原某	摂津掾	大和国目代	四四三
同右	藤原某	遠江介	大和国田所官人	四四三、四四四
同右	源某	下野介	大和国田所官人	四四三
寛弘六（一〇〇九）	内某	肥後掾	大和国宇智郡司（行事）	四五二

寛弘七（一〇一〇）	小治田助忠	前出雲目	山城国葛野郡山田郷随近	四五四
同右	蔵人方房	前武蔵大掾	山城国葛野郡山田郷随近	四五四
寛弘八（一〇一一）	肥某	**介**	肥後国国使	四五九
寛弘九（一〇一二）	紀糸主	美濃掾	大僧正雅慶の使（小舎人所長）	四六八
長和二（一〇一三）	三国某	播磨掾	豊後国税所官人	四六九
同右	春道某	大和介	豊後国税所官人	四六九
同右	山田久光	若狭目	東寺領丹波国大山荘司（別当）	四七二
長和三（一〇一四）	日下部某	**権掾**	筑前国嘉麻南郷司	四七六
長和四（一〇一五）	上道実忠	**掾**	備前国朝集使	補一六四
寛仁元（一〇一七）	三枝部助延	**大掾**	伊勢国国使	四七九
寛仁三（一〇一九）	秦徳山	飛騨掾	山城国葛野郡司（行事）	四八二
治安二（一〇二二）	藤原某	播磨掾	筑前国目代	四八六、四八七
万寿元（一〇二四）	賀茂光頼	駿河介	興福寺領大和国菓子御園司（上司）	四九七
同右	藤原某	播磨掾	筑前国目代	四九八
万寿二（一〇二五）	賀茂某	信乃介	東大寺領伊賀国玉瀧杣司（物検校）	五〇一
長元元（一〇二八）	山田久光	信濃掾	東寺領丹波国大山荘司	五一三
長元二（一〇二九）	惟原某	参河掾	山城国相楽郡泉郷刀禰	補二六九
同右	惟原某	備後掾	山城国相楽郡泉郷刀禰	補二六九
長元四（一〇三一）	藤原守満	**大掾**	安芸国高田郡大領職・三田郷・別符重行名を譲与される	四六一四
長元七（一〇三四）	播万貞成	**播磨大掾**	播磨国人。新任の播磨受領を迎えに上京	五二四
長元八（一〇三五）	某	丹波掾	某国刀禰	五四七

寛徳二（一〇四五）	藤井安吉	丹後掾	東大寺領摂津国水無瀬荘司	六二三、四六二一
永承元（一〇四六）	子部某	上野掾	大和国平群郡坂門郷刀禰	六三七
同右	三統某	周防掾	大和国平群郡坂門郷刀禰	六三七
同右	三統某	甲斐介	大和国平群郡坂門郷刀禰	六三七
永承六（一〇五一）	橘某	**権大掾**	豊後国田所官人	六九二
同右	清原某	**権掾**	豊後国田所官人	六九二
同右	某	越後守	豊後国目代	六九二
天喜元（一〇五三）	橘某	**権大掾**	豊後国田所官人	七〇〇
同右	清原某	**権掾**	豊後国田所官人	七〇〇
天喜三（一〇五五）	菅原某	出雲掾	丹波国後河荘司（専当）	七五六
同右	紀某	某国介	丹波国後河荘司（別当）	七五六
同右	紀某	下総介	丹波国後河荘司（別当）	七五六
同右	紀某	出羽介	丹波国後河荘司（権検校）	七五六
同右	紀某	備後掾	丹波国後河荘司（旧老田堵）	七五六
同右	紀某	美野介	丹波国後河荘司（旧老田堵）	七五六
同右	紀某	大和介	丹波国後河荘司（旧老田堵）	七五六
同右	紀某	出雲介	丹波国後河荘司（旧老田堵）	七五六
同右	紀某	信野介	丹波国後河荘司（旧老田堵）	七五六
天喜四（一〇五六）	多紀某	**掾**	丹波国多紀郡人。東大寺に封米を進上	七五八
同右	紀某	甲斐介	丹波国後河荘司（物検校）	八〇八
天喜五（一〇五七）	紀某	甲斐介	丹波国後河荘司（惣検校）	八四九

同右	菅野某	**前介**	河内国在庁官人	八五五
康平二（一〇五九）	物部延頼	出羽掾	摂津国水無瀬荘使	九四三
同右	凡某	**掾**	讃岐国在庁官人	四六二九～四六三三
治暦二（一〇六六）	紀某	**前掾**	讃岐国留守所官人	一〇〇五
同右	橘某	**掾**	讃岐国留守所官人	一〇〇六
同右	佐伯某	**大掾**	讃岐国留守所官人	一〇〇六
延久元（一〇六九）	小野某	越中掾	讃岐国目代	一〇三四、一〇三五
同右	佐伯某	**大掾**	讃岐国留守所官人	一〇三五
同右	藤原頼貞	**権大掾**	大隅国禰寝院有力者藤原頼光の子	一〇三三
延久二（一〇七〇）	凡某	**権大介**	安芸国高田郡司	一〇四九
延久三（一〇七一）	秦為辰	**大掾**	播磨国人	一〇五九
同右	分王	**掾**	播磨国人	一〇五九
延久四（一〇七二）	藤原頼方	**大掾**	安芸国高田郡三田郷司	一〇八四
承保二（一〇七五）	秦為辰	**大掾**	播磨国赤穂郡司	一一〇九、一一一三
承保三（一〇七六）	各務某	**介**	美濃国国使	一一三〇
同右	久米某	播磨掾	大和国高市郡刀禰	一一三四
承暦二（一〇七八）	物部某	**権介**	近江国御舘分作田官物結解を注進	補一二
承暦三（一〇七九）	藤井某	越後介	摂津国某荘立券文に署名	一一六六
同右	秦為辰	**大掾**	元播磨国赤穂郡司	一一七一
寛治六（一〇九二）	平某	**権大掾**	筑前国司庁政所官人	一三一六
同右	菅原某	**権大掾**	筑前国司庁政所官人	一三一六

承徳二（一〇九八）	秦為辰	**大掾**	元播磨国赤穂郡司	一三八九
康和五（一一〇三）	早部某	**権大掾**	筑前国怡土郡大野郷図師	一五一二
長治三（一一〇六）	祝部成房	加賀権守	日吉社神主	一六五二
天仁二（一一〇九）	藤原某	**掾**	肥前国杵島郡司	一七〇八
同右	藤原某	**介**	肥前国書生	一七〇八
天永三（一一一二）	平某	**介**	肥前国国使	一七六四
同右	伴某	**権大掾**	肥前国書生	一七八八
永久四（一一一六）	橘光時	**掾**	安芸国風早郷和田村の田の所有者	一八六三
保安二（一一二一）	建部親助	**権大掾**	大隅国禰寝院南俣領主	一九一六
同右	建部頼清	**掾**	親助の伯父。保安二年六月十一日、大宰府御馬所検校（平一九二一）	一九一六
保安四（一一二三）	日下部久貞	**権介**	日向国在庁官人。「在国司職」へ補任	一九八一
保安五（一一二四）	平某	**介**	肥前国検田所使	二〇一〇
大治元（一一二六）	源某	豊後大掾	若狭国中手東・同西郷人か	二〇六三
同右	真上元重	**権大目**	肥前国在庁官人	二〇八五
同右	清原某	**権大掾**	肥前国在庁官人	二〇八五
同右	酒井某	**権介**	肥前国在庁官人	二〇八五
同右	清原某	**権介**	肥前国在庁官人	二〇八五
同右	平某	**権介**	肥前国在庁官人	二〇八五
同右	酒井某	**権介**	肥前国在庁官人	二〇八五
同右	佐伯某	**権介**	肥前国在庁官人	二〇八五

大治元（一一二六）	源某	**権介**	肥前国在庁官人	二〇八五
同右	上毛野某	**権介**	肥前国在庁官人	二〇八五
同右	藤原某	**権介**	肥前国在庁官人	二〇八五
大治二（一一二七）	光時	**掾**	安芸国風早郷の田畠を注進（田所の官人か）	二一〇三
同右	大江某	**前掾**	加賀国江沼郡諸司	二一〇六
同右	紀某	**介**	紀伊国神宅院郡司	補三〇二
同右	藤井某	**前大掾**	紀伊国在庁官人	補三〇二
同右	榎井某	**介**	紀伊国在庁官人	補三〇二
同右	忌部某	**介**	紀伊国在庁官人	補三〇二
同右	藤原某	**介**	紀伊国在庁官人	補三〇二
大治四（一一二九）	源某	**介**	遠江国在庁官人（散位）	二一二九、四九八一
大治五（一一三〇）	平経繁（重）	**下総権介**	下総国相馬郡等の有力者	二一六一～二一六三、二一六七、二一七六
大治六（一一三一）	紀良佐	**紀伊権守**	紀伊国造の嫡子	二一八二
同右	大前道助	**掾**	薩摩国在庁官人（在国司）	四六九四
天承元（一一三一）	酒井某	**目**	大隅国在庁官人（任用）	二二〇五
同右	藤原某	**権大掾**	大隅国在庁官人（任用）	二二〇五
同右	建部某	**権大掾**	大隅国在庁官人（任用）	二二〇五
長承元（一一三二）	秦某	**介**	紀伊国那賀郡司	二二四八、二二五〇、二二五七
同右	日下部尚盛	**権介**	日向国在庁官人（庁執行職）	四六九七
保延五（一一三九）	義宗	**権介**	筑前国国使	二六五七

康治二（一一四三）	源某	肥後権守	尾張国在庁官人	二五一七
同右	藤原某	**大目**	尾張国在庁官人（官人）	二五一七
同右	藤原某	**掾**	尾張国在庁官人（官人、散位）	二五一七
同右	清原某	**権介**	尾張国在庁官人（官人、散位）	二五一七
同右	尾張某	**介**	尾張国在庁官人（官人、散位）	二五一七
天養元（一一四四）カ	季宗	**権介**	肥後国在庁官人カ	四七一九
同右	近依	**権介**	肥後国使	四七一九
天養二（一一四五）	建部清貞	**前掾**	大隅国禰寝院領主	二五五〇
同右	建部頼高	**前掾**	大隅国禰寝院領主	二五五五
久安元（一一四五）	綾真保	**大掾**	讃岐国国使	二五六九
久安三（一一四七）	建部親助	**前掾**	大隅国禰寝院領主	二六二三
久安四（一一四八）	建部某	**前掾**	大隅国禰寝院有力者	二六四六
久安五（一一四九）	日下部盛平	**権介**	日向国在庁官人（散位）。「在国司職」に補任。	二六七三
保元元（一一五六）頃	久次	**掾**	西海道の人カ	二八三九
保元三（一一五八）	某	備後掾	安祥寺領山城国石雲里一町・山口里三一坪六反の負名（田堵）	二九二三
同右	苅田某	**権介**	下総国香取社遷宮雑物送文に署名	補三三二
平治元（一一五九）	大中臣某	**目**	大隅国留守所官人	三〇〇一
同右	檜前某	**権大掾**	大隅国留守所官人	三〇〇一
同右	紀某	**権大掾**	大隅国留守所官人	三〇〇一
同右	酒井某	**権介**	肥前国実検所官人（書生）	三〇四〇
永暦元（一一六〇）	阿比留某	**大掾**	対馬国在庁官人	三〇九二

同右	阿比留某	**掾**	対馬国在庁官人	三〇九二
同右	阿比留某	**掾**	対馬国在庁官人	三〇九二
永暦二（一一六一）	平（千葉）常胤	**下総権介**	下総国相馬郡の有力者	三一三九、三一四八
同右	大中臣某	**目**	大隅国在庁官人	三一六三
同右	建部某	**大掾**	大隅国在庁官人	三一六三
同右	檜前某	**大掾**	大隅国在庁官人	三一六三
仁安元（一一六六）	藤原忠信	**権介**	安芸国国使	三四〇四、三四〇五
嘉応二（一一七〇）	船某	**権介**	肥前国留守所官人	三五三五
同右	酒―某	**権介**	肥前国留守所官人	三五三五
同右	県某	**権介**	肥前国留守所官人	三五三五
同右	橘某	**権介**	肥前国留守所官人	三五三五
同右	上野某	**権介**	肥前国留守所官人	三五三五
同右	大江某	**権介**	肥前国留守所官人	三五三五
同右	源某	**権介**	肥前国留守所官人	三五三五
同右	船某	**権介**	肥前国留守所官人	三五三五
同右	某	**権介**	肥前国留守所官人	三五三五
同右	船某	**権介**	肥前国留守所官人	三五三五
同右	筑志某	**権介**	肥前国留守所官人	三五三五
嘉応三（一一七一）	小長谷某	**介**	遠江国使	三五六九
承安三（一一七三）	清原兼平	**権介**	肥前国の有力者	三六一九

同右	源某	介	安芸国在庁官人	三六二二
承安五（一一七五）	日下部盛平	権介	日向国在庁官人（散位）。「在国司職」に補任。	三六八四
安元元（一一七五）	源某	介	安芸国留守所在庁官人	三七二七
安元二（一一七六）	酒井某	権介	肥前国在庁官人	三七六六
同右	船某	介	肥前国在庁官人	三七六六
同右	上某	介	肥前国在庁官人	三七六六
同右	上某	介	肥前国在庁官人	三七六六
同右	橘某	介	肥前国在庁官人	三七六六
同右	源某	介	肥前国在庁官人	三七六六
同右	藤原某	介	肥前国在庁官人	三七六六
同右	藤原某	介	肥前国在庁官人	三七六六
同右	伴某	介	肥前国在庁官人	三七六六
同右	橘某	介	肥前国在庁官人	三七六六
同右	船某	介	肥前国在庁官人	三七六六
同右	船某	介	肥前国在庁官人	三七六六
同右	酒井某	介	肥前国在庁官人	三七六六
同右	県某	介	肥前国在庁官人	三七六六
同右	伴某	介	肥前国在庁官人	三七六六
同右	藤原萬（篤カ）持	権掾	大隅国の台明寺の関係者	三七七四
養和二（一一八二）	大江某	権介	某国在庁官人	四〇二三

同右	多々良某	**権介**	某国在庁官人	四〇二三
寿永二（一一八三）	大前某	**掾**	薩摩国地頭	四一〇五

付論2　『除目申文之抄』と藤原伊通の除目書『九抄』

はじめに

現在、宮内庁書陵部図書寮文庫には、『除目申文之抄』（函架番号四一五・二二三）という平安中・後期の除目関係文書と任官例を集成した史料が所蔵されている。

本史料は、『大日本史料』第二編（東京大学史料編纂所編・刊、一九二八〜六八年）、宮崎康充編『国司補任』（続群書類従完成会、一九六八〜九一年）、槇野廣造編『平安人名辞典』（和泉書院、二〇〇七〜〇八年）等で部分的に利用・翻刻されており、すでに知られたものになるが、本史料に対する詳細な検討はこれまでなく、その史料的性格を含め、多くの部分が不詳のままとなっている。ところが、その内容を丁寧に検討すると、本史料は、すでに散逸し、逸文しか残っていないとされる藤原伊通の除目書『九抄』の一部の写本であることが判明した。

藤原伊通は藤原俊家を祖父に、藤原宗通を父に持つ平安後期の貴族である。(1)細谷勘資氏によると、『九抄』（別称は『九条相国抄』『除目抄』『要抄』）は、伊通が、保元元年（一一五六）から永万元年（一一六五）の間に編んだ全八巻の除目書であり、その内容は除目に関する諸説・口伝・教命・諸書から該当記事を抄出し、これに伊通自身の見解を加えたものとされる。(2)また、渡辺滋氏によって、『九抄』には揚名部・土代部という部立があったことも指摘されている。(3)

このように、『九抄』に関する基礎的な考察はすでに行われているが、これら先行研究では、『除目申文之抄』への言及はない。こうした現状を踏まえると、一部ではあるものの、『九抄』の写本の存在を提示することは、近年、その進展が著しい除目・公事研究に資するものになると考える。以上のような考えから、本付論では、『除目申文之抄』の内容を紹介し、本書が『九抄』の一部の写本であることを論じていく。

なお、後述する本史料の書誌情報については原本調査（令和三年十月二十五日実施）に基づくものであるが、本史料の検討にあたっては、宮内庁書陵部より取り寄せた写真（写真帳函架番号二八三三。フィルムコマ数四六）を用いて進めた。

一　『除目申文之抄』の概要

まずは書誌情報を記す。『除目申文之抄』は、料紙四〇紙（後補の表紙除く）からなる巻子一巻本で、正慶二年（一三三三）具注暦（正月～六月）の紙背に書写された南北朝期の写本である。[4]

料紙の法量は、縦が三一・一センチ。横は、料紙によってバラつきがあるが、明らかに短い第二二紙（一九・五センチ）、第二三紙（四五・三センチ）、第三八紙（四五・六センチ）、第三九紙（四〇・二センチ）、第四〇紙（四五・一センチ）を除く三五紙の平均は約五〇・五センチである。なお、本文の巻頭と巻末は欠損しているから、第四〇紙が短いのは、後欠によるものと理解されるが、[5]残りの四紙が短い理由は不明である（ただし、巻頭と巻末以外に本文の欠損は確認されないので、書写後の操作で短くなったわけではない）。また、表紙と軸は近代の後補であり、表紙には、「貞元康和年間除目申文之抄並正慶二年具注暦完」の外題が付されている。[6]

次に、内容を見ていく。本付論末掲載の表12は、本史料所収の事例を記載順に整理したものである。これによると、所収事例は、⑴除目申文、⑵諸道課試及第勘文、⑶文章生歴名、⑷文章得業生・文章生等任官例、⑸国別国司任命数、

(6)任官例の六つに分類できる。以下、簡単に説明を加えたい（以下のNo.は、表12No.を指す）。

まず(1)について。『除目申文之抄』には、天元六年（九八三）から康和四年（一一〇二）までの除目申文が一五二通（重出は一六通）収められている。申文の種類は、A年官（No.1〜103、106、107、119〜126、128〜132、134、135、140、150）、B諸道・諸院年挙（No.108〜117、137、139、142、154）、C諸司奏（No.104、149）、D諸請（No.105、145）、E連奏（No.118、138、143、152、153）、F所々奏（No.141、144）、G三省史生（No.146、148）、H上召使（No.151）、I譲・相博（No.155）、J自解（No.158）であり、大半は年官申文である。これらの申文は、第一紙から第三五紙にあり、(7)本史料の大部分を占める。

次に(2)と(3)は、各一通で（No.156と157）、第三五紙後半から第三六紙にある。両者ともに年代不詳だが、(2)は、延久三年（一〇七一）から承保三年（一〇七六）までの課試及第者の勘文で、(3)は、承保二年に補された文章生の歴名であることから、両者は十一世紀後半頃のものと思われる。(8)

次に(4)は、第三六紙後半から第三八紙にある。これは、

越前掾藤—国正　　越中掾平貞度

越後—中原明俊　　丹後掾藤—有信得業生

中務丞藤　為綱散位　　治部丞藤　有俊得業生

康平六年二月

のように、除目における文章生関連事由による任官例を整理したもので、春除目二一年分（No.159〜179）(9)、秋（京官）除目八年分（No.180〜187）が列記される。

次に(5)は、第三八紙後半から第四〇紙にあり、三年分（永観二年、寛弘七年、某年）の春除目における国司任命数と、その内訳および任官事由が国別に列記される（No.188〜190）(10)。一例として、永観二年の山城国の部分を掲げる。

山城四人（介一人、掾一人。《人》給、目二人〔内監《豎敷》・進物所〕）

これは、永観二年の春除目で任命された山城国司は四人で、その内訳は介一人・掾一人・目二人であったこと、そのうち介と掾は「人給」つまり年官で任命され、目二人は四所籍のうちの内豎所と進物所の労で任命されたことを示すと理解される。なお、巻末欠のため、No.190は途中（丹波国まで）で途切れており、除目の年は不明である。

最後に⑹は、任官結果と尻付を抄出したもので、四例ある（No.127、133、136、147）。No.127は第二六紙に、No.133と136は第二七紙に、No.147は第三一紙にあり、No.127とNo.133は、それぞれNo.105と104申文による任官結果である。

二　『除目申文之抄』の性格

次は、『除目申文之抄』の史料的性格について考察するが、その際、申文の記載方法に注目したい。

1　申文の記載方法

前節で見たように、本史料の大部分は除目申文であり、その大半は年官申文であった。その年官申文のうち、未給・二合・名替・国替・名国替・巡給・別巡給の申文については、任官を決める基礎資料としての有効性を確認するため、除目の途中で、外記が勘申することになっていた(11)。そのため、除目が進行するなかで、これらの年官申文には、①勘申すべき由を記した執筆による書き込み（端書）と、②外記による勘申結果が追記された。また、年官申文に限らず、③成文の人名には鉤点がかけられた。これらの点に注意すると、本史料における申文の記載方法には、二種類あることがわかる。

一つは、

前東三条院

正六位上刑部宿禰時久

望二武蔵介一

右、去正暦三年臨時御給、寛仁二年正月以二佐伯良忠一任二加賀権介一。而依二身病一不レ給二任符一秩満。仍以二件時久一

可レ被二更任一之状、如レ件。

治安三年二月十日正二位行民部卿兼太皇大后宮大夫源朝臣俊賢

のように（No.101）、端書、勘申結果、鉤点といった追記部分を記さずに、申文本来の記載だけを載せる方法である。この書式を記載Ⅰとする。

もう一つは、

武蔵国

権介正六位上刑部宿禰時久 前東三条院正暦三年臨時御給、加賀権介佐伯忠良不レ給二任符一秩満代。

可レ勘二合不一 件院正暦三年臨時御給、寛仁二年正月佐伯忠良任二加賀権介一。而任符未レ出秩満了。

前東三条院

＼

正六位上刑部宿禰時久

望二武蔵介一

（「＼」は鉤点を示す）

のように（No.121〈前掲No.101の重出〉）、端書（傍線部）、勘申結果（点線部）、鉤点を記し、さらに任官結果と尻付を大間と同じ書き方で併記（波線部）する記載方法である。この書式を記載Ⅱとする。

なお、記載Ⅱでは、右掲No.121のように、申文の事実書・年月日・署名部分を省略するものと、省略しないものがある。ただし、後述のように、両者から得られる情報は同じと考えられるので、省略の有無に関しては、今回、問題としない。

2　史料的性格

さて、記載Ⅰと記載Ⅱで書かれた申文を整理すると、次の通りになる。

記載Ⅰ　No.1～118（第一～二四紙）
記載Ⅱ　No.119～155（第二四～三五紙）※(6)127・133・136・147を除く

ここから明らかなように、『除目申文之抄』における申文は、記載Ⅰと記載Ⅱで、整然と書き分けられている。このことは、同じ申文の集成であっても、記載Ⅰ部分と記載Ⅱ部分では、性格が異なることを示唆していよう。

そこでまず、記載Ⅰ部分の性格を考えると、当該部分に、「内給」（第一紙）、「公卿当年給」（第三紙）、「当年二合」（第四紙）、「内給未給」（第六紙）、「諸宮以下申文」（第六紙）という小項目が存在する点が注目される。ここから、申文を種類ごとに分類・整理した様子が窺える。この点と、記載Ⅰが申文本来の記載だけを載せる方法である点を合わせると、当該部分の性格として、〝申文の雛形集〟という性格を読み取ることができる。

記載Ⅱ部分はどうだろうか。記載Ⅱの特徴は、端書、勘申結果、鉤点、任官結果・尻付を記載する点にあるが、これらがすべて、除目における執筆の作法に関わるものであることは注意される。すなわち、端書と鉤点は執筆が申文に書き込むものであり、任官結果と尻付は執筆が大間に書き込むものである。勘申結果は外記が書き込むものになるが、執筆はこれをもとに任官を決定するから、勘申結果も執筆の作法に関わると判断してよい。この点から、記載Ⅱ

部分の性格として、申文に関わる執筆の作法に関する情報をまとめた、執筆の参考資料集的性格を指摘することができる。(12)

以上、記載方法の違いに着目して、二つの性格を読み取った。これらの性格は、第四節の考察と関係するので、留意しておきたい。

また、記載Ⅰをとる申文のなかには、重出の際、端書、勘申結果、鉤点が付されるもの（前掲№101と121など）や、『大間成文抄』に成文として見えるものがある。ここから、記載Ⅰをとる申文は成文であったことがわかる。本史料の編纂材料に成文が使われた点も、第三節と関わるので、合わせて留意しておきたい。

三　『除目申文之抄』と『九抄』

1　『除目申文之抄』と『九抄』逸文

ここからは、『除目申文之抄』が『九抄』の一部の写本であることを実証していく。まずは、次の史料1を見てもらいたい（傍線・傍点は筆者。以下同じ）。

〔史料1〕『除目申文之抄』所収、冷泉院未給申文二通（№33・34）と関連記述

冷泉院

正六位上中野宿禰徳太

望二近江権少掾一

右、去長保二年御給未給代、以㆓件徳太㆒可㆑被㆑任之状、如㆑件。

冷泉院

　正六位上小長谷宿禰利興

　望㆓遠江少目㆒

右、去長保二年御給未給、以㆓件利興㆒可㆑被㆑任㆓彼国少目㆒之状、所㆑請如㆑件。

　長保四年二月廿四日参議従三位行播磨権守藤原朝臣懐平

此冷泉院二通未給御申文、若是同年被㆑出歟。若然者可㆑被㆑載㆓一紙㆒歟、可㆑尋。

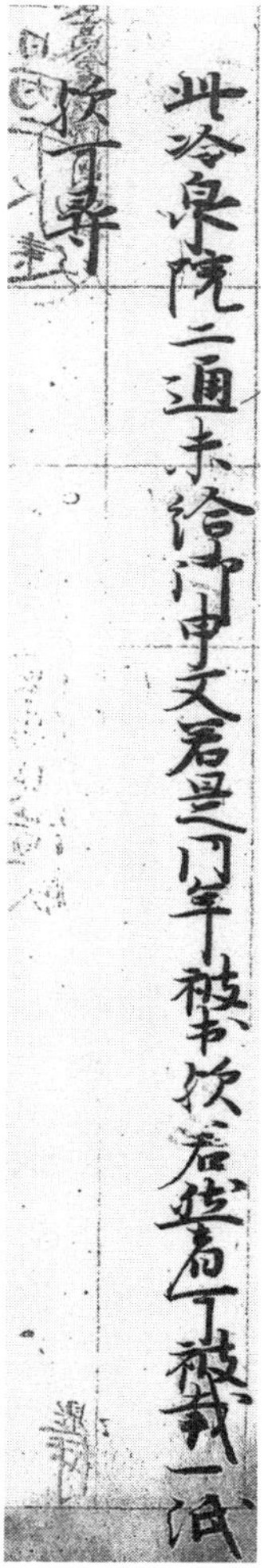

図4　『除目申文之抄』冷泉院未給申文二通（No.33・34）の関連記述

傍線部は、冷泉院未給申文二通に対する編者の私記になるが、これと比較すべきは、『魚魯愚抄』第五・蔵人方丙に見える次の記述[13]である。

　中山抄

（中略）

院宮同年未給掾・目可㆑載㆓一紙㆒事

冷泉院長保二年未給、同四年被レ申レ之。

　掾ハ二月廿二日、目ハ同廿四日ノ御申文、参議懐平加署。

九抄云、冷泉院二通未給御申文、若是同年被レ出歟。若然者可レ被レ載二一紙一歟、可レ尋。

史料1傍線部と同文の箇所に傍点を付したが、一見して明らかなように、史料1傍線部と『魚魯愚抄』第五・蔵人方内所引『中山抄』が引く『九抄』は全くの同文である。同じことは、史料2でも言える。

〔史料2〕『除目申文之抄』所収、紀伝道年挙申文（No.137）と関連記述

阿波国

大目正六位上播磨宿禰重通北堂年挙

権少目正六位上額（田脱）宿禰成友北堂年挙

北堂

＼学生正六位上播磨宿禰重通当年給

　望二阿波国大目一

＼学生正六位上額田宿禰成友去年給

　望二同国目一

愚案、北堂年挙者一年一人也。而加二未給一已被レ任二二人一、於レ任二隔別之国一、猶尻付可レ有二用心一。況一ケ国以二同挙一被レ任二二人一尤可レ有二用心一也。可レ被レ注二年号一、雖二先達御所為一依レ有二不審一注置了。不レ可レ及二外見一之故也。

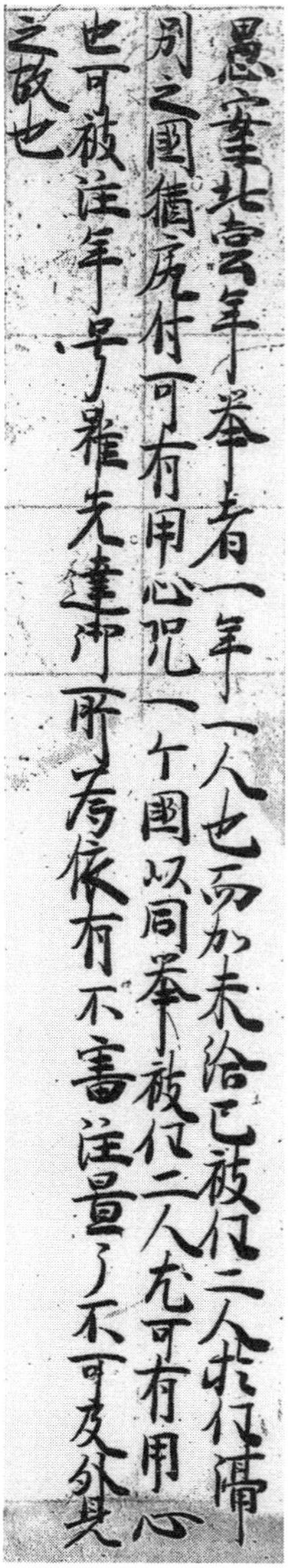
愚案北堂年挙者一年一人也而加未給已被任於任隔
別之国猶尻付可有用心況一ケ国以同挙被任二人尤可有用心
也可被注年号ヵ雖先達所存依有不審注置了不可及外見
之故也

図5　『除目申文之抄』紀伝道年挙申文（No.137）の関連記述

これと比較すべきは、『魚魯愚抄』第二・外記方下の記述(14)である。

中山抄、任諸道年挙

（中略）

北堂

　学生正六位上播磨宿禰重通当年給

　　望二阿波国大目一

　学生正六位上額田宿禰成友去年給

　　望二同国目一

此挙状ヲ任スル尻付

　大目正六位上播磨宿禰重通北堂年挙

　権少目正六位上額田宿禰成友北堂年挙

九抄曰、愚案、北堂年挙者一年一人也。而加二未給一已被レ任。於レ任二隔別之国一、猶尻付可レ有二用心一。況一ケ国以二

同挙一被レ任二二人一尤可レ有二用心一也。可レ被レ書二年号一、雖二先達御所為一依レ有二不審一注置畢。不レ可レ及二外見一故也。

史料2傍線部と傍点部分を比べると、五字の異同はあるものの、史料2傍線部と、『魚魯愚抄』第二・外記方下所引『中山抄』が引く『九抄』の文章は同じ文章だと判断される。

以上のように、『除目申文之抄』の記述と、『魚魯愚抄』に見える『九抄』逸文は同一史料であることが明らかになった。

2　所収申文の検討

次は、『九抄』の編者が藤原伊通であるという点に留意して、『除目申文之抄』所収申文を検討する。

表10は、所収申文のうち、重出の一六通を除く一三六通を、使用された除目ごとに整理し、各除目の執筆を示したものである。[15] 表10によると、本書には、源雅信、藤原道長、藤原実資、藤原教通、藤原師実、藤原伊房、源俊房が執筆を務めた除目で使用された申文が収められていることがわかる。

次に、表10をもとに、執筆ごとの申文の総数を示した表11を見ると、藤原道長の三六通、藤原実資の二八通、藤原俊家の三四通が目立って多いことに気づく。除目で使用された大間と成文が、除目終了後、執筆のもとに届けられたことを踏まえると、[16] このような数の偏りは、編者の立場を示すものと考えられる。そして、右の三者のなかでは、藤原俊家が注目される。俊家は、道長の孫、頼宗の子であり、伊通から見れば、祖父にあたる人物である（図6参照）。その俊家が執筆を務めた除目の大間と成文は、除目終了後、彼のもとに届けられたはずであり、俊家の死後は、彼の子孫に伝えられたものと考えられる。したがって、俊家の孫である伊通のもとに、俊家執筆時の大間と成文が伝わっていても不思議ではない。伊通は、俊家執筆時の成文を利用できる立場にあったと理解される。このように考えると、

表11　執筆別申文数

執　筆	申文数
源雅信	3
藤原道長	36
藤原実資	28
藤原教通	7
藤原師実	1
藤原俊家	34
藤原伊房	1
源俊房	16
不明	10

表10　除目別申文数

年	除目:実施日	執　筆	申文数
天元6	春:正. 23～27	源雅信	3
長保4	春:2.28～30	藤原道長	3
長保5	臨時:2.28（直物）	藤原道長	1
長保6	臨時:2.26（直物）	藤原道長	1
寛弘2	春:正. 25｜27	藤原道長	3
寛弘3	春:正. 26～28 臨時:3.19（直物）	藤原道長 藤原道長	3 1
寛弘4	春:正. 26～28	藤原道長	21
寛弘5	臨時:7.28（直物）	藤原道長	1
長和4	春:2.16～18	藤原道長	2
治安3	春:2.10～12	藤原実資	20
長元4	春:2.15～17	藤原教通	1
長元6	臨時:2.20（直物） 秋:10.22～23	藤原実資 藤原実資	1 2
長元8	臨時:11.19（直物）	藤原実資	1
長元9	臨時:2.28（直物） 臨時:12.22（直物）	藤原実資 藤原実資	1 3
長元10	春:正. 21～22	藤原教通	1
天喜5	秋:11.4～5	藤原教通	3
康平元	春:正. 28～30 秋:11.7～8	藤原教通 藤原教通	1 1
康平7	春:2.28～3.4	藤原師実	1
延久4	春:正. 29～2.1	藤原俊家	16
承保元	秋:12.26	藤原俊家	2
承暦元	春:正. 27～29 臨時:10.3 秋:閏12.4～5	藤原俊家 藤原伊房 藤原俊家	11 1 5
応徳2	春:正. 28～2.15	源俊房	2
応徳3	春:正. 28～2.3	源俊房	1
康和4	春:正. 21～23	源俊房	13
不明			10
			計136

備考1　(直物)は直物に付随した臨時除目.
　2　執筆については,『叙位除目執筆抄』『大日本史料』を参照した.

俊家執筆時の申文が多く含まれることは、本史料の編者が伊通であることを示す有力な情報だと言える。

また、源俊房が執筆を務めた除目の申文が一六通と、比較的多く収められている点も編者が伊通であることを示す傍証になる。図6によると、伊通の同母弟成通と重通、そして子の為通は、それぞれ俊房の孫（師頼女）を妻としていた。こうした俊房子孫と伊通近親の緊密な婚姻関係を考慮すれば、伊通は、俊房の子孫に伝わった、俊房執筆時の成文を比較的容易に利用できたものと考えられる。したがって、俊房執筆時の申文の多さも、本史料の編者が伊通であることを示す情報だと理解される。

　一通ではあるが、藤原伊房執筆時の申文[17]が含まれることにも触れておきたい。図6を見ると、伊房の孫（定実女）は伊通の妻であり、ここから、伊通は、妻を介すことで義父定実に伝わった、伊房執筆時の成文を利用できたものと思われる。伊房執筆時の申文の存在も、編者が伊通であることを示唆するものと見なせよう。

図6　藤原伊通血縁関係図（『尊卑分脈』をもとに筆者作成）

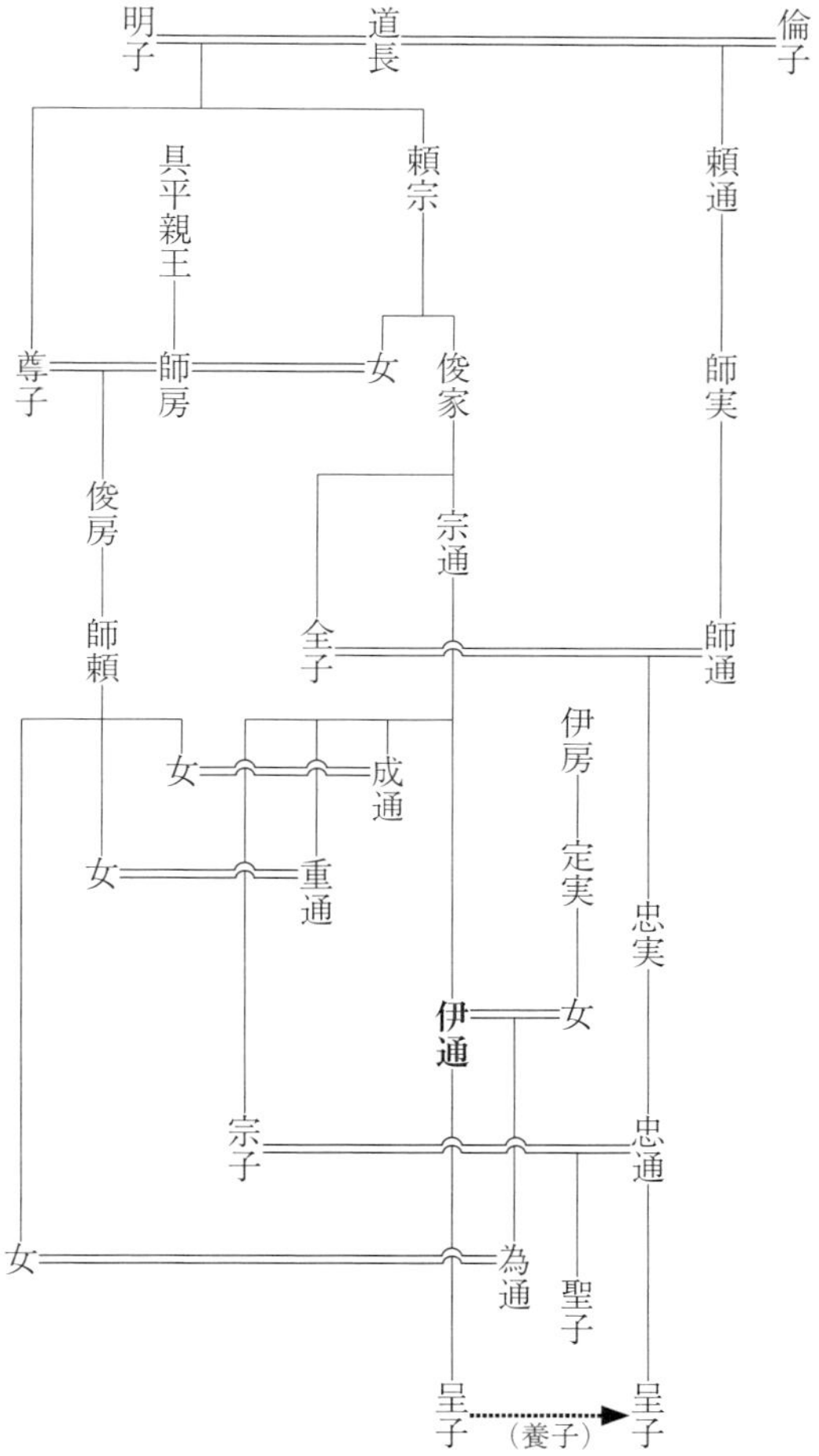

以上、本史料には、伊通が編者であることを示唆する情報が含まれていることが明らかになった。このことと、本史料に見える記述と『九抄』逸文が一致すること（前項の検討結果）を合わせ考えると、本史料の内容は『九抄』だと判断して間違いない。ここに、従来逸書とされてきた『九抄』の写本が、一部ではあるものの、発見されたのである。

本項の最後に、道長と実資が執筆を務めた除目の中文が多く含まれる点について、簡単に触れておきたい。道長執筆時の大間や成文の多くは、嫡流の頼通子孫（摂関家）に伝わったものと思われるが、[18]伊通は摂関家とも親密な関係にあった。[19]たとえば、伊通の叔母全子は師通の妻となって忠実を産み、伊通の妹宗子は忠通の妻となって崇徳天皇中宮の聖子（皇嘉門院）を産み、伊通の女呈子は忠通の養女となって近衛天皇の中宮となった。こうした関係を背景に、伊通は、摂関家に伝わる道長執筆時の中文を見ることができたのではないだろうか。

実資執筆時の中文については、二八通のうち一五通が『大間成文抄』や『除目中文抄』（『続群書類従』第十下所収）にも見られる（章末表12参照）ことが注目される。[20]こうした状況は、実資執筆時の中文が、平安後期以降の貴族社会内に、ある程度流布していたことを推測させる。伊通が実資執筆時の中文を多く利用できたのは、右のような状況があったからではないだろうか。なお、『魚魯愚抄』には、「諸家抄多用二小記説一、九抄又如レ此」[21]とあり、『九抄』は『小右記』を多く参照していたとされる。こうした伊通の姿勢も、実資執筆時の中文が多く含まれることと関係があると言えよう。

四　『魚書秘伝別抄』に見える『九抄』

前節の検討により、『除目中文之抄』が『九抄』の一部の写本であることが判明した。本節では、さらに考察を進め、『除目申文之抄』が『九抄』八巻のうちのどの部分に該当するのかを明らかにしていきたい。

その際、大きな手がかりになるのが、洞院公賢『魚書秘伝別抄』である。[22] 同書は、公賢が「揚名介」をめぐる自身の疑問を解決するために、有識家（鷹司冬教、二条良基、一条経通、近衛道嗣、中原師茂）と問答した際の書状十数通と、それに若干の文献を付け加えて編んだ書物である。同書には、『九抄』に関する記述があり、すでに渡辺滋氏によって検討が加えられている。[23] 本節では、渡辺氏の研究を参考にして論を進めていく。

まず検討したいのが、『魚書秘伝別抄』所収の文和三年（一三五四）九月付「一条経通書状」である。その書状には、次のような記載がある。[24]

揚名介事

九条相国除目抄号二要抄一、土代巻有二両通一

正六位上賀茂朝臣忠信

望二揚名介一

寛弘二年正月五日

或記、今年正月廿七日除目、賀茂忠信任二因幡介一前東三条院臨時御給云々此事歟。

正六位上藤原朝臣維光

望二申諸国揚名介一

寛弘二年正月廿一日

或記、件維光任二常陸権介一、但寛弘元年正月召名云々、申文者二年歟。

ここで注目すべきは傍線部である。傍線部によると、「九条相国除目抄」（『九抄』）には、「土代巻」があり、そこに

は、「両通」、つまり①賀茂忠信を「揚名介」に任ずることを請う寛弘二年（一〇〇五）正月五日の申文（以下、申文①）と、②藤原維光を「諸国揚名介」に任ずることを請う寛弘二年正月二十一日の申文（以下、申文②）が収められていたとある。

次に、『魚書秘伝別抄』所収の某年「鷹司冬教書状」には、「九条相国申文土代、雖レ載二二通申文一、揚名可レ尋云々」とある。ここから、「九条相国申文土代」には、「二通申文」が載せられており、そこには「揚名可レ尋」という文言が付されていたことが窺える。前後の文脈から判断して、ここの「二通申文」は、申文①②のことと理解される。

また、「九条相国申文土代」は、同書状のなかで、「要抄申文巻」（「要抄」は『九抄』の別称）とも表記されるが、これは、前掲「一条経通書状」の「土代巻」と同じ巻を指しているものと理解される。これらの表記から、その巻は、渡辺氏が「申文の土代（雛形）ばかりを集めた部（あるいは巻）があり」と述べるように[25]、〝申文の土代（雛形）を集めた巻〟であったと考えられる（以下、「土代巻」）。

以上をまとめると、次の通りである。

（A）『九抄』には、申文の土代（雛形）を集めた巻と考えられる「土代巻」が存在した。
（B）「土代巻」には、寛弘二年の揚名介を請う申文二通（申文①②）が収められていた。
（C）「土代巻」の申文①②の部分には「揚名可レ尋」という記載があった。

ここで、前述した『除目申文之抄』の内容と性格を思い返すと、本史料の大部分は除目申文であり、その半分以上を占める記載Ⅰ部分の性格は〝申文の雛形集〟だと理解される。こうした内容と性格は「土代巻」に相応しいと言える。

さらに、記載Ⅰ部分には、次のような注目すべき部分がある。

正六位上賀茂朝臣忠任
望二申揚名介一
寛弘二年正月五日
正六位上藤原朝臣維光
望二申諸国揚名介一
寛弘二年正月廿一日
揚名介可レ尋。

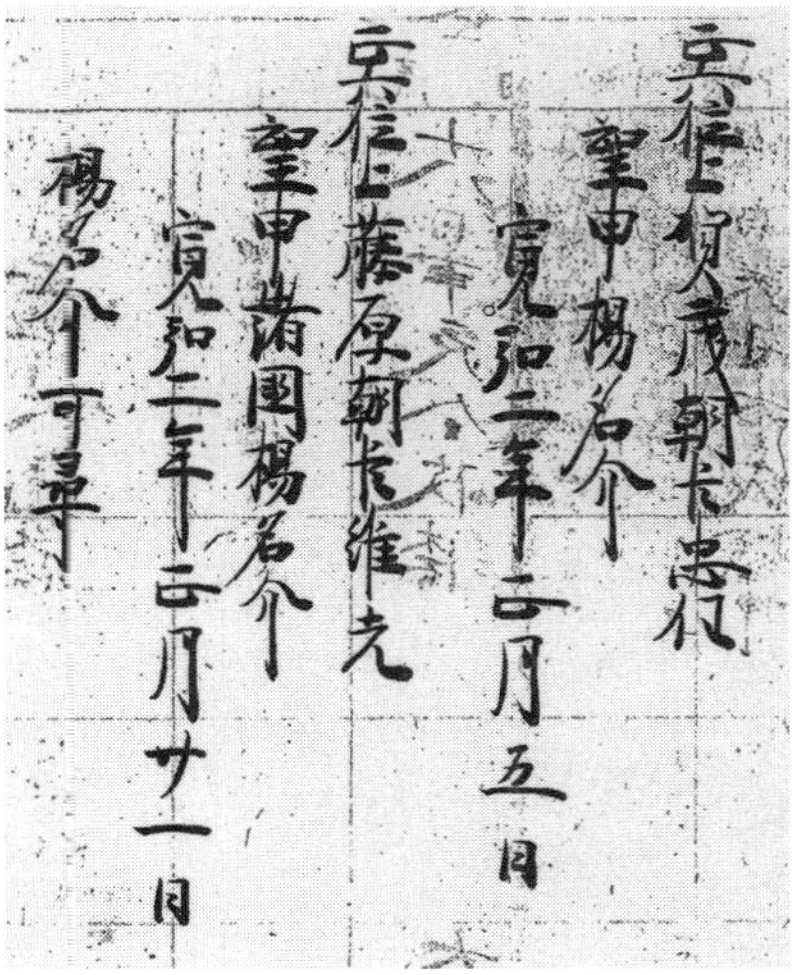
正六位上賀茂朝臣忠任
望申揚名介
寛弘二年正月五日
正六位上藤原朝臣維光
望申諸国揚名介
寛弘二年正月廿一日
揚名介可尋

図7　『除目申文之抄』No.93・94申文と関連記述

これは、№93・94の申文とそれに関連する記述になるが、これを、前掲「一条経通書状」と比較すると、若干の異同はあるものの[26]、№93と申文①とが、№94と申文②とが、それぞれ同じ申文であると判断される。さらに、これら二通の申文の直後にある「揚名介可ㇾ尋」は、（C）「揚名可ㇾ尋」に該当するものと理解される[27]。

以上のように、本史料記載Ⅰ部分は、（A）「土代巻」に相応しく、（B）その中に申文①②を載せ、（C）申文①②の直後に「揚名介可ㇾ尋」という記載を有するものであった。ここから、記載Ⅰ部分は「土代巻」に該当すると判断される。

また、史料的性格は記載Ⅰ部分と異なるものの、記載Ⅱ部分も申文の集成であり、「土代巻」という名称と矛盾しない。本付論では、この点を重視して、記載Ⅱ部分も「土代巻」に含まれるものと考え、「土代巻」は、申文の雛形集的性格を持つ部分と、執筆の参考資料集的性格を持つ部分の二つから構成される巻であったと理解したい。ただし、任官例・数を列記した末部（№159～190）は、「土代巻」とは言い難く、『九抄』の別の巻（部）であった可能性がある。もしそうであるならば、『除目申文之抄』は、『九抄』の「土代巻」とそれに続く部分の写本だと言えるが、末部については、現在確認できる史料から判断することは難しいので、保留としたい。

おわりに

本付論では、宮内庁書陵部図書寮文庫所蔵『除目申文之抄』を検討し、本史料が、藤原伊通の除目書『九抄』「土代巻」の写本であることを明らかにしてきた（末部の判断は保留）。

すでに知られているように、伊通は三十余年にわたって除目（執筆）に関する資料を蒐集していたが[28]、『九抄』はそうした長年の研究の成果に基づく除目書であったと考えられ、後世において多く引用される書となったことが指摘されている。(29) また、平安後期における門流の形成・発展を知る手がかりにもなり得る書とも評されている。(30)

このように、『九抄』は中世の公事・除目研究の上で、重要な位置にある除目書だと言え、そうした『九抄』の写本の存在を、一部ではあるが、今回発見できたことは幸いである。今後は、『魚魯愚抄』などに残る『九抄』逸文と『除目申文之抄』を合わせて分析して伊通の除目研究の内容を解明し、それを中世除目研究のなかに位置づける作業が必要と考えるが、それは今後の課題にして、擱筆することにしたい。

注

(1) 伊通については、日下力「作者圏推考・基礎篇」(同『平治物語の成立と展開』汲古書院、一九九七年、初出一九八七年)、曽我良成「藤原伊通と外記局」(同『王朝国家政務の研究』吉川弘文館、二〇〇七年、初出二〇〇四年、原題「藤原伊通論」)など参照。

(2) 細谷勘資「『九抄』=『要抄』と九条伊通」(細谷勘資氏遺稿集刊行会編『中世宮廷儀式書成立史の研究』勉誠出版、二〇〇七年、初出一九九〇年)。なお伊通は、除目関係の書物として、『九抄』の他に、『除目抄〈加叙位〉』一巻も編纂したようだが(『本朝書籍目録』「公事」)、本書は現存しない(和田英松『本朝書籍目録考証』明治書院、一九三六年)。

(3) 渡辺滋「藤原伊通による公事研究」(吉村武彦編『日本古代の国家と王権・社会』塙書房、二〇一四年)。

(4) 宮内庁書陵部編『和漢図書分類目録』(一九五五年)、宮内庁書陵部所蔵資料目録・画像公開システム(https://shoryobu.kunaicho.go.jp)。

(5) 巻頭の第一紙の横幅は五〇・〇センチであり、他の料紙とほぼ同じ長さである。前欠にも関わらず、第一紙の横幅が短くないのは、紙継ぎ目部分で剝がれて前欠になったためかと思われる。

(6) 巻頭の欠損、表紙および外題が後補という点から、「除目申文之抄」という書名は、本来の書名ではなく、表紙が後補された際に便宜的に付けられたものと考えられる。また、既存の書誌情報(注(4)。本書外題)によると、本史料の内容は貞元から康和年間のものとなるが、実際の下限は永久四年であり、訂正を要する。

(7) No.158「文章生橘仲俊申文」は、No.157「文章生歴名」に付随した自解申文になるので、No.157と同じ第三六紙に書かれている。

（8）『大間成文抄』所収の永久四年（一一一六）課試及第勘文は、永久二年～同四年の及第者の勘文であり、同所収の永久四年文章生歴名は、天仁三年（一一一〇）・天永三年（一一一二）・永久三年に補された者の歴名である。勘文・歴名の作成年は、記載される者の及第年、補任年からそう遠くない時期であったと考えられる。

（9）治安元年の任官例（No.167）には「治安元年八月」とあり、八月の除目例だとわかるが、秋除目の任官例にも同じ事例（No.184）が記載されていることから、この事例は秋除目の任官例と理解するのがよく、春除目部分へ誤って記載されたと考えられる。

（10）寛弘七年（No.189）については、同じ国が二回列記される上に、任国司の内訳に相違が見られるなど、内容に不備が目立つ（たとえば、「播磨国六人権守、掾三人、目二人」と「播磨四人介、掾、目二人」）。

（11）磐下徹「年官ノート」（『日本研究』四四、二〇一一年）。

（12）記載Ⅱ部分に続く（2）（3）にも鉤点が付されているので、これらも同じ性格だと理解される。また、同じ申文が記載Ⅰと記載Ⅱ、それぞれで収載される場合があるが（表12 No.119～132の備考欄参照）、それは、両者の性格が異なるからであろう。

（13）古代学協会編『史料拾遺　第四巻　魚魯愚鈔　上巻』（臨川書店、一九七〇年）一一〇～一一一頁。

（14）古代学協会編『史料拾遺　第八巻　魚魯愚鈔　下巻之三』（臨川書店、一九七七年）一四三～一四四頁。

（15）年代や使用された除目がわからないNo.32・37・52・60・73・82・135・142・148・158の一〇通は不明とした。

（16）『西宮記』除目「竟日」に「成文・大間執筆随身」とある。また玉井力「『紀家集』紙背文書について―申文の考察を中心として―」（同『平安時代の貴族と天皇』岩波書店、二〇〇〇年、初出一九八四年）も参照。

（17）承保四年（一〇七七）十月三日付「式部省奏申文」（No.146）。『水左記』同日条には「今夜除目（中略）以二左大弁伊房一為二執筆一」とある。

（18）摂関家嫡流の九条良経編の『大間成文抄』『春除目抄』には、道長執筆時の大間や成文が多く利用されている（吉田早苗「『大間成文抄』と『春除目抄』」土田直鎮先生還暦記念会編『奈良平安時代史論集　下巻』吉川弘文館、一九八四年）。

（19）日下力前掲注（1）論文、二四〇～二四一頁。

（20）『魚魯愚抄』にも同じ申文が収められているが、『魚魯愚抄』には、そうした申文に「要抄」「要抄第一」などの傍注を付す場合や、『中山抄』の引用箇所にある場合がある。『魚魯愚抄』が、『中山抄』『或秘抄』を介して『九抄』を引用していることを踏まえると、『魚魯愚抄』が収める申文は、『九抄』に遡る可能性がある。

(21)『魚魯愚抄』巻一・外記方上（前掲注(14)『史料拾遺　第八巻　魚魯愚鈔　下巻之三』六五頁）。

(22)『魚書秘伝別抄』については、時野谷滋「魚書秘伝別抄」（同『律令封禄制度史の研究』吉川弘文館、一九七七年）、細谷勘資「『魚書秘伝別抄』の考証と翻刻」（前掲注(2)『中世宮廷儀式書成立史の研究』、初出一九九四年）を参照されたい。本付論における同書の説明は細谷氏の研究による。

(23)渡辺滋前掲注(3)論文。

(24)『魚書秘伝別抄』の翻刻は、細谷勘資前掲注(22)論文に従った。

(25)渡辺滋前掲注(3)論文。

(26)No.93と申文①の被推薦者について、No.93は「忠任」とし、申文①は「忠信」とする。渡辺滋前掲注(3)論文によると、申文①②は、複数の史料にも引用されており、史料ごとに人名に異同があるという（「忠任」「忠信」「忠経」／「維光」「惟光」「維定」「雅光」）。渡辺氏は、そうした人名の異同は、字形の類似に加えて、転写の繰り返しによって起こった誤写と考えられると述べる。氏の理解は妥当と考えるので、人名に異同があったとしても、No.93と申文①は同じものと判断する。

(27)『魚魯愚抄』巻四・蔵人方乙には、申文①②の直後に「九抄曰、揚名介不審」とある（前掲注(14)『史料拾遺　第八巻　魚魯愚鈔　下巻之三』二三五～二三六頁）。

(28)伊通から公事研究の成果を伝えられた藤原忠親の日記には、その時の伊通の言葉として、「除目執筆事卅余ヶ年之間、殊入レ功抄出、或訪二先達一。汝有二其志一者欲二教授一、不レ可二披露一」とある（『山槐記』永暦元年十二月四日条）。

(29)渡辺滋前掲注(3)論文。

(30)細谷勘資前掲注(2)論文。

表12『除目申文之抄』所収事例一覧

No.	所収事例	年月日	備考	他史料
1	某人当年給申文	延久四・正・二九	記載Ⅰ、前欠	
2	春宮貞仁親王当年給申文	延久四・正・二九	記載Ⅰ	

3	良子内親王当年給申文	延久四・正・二九	記載Ⅰ	
4	当年内給申文	康和四・正・二一	記載Ⅰ	
5	某院当年給申文	康和四・正・二一	記載Ⅰ	
6	二条院当年給申文	康和四・正・二一	記載Ⅰ	
7	皇太后藤原歓子当年給申文	康和四・正・二〇	記載Ⅰ	
8	斎院禎子内親王当年給申文	康和四・正・二一	記載Ⅰ	
9	前女御源朝臣基子当年給申文	康和四・正・二一	記載Ⅰ	
10	藤原教通当年給申文	治安三・正・一〇	記載Ⅰ	除申
11	藤原広業当年給申文	治安三・正・二〇	記載Ⅰ	
12	藤原信長当年給申文	延久四・正・二九	記載Ⅰ	
13	藤原忠家当年給（未給ヵ）申文	延久四・正・二九	記載Ⅰ	
14	藤原経季当年給申文	延久四・正・二九	記載Ⅰ	
15	源経信当年給申文	承保四・正・二七	記載Ⅰ	
16	尚侍藤原婉子当年二合申文	治安三・正・二二	記載Ⅰ	大
17	斎院選子内親王当年別巡給二合申文	治安三・二・五	記載Ⅰ	大、魚
18	藤原俊家当年給二合申文	延久四・正・二九	記載Ⅰ	大
19	藤原能長当年給二合申文	延久四・正・二九	記載Ⅰ	
20	藤原師実当年給二合申文	承保四・正・二七	記載Ⅰ	
21	源顕房当年給二合申文	承保四・正・二七	記載Ⅰ	
22	敦文親王当年巡給申文	承保四・正・二七	記載Ⅰ	
23	善仁親王当年別給申文	応徳三・正・二八	記載Ⅰ	

24	禖子内親王当年巡給二合申文	応徳二・正・二六	記載Ⅰ	大、魚
25	藤原通俊当年給二合申文	応徳二・正・二八	記載Ⅰ	魚
26	実仁親王家当年巡給申文	延久四・正・二九	記載Ⅰ	
27	内給未給申文	承保四・正・二七	記載Ⅰ	魚
28	冷泉院当年給内舎人振替申文	長保五・二・二五	記載Ⅰ	
29	冷泉院当年給申文	寛弘二・正	記載Ⅰ	
30	章子内親王当年内官給申文	長元六・一〇・二二	記載Ⅰ	
31	章子内親王当年給申文	長元一〇・正・二一	記載Ⅰ	
32	冷泉院内官未給申文	寛弘四	記載Ⅰ	
33	冷泉院未給申文	長保四・二・二三	記載Ⅰ	
34	冷泉院未給申文	長保四・二・二四	記載Ⅰ	
35	花山院未給申文	寛弘四・正・二六	記載Ⅰ	
36	皇太后藤原遵子未給申文	寛弘四・正・二六	記載Ⅰ	魚
37	皇后藤原寛子未給申文	天喜四・一二・二五	記載Ⅰ	魚
38	中宮章子内親王未給申文	天喜六・正・二八	記載Ⅰ	
39	春宮居貞親王未給申文	寛弘四・正・二六	記載Ⅰ	
40	章子内親王巡給未給申文	長元八・一一・一四	記載Ⅰ	
41	敦康親王未給申文	寛弘四・正・二五	記載Ⅰ	魚
42	某（資子ヵ）内親王未給申文	寛弘四・正・二六	記載Ⅰ	魚
43	章子内親王当年内官未給申文	長元九・一二・二二	記載Ⅰ	
44	章子内親王当年未給申文	長元九・一二・二二	記載Ⅰ	

45	致平親王巡給二合未給申文	寛弘四・正・二六	記載Ⅰ	
46	女御藤原元子未給申文	寛弘四・正・二六	記載Ⅰ	
47	藤原斉信未給申文	寛弘三・正・二六	記載Ⅰ	
48	藤原公任未給二合申文	寛弘四・正・二六	記載Ⅰ	
49	藤原忠輔未給申文	寛弘四・正・二六	記載Ⅰ	
50	藤原朝光未給申文	寛弘四・正・二六	記載Ⅰ	魚
51	故源重光未給申文	寛弘四・正・二六	記載Ⅰ	魚
52	故源基平未給二合申文	天喜五・四・二八	記載Ⅰ	
53	冷泉院年官名替申文	長保四・二・二五	記載Ⅰ	
54	故東三条院年官名替申文	寛弘五・六・二九	記載Ⅰ	魚
55	中宮藤原彰子年官名替申文	寛弘四・正・二六	記載Ⅰ	
56	為平親王別給二合名替申文	天元六・正・一五	記載Ⅰ	
57	中務卿親王巡給二合名替申文	寛弘四・正・二六	記載Ⅰ	
58	懐□親王二合名替申文	天元六・正・二三	記載Ⅰ	
59	宗子内親王巡給二合名替申文	天元六・正・二三	記載Ⅰ	
60	章子内親王年官名替申文	長元八	記載Ⅰ	
61	前女御藤原義子年官名替申文	治安三・二・一〇	記載Ⅰ	大、魚
62	斎院選子内親王別巡給二合名替申文	治安三・二・一〇	記載Ⅰ	魚
63	藤原公季年官二合名替申文	寛弘四・正・二六	記載Ⅰ	
64	藤原実資年官名替申文	治安三・正・二三	記載Ⅰ	大、魚
65	故源重信年官二合名替申文	治安三・二・一〇	記載Ⅰ	大、魚

66	藤原斉信年官名替申文	治安三・正・二三	記載Ⅰ	
67	藤原実成年官名替申文	治安三・二・一〇	記載Ⅰ	
68	藤原道長臨時給名替申文	寛弘四・正・二六	記載Ⅰ	大
69	藤原公季臨時給名替申文	寛弘四・正・二六	記載Ⅰ	
70	敦平親王巡給二合名替申文	治安三・正・二三	記載Ⅰ	魚、除申
71	藤原兼隆年官二合名替申文	治安三・正・二一	記載Ⅰ	魚
72	藤原懐忠年官名替申文	寛弘三・三・五	記載Ⅰ	魚
73	某人年官名替任符返上申文	不明	記載Ⅰ	
74	章子内親王年官転任任符返上申文	長元六・一〇・二三	記載Ⅰ	大
75	故東三条院年官名国替申文	寛弘四・正・二一	記載Ⅰ	
76	故資子内親王年官名替申文	治安三・正・二三	記載Ⅰ	魚、除申
77	冷泉院年官名替内舎人振替申文	寛弘四・正・二六	記載Ⅰ	
78	故太皇太后昌子内親王年官名国替申文	寛弘三・正・二八	記載Ⅰ	魚
79	皇太后禎子内親王年官名国替申文	天喜五・一一・四	記載Ⅰ	
80	故敏子内親王巡給名国替申文	寛弘三・正・二六	記載Ⅰ	魚
81	敦康親王年官名国替申文	長和四・二・一六	記載Ⅰ	魚
82	某親王巡給二合名国替申文	一一世紀前半	記載Ⅰ	
83	敦康親王別巡給二合名替申文	長和四・二	記載Ⅰ	
84	章子内親王巡給二合名国替申文	長元九・二・二四	記載Ⅰ	
85	章子内親王年官名国替申文	長元九・一二・二二	記載Ⅰ	
86	故資子内親王年官名国替申文	天喜五・一一・四	記載Ⅰ	

87	故資子内親王年官名国替申文	康平元・一一・七	記載Ⅰ	
88	故致平親王年官名国替任符返上申文	天喜五・一一・四	記載Ⅰ	大、魚
89	藤原顕光年官名国替申文	寛弘四・正・二六	記載Ⅰ	魚
90	故昭平親王巡給二合名国替申文	治安三・二・一〇	記載Ⅰ	大、魚
91	花山院年官内官申文	寛弘四・正・二六	記載Ⅰ	
92	章子内親王臨時給申文	長元六・二・二〇	記載Ⅰ	魚
93	東三条院望揚名介申文	寛弘二・正・五	記載Ⅰ	魚、魚秘
94	藤原道長望揚名介申文	寛弘二・正・二一	記載Ⅰ	魚、魚秘
95	藤原道長年官申文	長保六・正・二六	記載Ⅰ	魚
96	一品某内親王女爵振替申文	長元四・正・一一	記載Ⅰ	
97	藤原道長臨時給名替申文	寛弘四・正・二六	記載Ⅰ、No.68重複	大
98	藤原公季臨時給名替申文	寛弘四・正・二六	記載Ⅰ、No.69重複	
99	斎院選子内親王臨時給名国替申文	寛弘四・正・二六	記載Ⅰ	
100	藤原頼通臨時給名国替申文	康平七・二・二一	記載Ⅰ	魚
101	故東三条院臨時給名国替申文	治安三・二・一〇	記載Ⅰ	
102	故源重光未給子息二合申文	治安三・正・二三	記載Ⅰ	大、魚、除申
103	臨時内給申文	治安三・正・二三	記載Ⅰ	大、魚
104	春宮坊申文	治安三・正・二三	記載Ⅰ	(大)
105	左近衛大将藤原教通申文	治安三・正・一〇	記載Ⅰ	大
106	入道師明親王巡給二合未給申文	延久四・正・二六	記載Ⅰ	魚
107	藤原教通年官名国替申文	承保元・一二・二六	記載Ⅰ	魚別

108	紀伝道年挙申文	延久四・正・二五	記載Ⅰ	魚
109	勧学院年挙申文	延久四・正・二一	記載Ⅰ	
110	紀伝道年挙申文	承保元・一二・二六	記載Ⅰ	大
111	紀伝道年挙申文	承保四・正・二七	記載Ⅰ	
112	明経道年挙申文	延久四・正・二六	記載Ⅰ	
113	明法道年挙申文	延久四・正・二六	記載Ⅰ	
114	算道年挙申文	延久四・正・二三	記載Ⅰ	
115	明法道年挙申文	承保四・正・二五	記載Ⅰ	
116	学館院年挙申文	康和四・正・二一	記載Ⅰ	
117	奨学院年挙申文	康和四・正・二一	記載Ⅰ	
118	陰陽寮連奏申文	治安三・二・八	記載Ⅰ、任官結果併記	大
119	故源重光末給子息二合申文	治安三・正・二二	記載Ⅱ、No.102重出	大、魚、除申
120	故資子内親王年官名替申文	治安三・正・二三	記載Ⅱ、No.76重出	魚、除申
121	故東三条院臨時給名国替申文	治安三・二・一〇	記載Ⅱ、No.101重出	
122	前女御藤原義子年官名替申文	治安三・二・一〇	記載Ⅱ、No.61重出	大、魚
123	故昭平親王巡給二合名国替申文	治安三・二・一〇	記載Ⅱ、No.90重出	大、魚
124	斎院選子内親王年官名替申文	治安三・二・一〇	記載Ⅱ、No.62重出	魚
125	藤原実資年官名替申文	治安三・正・二三	記載Ⅱ、No.64重出	大、魚
126	故源重信年官二合名替申文	治安三・二・一〇	記載Ⅱ、No.65重出	大、魚
127	左近衛大将藤原教通請任事例	治安三・正・一〇	No.105重出、任官結果のみ	大
128	藤原兼隆年官二合名替申文	治安三・正・二一	記載Ⅱ、No.71重出	魚

129	藤原斉信年官名替申文	治安三・正・二三	記載Ⅱ、No.66重出	
130	藤原実成年官名替申文	治安三・二・一〇	記載Ⅱ、No.67重出	
131	斎院選子内親王当年別巡給二合申文	治安三・二・五	記載Ⅱ、No.17重出	大、魚
132	敦平親王巡給二合名替申文	治安三・正・二三	記載Ⅱ、No.70重出	魚、除申
133	春宮坊請任事例	治安三・正・二二	No.104重出、任官結果のみ	（大）
134	徳子内親王臨時給申文	延久四・正・二四	記載Ⅱ	
135	斎宮某内親王臨時給内官申文	不明	記載Ⅱ	
136	蔵人所出納任官事例	不明	任官結果のみ	
137	紀伝道年挙申文	延久四・正・二五	記載Ⅱ、No.108重出	魚
138	陰陽寮連奏申文	承保四・正・二七	記載Ⅱ	魚
139	医道年挙申文	承保四・正・二六	記載Ⅱ	（魚）
140	皇太后藤原歓子年官国替申文	承保四・正・二七	記載Ⅱ	魚
141	大歌所奏申文	承保四・正・二七	記載Ⅱ	（大）
142	明経道年挙申文	不明	記載Ⅱ	
143	陰陽寮連奏申文	承暦元・一二	記載Ⅱ	魚
144	御厨子所奏申文	承暦元・一二・四	記載Ⅱ	（大）
145	主水司奏申文	承暦元・一二・一三	記載Ⅱ	
146	式部省奏申文（三省史生）	承保四・一〇・三	記載Ⅱ	
147	式部省奏任官事例（三省史生）	不明	任官結果のみ	
148	兵部省奏申文（三省史生）	不明	記載Ⅱ	
149	左衛門府奏申文	承暦元・閏一二・四	記載Ⅱ	

150	内給名替申文	承暦元・閏一二・四	記載Ⅱ	
151	上召使申文	康和四・正・二一	記載Ⅱ	
152	陰陽寮連奏申文	康和四・正	記載Ⅱ	魚
153	典薬寮連奏申文	康和四・正・一七	記載Ⅱ	魚
154	医道年挙申文	康和四・正・一七	記載Ⅱ	魚
155	丹波忠康等申文	康和四・正・一七	記載Ⅱ	（大）
156	諸道課試及第勘文	一一世紀後半	任官結果併記・鉤あり	
157	文章生歴名	一一世紀後半	任官結果併記・鉤あり	
158	文章生橘仲俊申文	一一世紀後半	No.157関連申文	
159	文章得業生・文章生等任数事（春）	康平六・二	六事例	魚
160	文章得業生・文章生等任数事（春）	治暦五・正	二事例	魚
161	文章得業生・文章生等任数事（春）	延久二・正	六事例	魚
162	文章得業生・文章生等任数事（春）	延久三・正	五事例	魚
163	文章得業生・文章生等任数事（春）	承保二・正	三事例	魚
164	文章得業生・文章生等任数事（春）	永久四	四事例	
165	文章得業生・文章生等任数事（春）	永観二・正	三事例	魚
166	文章得業生・文章生等任数事（春）	寛弘七・二	三事例	魚
167	文章得業生・文章生等任数事（春）	治安元・八	二事例（No.182誤入）	
168	文章得業生・文章生等任数事（春）	治安二	四事例	魚
169	文章得業生・文章生等任数事（春）	万寿五・二	一事例	
170	文章得業生・文章生等任数事（春）	治安三	三事例	魚

171	文章得業生・文章生等任数事（春）	長元五・二	一事例	魚
172	文章得業生・文章生等任数事（春）	長元二・正	二事例	魚
173	文章得業生・文章生等任数事（春）	長元七・正	二事例	魚
174	文章得業生・文章生等任数事（春）	長元九・正	七事例	魚
175	文章得業生・文章生等任数事（春）	長暦二	三事例	魚
176	文章得業生・文章生等任数事（春）	長元八	一事例	魚
177	文章得業生・文章生等任数事（春）	寛徳二	三事例	魚
178	文章得業生・文章生等任数事（春）	長久五・正	二事例	魚
179	文章得業生・文章生等任数事（春）	天喜二	四事例	魚
180	文章得業生・文章生等任数事（秋）	貞元三・一〇	二事例	
181	文章得業生・文章生等任数事（秋）	永観二・六	一事例	
182	文章得業生・文章生等任数事（秋）	長徳元・八	四事例	
183	文章得業生・文章生等任数事（秋）	延久二	二事例	
184	文章得業生・文章生等任数事（秋）	治安元・八	二事例	
185	文章得業生・文章生等任数事（秋）	某三・一〇	一事例	
186	文章得業生・文章生等任数事（秋）	長元元・九	一事例	
187	文章得業生・文章生等任数事（秋）	万寿元	一事例	
188	永観二年春除目国別国司任命数一覧	永観二		
189	寛弘七年除目国別国司任命数一覧	寛弘七		
190	某年除目国別国司任命数一覧	不明	後欠	

出典表記　大…大間成文抄、魚…魚魯愚抄（魚魯愚別録を含む）魚秘…魚書秘伝別抄、除申…除目申文抄。
（　）表記は任官結果のみ。

終章　平安貴族社会と年官

本書では、年官を、その申任に関わる者（給主＝推薦者、被推薦者、仲介者）の人間関係を形成・維持・強化する手段として捉えた上で、中央と地方の両視座から、年官の活用の実態とその役割を考察してきた。本章では、各章で得た結論をまとめ、序章で提示した二つの課題、すなわち（一）年官の歴史的推移とその評価、（二）平安貴族社会における年官の歴史的意義に対する私見を提示する。そして最後に今後の展望を述べて本書を締めくくることとしたい。

一　本書の成果

年官が中央と地方の人的ネットワークを形成・維持・強化する手段として活用されることには、地方有力者を本国の国司に任命する人事とそれを禁じる本籍地回避の原則が大きく関わっていた。そこで第一部「本籍地回避の原則と年官」では、地方有力者を本国の国司に任じる動きと本籍地回避の原則に着目して、年官が中央と地方の関係を支える手段として活用されるまでの過程を考察し、その成果を踏まえて、第二部「年官と地方支配」では、地方支配における年官の活用とその役割について考察した。そこで得た結論をまとめると、以下の通りになる。

日本古代において、土人を本国の国司に任命することは避けられていた（本籍地回避の原則）。ところが、九世紀後半、受領国司は、郡司層や有力浪人などの国内有力者たちを自らの下に編成するため、国衙機構ポストに国内有力者を任じるようになり、その一環として、任用国司や史生のポストにも国内の有力浪人を任じていたと考えられる。こうした動きは、十世紀以降も継続していき、十世紀後半の天暦期頃には、任用国司が朝廷の関心から外れ、勘籍制の形骸化もあって、土人である地方有力者も本国の任用国司に任じられるようになっていた。ただし、十世紀中期までの朝廷は律令制維持の姿勢を放棄していなかったため、本籍地回避の原則を遵守しようとする姿勢を見せていた。しかし、十世紀後半になると、朝廷は地方支配に対する姿勢を後退させ、受領による地方支配体制を全面的に容認するようになる。これによって、九世紀後半以降、受領が進めてきた国内有力者を本国の任用国司に任じて編成するあり方も公的に認められることになったと考えられる（本籍地回避の原則の部分的放棄）(1)。

こうした九世紀後半以来の動きのなかで、天暦期頃までに、年官も地方有力者を本国の任用国司に申任する手段として利用されるようになっていた。そして、十世紀後半に、①任用国司が本籍地回避の原則の対象から外れたこと、②国司目や諸国史生の地位を所望する中央官人が減少したことで、地方有力者が年官に与る機会が増えたこと、③年官は地方有力者が本国の任用国司の地位を得る手段として最も現実的であったこと、これらの理由から、十世紀後半以降、年官は地方有力者が本国の任用国司の地位を獲得する手段として広く活用されるようになり、以降、年官は中央の給主と地方の有力者をつなぎ、両者にとって有益な関係を形成・維持・強化する方途として機能するようになった(2)。

こうして十世紀後半を画期に、年官の運用の幅は地方にまで拡がり、年官は給主の庄園経営や受領の任国支配に活用されるようになった。まず庄園経営について。庄園の経営を安定化させるためには、庄園が所在する現地の有力者の協力を得ることが重要であったが、それを実現させるには、中央の領主と現地有力者との良好な関係が必要であった。このような状況において、たとえば、摂関家は、年官で播磨氏を播磨国の任用国司に申任して、彼らとの良好な関係を形成・維持し、そうした関係を基礎に播磨国滝野庄の経営を播磨氏に委任していた。また、平惟仲は、現地有力者の協力を得られない状況にあった紀伊国石垣上・下庄と下野庄の経営を好転させるために、自身の年官で紀伊国の有力者であった紀利廉を紀伊大目に申任したものと考えられる。このように、年官は、給主が地方に所有する庄園の経営に際して、現地で庄園管理を任せる現地有力者たちとの良好な関係を形成・維持・強化するために活用されていた。(3)

また、九世紀後半以来、受領は任国の有力者たちを国衙機構ポストに編成して任国支配を進めていたが、十世紀後半以降、そうした編成の際に年官が活用されるようになった。具体的には、受領は任国の有力者たちとの良好な関係を構築・維持するために、彼らを縁故ある給主の年官に与れるように仲介し、彼らに本国の任用国司の地位を与え、自らの地方支配体制内に編成していたと考えられる。(4)

このように、十世紀後半以降の年官は、《天皇・院宮・摂関・公卿─受領》《天皇・院宮・摂関・公卿─地方有力者》《受領─地方有力者》といった中央と地方の政治的・社会的・経済的な人的ネットワークを支える手段として、中央側から見れば地方支配に、地方側から見れば地域における自己の権益・権威・地位の強化に活用されるようになった。また、十世紀以降において、地方有力者が揚名国司を獲得する際にも年官は活用されており、この場合でも、年官は中央の給主と地方の有力者の関係を形成・維持・強化する機能を発揮したと考えられる。(5)

ところが、十一世紀後半頃から、それまで年官による推薦に与っていた地方有力者が任用国司の地位を所望しなくなっていく。この変化は本国の任用国司も揚名国司も同じであり、こうした地方の変化によって、年官に与ることを希望する者が減少し、作名の人物を推薦する──形式的な推薦が行われるようになった。こうして十一世紀後半以降、年官で地方有力者を申任することが少なくなっていき、その結果、年官は、中央と地方の人的ネットワークを形成・維持・強化する手段として運用されなくなったものと考えられる。ただし、十一世紀後半以降も、年官は、給主が、日常的に自身に仕える者との関係を再確認し、それを維持・強化する手段として行使され続けたから、十一世紀後半に、年官が運用される範囲が再び中央社会内に縮小したと言えよう。(6)

二　年官の歴史的推移と歴史的意義

1　年官の歴史的推移とその評価

以上のような本書の成果を踏まえ、まず序章で提示した一つ目の課題について私見を述べていきたい。

かつて時野谷滋氏は、年官を売官制度と捉えて、十世紀後半の康保年間（九六四〜九六八）頃から、年官は衰退期に入るとの見解を示した。(7) たしかに、十世紀以降、諸国目（二分官）や史生（一分官）を希望する者は減少し、年官に与ることを希望する者が減少しつつあったことは間違いなく、こうした状況を、年官の衰退と評価することも可能である。しかし、本書で明らかにしたように、十世紀以降、諸国目や史生を希望しなくなるのは主に中央官人層だと考えられ、地方の有力者たちは年官で任用国司（揚名国司含む）に申任され続けていた。また、年官は、十世紀後半以降、その運用の幅を地方にまで拡げ、中央から地方まで広がる政治的・社会的・経済的な人間関係とそれを基盤にした諸活動を支える役割を果たした。(8) こうした活用のあり方や役割を踏まえると、十世紀後半以降、年官は衰退したのではなく、むしろ社会的な価値を高めたと評価できる。よって、十世紀後半以降を、年官が地方社会にまで展開し、その意義を高めた展開期と捉えたい。

展開期を迎えた年官は、中央と地方の諸関係を形成・維持・強化する手段として活用されたが、そうした活用は十一世紀後半を境に減少していく。その背景には、地方有力者が年官に与ることを希望しなくなった状況があり、そのなかで、除目の形式を守るための弥縫策として作名の人物を推薦する申文の作成・提出が行われるようになった。このような状況は、年官の形骸化を示すものであるため、十一世紀後半以降、年官は衰退期に入ったと捉えることができよう。ただし、年官の希望者が減少した十一世紀後半以降も、年官は中央における主従関係を確認し、それを維持・強化する手段として運用されており、そうした運用は十二世紀末まで確認される。(9) したがって、十世紀以降、下級の地方官から希望者が減少していく趨勢であっても、給主と被推薦者の関係を支える年官の役割は平安時代を通して機能していたと言え、その役割が最も広範囲（中央と地方）に及んだ時期が十世紀後半から十一世紀後半であったのであり、十一世紀後半以降は、年官が支える人的ネットワークの範囲が再び中央社会内に縮小していく時期として評価できよう。なお、現段階で鎌倉期以降まで調査が及んでいないため、鎌倉期以降については今後の課題としたい。

2　年官の歴史的意義

次に、二つ目の課題について。平安貴族社会における年官の意義については、年官の本質に即して、天皇・院宮・摂関・公卿などに連なる人間関係を確認してそれを維持・強化したり、新たな関係を構築したりして、平安貴族社会の人的ネットワークを支えた点に求めるべきだと考える。そして前述した年官の展開期（十世紀後半から十一世紀後半）は、人的ネットワークを支える年官の意義が最も高まった時期であった。

年官の活用が地方まで拡がる十世紀後半から十一世紀後半は、律令官人制の再編が一段落し、院宮・諸家・諸司に中下級官人層や家人・雑任層が分属する（院宮・諸家・諸司が中下級官人層や家人・雑任層を共有する）貴族社会の構造が固定化される時期であり、院宮・諸家・諸司を軸とした上下水平方向の相互依存的な関係が社会全体を覆うようになる時期だとされる[10]。このような時期のなかで、年官は、中央の天皇・院宮・摂関・公卿と地方の有力者との間に政治的・社会的・経済的関係を形成する契機となったり[11]、すでにある両者の関係を確認し、それを維持・強化する役割を果たしたりして、給主の収入源の一つである庄園の安定的な経営を支えていた。それだけでなく、受領が任国の有力者と良好な協調関係を構築し、彼らを編成する手段としても活用されており、受領の任国支配にも寄与していた。またこの場合の年官の申任では、給主と受領の関係が前提になっていたから、給主と受領の関係を確認する意味合いもあったと思われる[12]。さらに地方有力者にとっても、年官は、天皇・院宮・摂関・公卿や受領とのつながりを構築または確認するきっかけとなっただけでなく、任用国司という国衙機構における地位の獲得や荘司という中央権力者との関係を示す地位の獲得につながり、地域における自己の立場や支配力・影響力を高めることにつながったと考えられる。

このように、当該期における年官は中央と地方の人的ネットワークを形成・維持・強化し、それを基盤とする諸活動を支える役割を担っていたと言えるが、その特徴は地方までカバーしていた点にあった。このことは、年官と同様、給主の持つ人間関係に基づいて運用され、十世紀後半以降の人的ネットワークを支えたと評価できる年爵・院分・位禄分と比較することで明らかとなる。

まず院宮に対して与えられた叙爵・加階の申請権である年爵は、年官とともに九世紀後半に成立したと考えられ、その本質は、院司・宮司の労に報いるためや貴族の特権の維持を目指すためであったとされる。そのため、年爵に与る者の大半は、給主（院宮）の従者（院司・宮司）やその近親者、あるいは給主の一族の者であり、「権門が、中・下級官人層を引き寄せる引力として機能させたのであり、年爵制度はいわゆる権門体制を生み出す要因の一つとなった」と評価されているが[13]、年爵で維持・強化される関係は、院宮と院司・宮司やその近親者など、基本的に中央における関係であった。

次に院分は、延喜八年（九〇八）を史料上の初見とする、院・女院に対して毎年与えられた受領の推薦権である。その院分で推薦される者は労を積んだ院司（判官代）であった。[14]したがって、院分も、年官・年爵と同様、給主と被推薦者の関係を維持・強化する役割を果たしたと言えるが、その対象は給主（院・女院）と院司という中央の関係であった。

最後に位禄分は、天皇・院宮・大臣に設定された位禄受給者を推薦する権利であり、十世紀前半には成立していたものと考えられる。[15]天皇の位禄分は「殿上分」と呼ばれ、殿上人の四位・五位に位禄を受給させるものであるが、院宮・大臣の位禄分は、院司・宮司・家司・家人など、彼らに仕える四位・五位の者に充てられており、院宮・大臣の位禄分が「私的主従関係の形成と維持に寄与していた」ことが指摘されている。[16]位禄分が支えた関係もやはり中央における関係であった。

以上のように、平安貴族社会の最上層に位置する天皇・院宮・摂関・公卿には、恩寵的特権（推薦権・申請権）として年官・年爵（年料給分）、院分、位禄分が公的に与えられており、これらは、天皇・院宮・摂関・公卿が自身に連なる人間との関係を確認し、それを維持・強化する――天皇・院宮・摂関・公卿の下に中下級官人層や家人・雑任層が分属する体制を維持する――役割を果たしていた。ただし、年爵・院分・位禄分が支えた関係は基本的に中央における関係であったのに対して、年官が支えた関係は、中央における関係だけでなく、中央と地方の関係も含まれていた。つまり年官は、年爵・院分・位禄分よりも広い範囲の人的ネットワークを支えていたと評価されるのであり、ここに年官の特徴があった。

また、年官が支えた中央と地方の人的ネットワークやそれを基盤にした諸活動は、十一世紀以降も展開し、中世社会、荘園制に繋がっていったと考えられる。[17] たとえば、立荘によって成立する中世荘園の経営体制や人的基盤は立荘以前のそれを継承したことが指摘されているが、[18] 中世荘園に継承される経営体制や人的基盤は、年官が支えた中央と地方の人的ネットワークの上に形成・維持されていたものと考えられるし、中世荘園の立荘の歴史的前提として、「それ以前の荘園経営の展開の中で形成されていった地域社会と荘園領主との結合の形成を「在地的基盤」の一つのあり方として重視すべき」という指摘も出されている。[19] 中世との接続という観点に立つと、年官の意義が最も高まった時期は、中世社会や荘園制の歴史的前提が形成された時期にあたり、[20] そのような時期の諸活動や社会体制の基盤にあった人的ネットワークを、年官は支えていたのである。

以上のように、年官は、平安貴族社会における諸活動の基盤にあり、地方社会まで広がっていた天皇・院宮・摂関・公卿を中心とした政治的・社会的・経済的関係を形成・維持・強化して、院宮・諸家・諸司に中下級官人層や家人・雑任層が分属する平安貴族社会の体制・構造を支え、中世社会への移行に寄与したと評価される。年官は、人的ネットワークの側面で、古代から中世への移行を支えたのであり、ここに年官の歴史的意義があったと言えよう。

三　平安時代の理解をめぐって——今後の展望——

周知の通り、平安時代、特に平安時代中期（十・十一世紀）は古代から中世への転換・移行期として理解され、その画期をめぐり、これまで多くの研究が積み重ねられてきた。

その出発点と言える石母田正氏の研究は、延喜庄園整理令を評価して十世紀初頭に古代の転換期を求め、「古代の転換期としての十世紀」という提言をして、以降の研究に大きな影響を与えた。[21] その後、十世紀初頭を重視する理解は、王朝国家論・王朝国家体制論[22]に継承されたが、一九九〇年代以降、十世紀初頭を重視する理解は見直されていく[23]。大津透氏は、国家財政・収取制度が十世紀後半に再編されたことを重視して、この時期に画期を見出し、以降の国家を後期律令国家とした[24]。また、吉川真司氏は、十世紀後半に太政官政務の衰退や摂関の太政官政務からの離脱などが起こり、律令制を離脱した政治形態に変化したことを指摘して、十世紀後半以降の後期摂関政治を「初期権門政治」と捉えて中世権門政治の出発点と評価した[25]。十世紀後半以降の時代認識は異なるものの、大津・吉川両氏は十世紀後半を画期とした。

十世紀でも後半以外の時期に画期を求める研究もある。地方支配の観点から中世の形成を考察した佐藤泰弘氏は、受領を重視し、その受領を軸に徴税・輸納体制が再編された十世紀末期を「古代から中世への転回が決定的になった」時期と評価した[26]。また、多角的な視点から中世社会・中世王権の形成を論じた上島享氏は、中世の起点を十世紀中頃の天慶の乱に求める見解を提示している[27]。

これらの研究に対して、九世紀に時代の画期を見出す研究もある。王土思想や支配者層の対外意識を分析した村井章介氏は、中世的な王土思想が成立するのも、「境外の夷人が徳化の対象から恐怖の発源へと変貌」し、中央貴族の対外意識が中世的なものに転回するのも九世紀であることを論じ、「律令制的な要素が決定的な変貌をとげるのは、むしろ九世紀においてである」と指摘した[28]。

十世紀後半の後期摂関政治の成立を中世への転換の画期とした吉川真司氏は、その後、自説を発展させるなかで、九世紀中頃の承和年間を政治・社会・文化の面で大きな変化が起こった時期として重視すべきだとし（承和の転換）、その変化の帰結が十世紀後半の後期摂関政治（初期権門体制）であるとした[29]。また、財政史研究の立場から十世紀後半に画期を見出した大津透氏も、その後、摂関期の財政構造を論じた際、九世紀後半から十世紀初頭と、十世紀後半の

文化史の観点からは、近年、川尻秋生氏が、日本文化の大きな転換点として九世紀を評価し、「九世紀に播かれた種が一〇世紀に開花したと評価することができる」と述べている[31]。

以上のように、平安時代の理解・評価をめぐっては、さまざまな観点から、多くの見解が出されてきたが、本書の成果を踏まえると、どう評価できるだろうか。

現時点の私見を述べれば、九世紀後半と十世紀後半の二つの時期に時代の画期があったと考える。このように考える理由は、第一に、九世紀後半に、受領による任用国司などの国衙機構ポストを運用した地方有力者の編成が本格的に始まり、その動きのなかで形成された地方支配体制が、十世紀後半に朝廷に容認されることで、摂関期の地方支配体制につながっていったこと[32]。第二に、九世紀後半は、平安貴族社会の分権的・多元的な社会体制を反映した年官の主要なものが出揃う時期であり、十世紀後半は本籍地回避の原則の部分的な放棄によって年官の活用が地方まで展開し、年官が中央・地方に広がる人的ネットワークを支えるようになったこと[33]。第三に、十世紀後半から十一世紀後半までの間、年官が支えた《天皇・院宮・摂関・公卿―受領》《天皇・院宮・摂関・公卿―地方有力者》《受領―地方有力者》といった政治的・社会的・経済的諸関係[34]は、九世紀中頃や後半の《院宮王臣家―国司》《院宮王臣家―富豪層》や《国司（受領）―富豪層》の関係が成長・発展したものと考えられることである[35]。

右で挙げた理由から、九世紀後半と十世紀後半に画期を求め、平安時代における国家・社会の変容を理解すべきだと考えるが、課題も多い。九世紀後半以降または十世紀後半以降の時代を古代末期とするのか中世初期とするのか、本書で検討した点以外も含めて総合的に見た場合、右の理解は妥当なのか、また、そもそもなぜ平安時代の日本は分権的・多元的な社会に変容したのかなどである。現時点でこれらに対する解答は持ち合わせていないため、すべて今後の課題としたい。

注

（1）本書第一部第一章。

（2）本書第一部第二章。

（3）本書第二部第二章。

（4）本書第二部第一章。

（5）本書第二部第三章第一節。

（6）本書第二部第三章。

（7）時野谷滋「年給制度の研究」（同『律令俸禄制度史の研究』吉川弘文館、一九七七年）。

（8）本書第一部第二章、第二部一章、同二章。

（9）たとえば、第二部第三章で取り上げた藤原家実が雑色の紀光延を推薦した建久九年（一一九八）の事例（『猪隈関白記』建久九年正月二十八日条）など。

（10）吉川真司「律令官人制の再編過程」（同『律令官僚制の研究』塙書房、一九九八年、初出一九八九年）、同「摂関政治の転成」（前掲同書、初出一九九五年）。

（11）年官がきっかけとなった中央の貴族と地方の有力者の関係の具体例としては、藤原実資と大隅国の為頼との関係がある。この事例については、第二部第二章・注（6）を参照されたい。

（12）本書第二部第一章、同二章。

（13）尾上陽介「年爵制度の変遷とその本質」（『東京大学史料編纂所紀要』四、一九九四年）。

（14）菊池紳一「「院分」の成立と変遷」（『国史学』一二八、一九八六年）。

（15）吉川真司前掲注（10）一九八九年論文、山下信一郎「平安時代の給与制と位禄」（同『日本古代の国家と給与制』吉川弘文館、二〇一二年、初出一九九七年）。

（16）山下信一郎前掲注（15）論文。

(17) 吉川真司氏は、後期摂関政治期の社会関係が展開して、院政期に荘園制という形態で定着するという見通しを示している(前掲注(10)一九九五年論文)。

(18) 守田逸人「荘園制の展開と在地領主の形成―私領主から在地領主へ―」(同『日本中世社会成立史論』校倉書房、二〇一〇年、初出二〇〇六年)、永野弘明「平安～鎌倉初期黒田庄荘官考」(『年報中世史研究』四六、二〇二一年)。

(19) 前田徹「播磨国における寺社領・摂関家領荘園の形成」(『史敏』一〇、二〇一二年)。

(20) 近年の荘園制成立史研究では、摂関期を院政期における立荘の歴史的前提の時期として理解し、摂関期からの流れのなかで院政期の立荘・荘園制の成立を捉えようとする潮流がある。これについては、手嶋大侑「荘園制成立史研究と摂関期の荘園研究」(有富純也・佐藤雄基編『摂関・院政期研究をよみなおす』思文閣出版、二〇二三年)を参照されたい。
また、年官が展開した十世紀後半以降を中世のはじまりと理解する近年の研究としては、吉川真司前掲注(10)一九九五年論文、佐藤泰弘『日本中世の黎明』(京都大学学術出版会、二〇〇一年)、上島享『日本中世社会の形成と王権』名古屋大学出版会、二〇一〇年)などがある。

(21) 『石母田正著作集　第六巻　古代末期の政治過程および政治形態』(岩波書店、一九八九年)。同書は、昭和二十五年(一九五〇)に、日本評論社『社会構成史大系』シリーズとして、上(第一・二章)・下(第三章・余論)で刊行され、その後、二巻本『古代末期政治史序説』(未来社、一九五六年)、一巻本『古代末期政治史序説』(未来社、一九六四年)が刊行された。

(22) 戸田芳実『日本領主制成立史の研究』(岩波書店、一九六七年)、坂本賞三『日本王朝国家体制論』(東京大学出版会、一九七二年)など。

(23) 王朝国家論を支持する下向井龍彦氏は、近年、改めて十世紀初頭に重要な転換点を求める見解を提示した(下向井龍彦「古代・中世の転換点をどう見るか」『歴史評論』八四一、二〇二〇年)。

(24) 大津透『律令国家支配構造の研究』(岩波書店、一九九三年)。

(25) 吉川真司前掲注(10)一九九五論文。

(26) 佐藤泰弘前掲注(20)著書。

(27) 上島享前掲注(20)著書。

(28) 村井章介「王土王民思想と九世紀の転換」(同『日本中世境界史論』岩波書店、二〇一三年、初出一九九五年)。なお村井氏は、

注(1)において、九世紀に古代から中世への移行の画期を見出すその他の根拠として、①平安中期以降の貴族が参照する先例が九世紀を遡らないこと、②中世の天皇権力を支える令外官の蔵人所と検非違使庁の成立が九世紀前半であること、③藤原良房の摂政就任以降、天皇権力の代行者がある程度継続的に現れること、④九世紀になると、班田収授の実施が滞り、十世紀初頭の延喜の班田計画を最後に放棄されることを挙げている。

(29) 吉川真司「平安京」(同編『日本の時代史5　平安京』吉川弘文館、二〇〇二年)、同「院宮王臣家」(同『律令体制史研究』岩波書店、二〇二二年、初出二〇〇二年)。

(30) 大津透「財政の再編と宮廷社会」(『岩波講座日本歴史　第5巻　古代5』岩波書店、二〇一五年)。

(31) 川尻秋生「新たな文字文化の始まり」(川尻秋生・吉川真司・吉村武彦編『シリーズ古代史をひらく　文字とことば—文字文化の始まり—』岩波書店、二〇二〇年)。

(32) 本書第一部第一章。

(33) 本書第一部第二章。

(34) 本書第二部第一章、同第二章。

(35) 吉川真司前掲注(29)二〇〇二年論文、本書第一部第一章。

初出一覧

序章「年官制度研究の軌跡と本書の課題」（新稿）

第一部

第一章「受領の地方支配と本籍地回避」（新稿）

第二章「年官制度の展開―中央と地方をつなぐ新たな方途の成立―」（「年官制度の展開―中央と地方の連関―」公益信託松尾金藏記念奨学基金編『明日へ翔ぶ―人文社会学の新視点―4』風間書房、二〇一七年を修正・増補し改稿）

付論「高子内親王家の庄園経営」（『日本歴史』八五四、二〇一九年）

第二部

第一章「平安中期における受領と年官」（『歴史学研究』九八三、二〇一九年）

付論1「花山院と藤原実資」（『民衆史研究』一〇四、二〇二三年）

第二章「平安中期の年官と庄園」（『日本歴史』八三〇、二〇一七年を一部修正）

第三章「平安後期における年官の変容」（新稿）

付論2「『除目申文之抄』と藤原伊通の除目書『九抄』」（『古文書研究』九四、二〇二二年、原題「宮内庁書陵部図書寮文庫所蔵『除目申文之抄』と藤原伊通の除目書『九抄』」）

終章「平安貴族社会と年官」（新稿）

あとがき

本書は、二〇一八年度に名古屋市立大学大学院人間文化研究科に提出した博士学位論文をもとに、その後の研究成果を組み込んで再構成したものである。これまでの研究を思い返してみると、学部から大学院博士後期課程まで指導してくださった吉田一彦先生をはじめ、実に多くの方々に支えられていたことを改めて痛感した。そこで、これまでの研究の歩みを振り返りつつ、感謝の気持ちを述べることにしたい。

私が年官と初めて出会ったのは、学部二年生の時であった。当時在学していた名古屋市立大学人文社会学部国際文化学科では、二年生後期にゼミ配属があり、歴史学を志していた私は迷わず吉田一彦先生の日本古代史ゼミを選択した。吉田先生のゼミでは、『日本三代実録』を輪読しており、最初の発表担当が、年官の初見記事になる貞観七年（八六五）正月二十五日条であった（同日条は難解で悪戦苦闘しながら発表レジュメを作ったことを記憶している）。その後、卒業論文のテーマを決める時期になり、あれこれ考えて、年官をテーマにすることに決めた。そこから、年官と向き合う日々が始まった。

二〇一四年四月、吉田一彦先生に指導教員を引き受けてもらい大学院に進学した。大学院でも年官研究に取り組むことは決めていたものの、どのような方向性で研究を進めようか迷っていた。その時、学部三年生の頃に、吉田先生から薦められた吉川真司氏の「院宮王臣家」の論文を思い出し、そこで論じられた院宮王臣家の活動と年官の関係を追究するのが面白いのではないかと思うようになった。本書につながる研究はこうして始まった。

また、大学院博士前期課程一年目には、幸いにも、公益信託松尾金藏記念奨学基金の奨学生に採用され、二年間、研究活動を支援していただいた。同奨学基金では、数年ごとに、奨学生による成果報告として論集（『明日へ翔ぶ―人文社会学の新視点―』風間書房）を刊行していた。その第四論集（二〇一七年刊）に声をかけてもらい、支援期間の成果として、「年官制度の展開―中央と地方の連関―」を寄稿した。これは本書第一部第二章のもとになった論文であり、本書に収めた各論文の基礎になったものである。研究活動をスタートさせたばかりの時期に、こうした支援を得て研究に没頭できたことはとても幸運だった。その奨学基金は二〇二四年度で終了する。奨学基金の運営にご尽力された松尾葦江先生に感謝の意を申し上げたい。

博士後期課程に進学後は、平安時代の地方支配と年官の関係の研究を進めた。その成果として発表した論文が、第二部第一章に収めた「平安中期における受領と年官」（二〇一九年、『歴史学研究』九八三号に発表）と、第二部第二章に収めた「平安中期の年官と庄園」（二〇一七年、『日本歴史』八三〇号に発表）である。このうち、「平安中期の年官と庄園」は、初めて学外の学術雑誌に投稿し、査読を経て掲載されたものということもあって、私にとって思い入れがある論文の一つである。掲載が決まった時の喜びは今も忘れない。それだけでなく、本論文は、二〇一八年に第一九回日本歴史学会賞の受賞論文に選んでいただき、私の研究を多くの方に知ってもらうきっかけにもなった。

年官が庄園経営に活用されていたことが分かってから、庄園史料も読むようになった。ある日、『平安遺文』をめくっていたら、高子内親王家領庄園史料（早稲田大学図書館所蔵『観音寺文書　乙巻』）に目が留まった。それから、同史料を読み込む日々が続き、なんとか論文にまとめることができた。それが第一部付論に収めた「高子内親王家の庄園経営」（二〇一九年、『日本歴史』八五四号に発表）である。本論文を書くにあたり、当時、上智大学の大学院生であった渡部敦寛君に声をかけ、二人であれこれ言いながら本史料を実見・観察したのは、楽しい思い出として残っている。

史料を読み・調査し、考えることを楽しみ、その一方で研究や論文執筆の苦しさも味わいながら、博士学位論文を書き上げ、博士後期課程を修了することができた。こうした大学院生活では、指導教員である吉田一彦先生、吉田ゼミの先輩・後輩の方々に大変お世話になった。大学院での講義・研究発表では、毎回、適切なご意見・ご指摘をいただき、定期的に開かれる吉田ゼミの懇親会やゼミ旅行では、お酒を酌み交わしながら、日本古代史について延々と議論したのは忘れられない。また吉田先生には、先生が主催する科研費の研究会に参加することをご快諾いただき、中国調査にも連れて行ってもらった。そうした活動を通して、他分野・他時代を専門とされる多くの先生方とも知り合うことができた。吉田先生には、研究でのご指導だけでなく、多くの方との縁をつないでもらった。吉田先生からいただいた学恩は計り知れないが、自身の研究を進めることが恩返しになると思っている。本書がその一つになれば幸いである。

また、愛知県立大学の丸山裕美子先生、愛知学院大学の松薗斉先生にも、大変お世話になった。丸山先生に初めてお会いしたのは、名古屋市立大学と愛知県立大学の単位交換制度を利用して、先生の講義を受講した時だったと記憶しているが、それ以降、何かと気にかけてくださり、今に至るまでお世話になっている。松薗先生とは、古記録を読みたいという私の思いを受けて吉田先生が紹介してくださったのが最初だった。挨拶のため、松薗先生の研究室を初めて訪問した時は緊張したが、やさしく迎えてくださり、花園の会（『花園天皇宸記』を読む会）という勉強会にお誘いいただいた。自身が専攻する時代とは違う、中世の日記を読むことは、難しい点も多々あったが、知的刺激に満ちた時間を過ごさせていただいた。

平安時代の古記録を読みたかった私は、丸山先生と松薗先生にご指導を仰ぎ、当時、名古屋大学の大学院生であった芝臣早希さん、稲垣竣亮君に声をかけ、藤原資房の日記『春記』を読む勉強会（春記の会）を立ち上げた。一回目は愛知県立大学で、二回目以降は名古屋大学で、コロナ禍以降はzoomを利用したオンラインで開催し（月一回）、現在では、名古屋だけでなく東京の人たちも参加される会となっている。春記の会を始めて今年で一一年目になるが、そこで学んだ古記録の読みは私の研究を支えてくれている。これからも大切にしていきたい勉強会である。

また、名古屋で研究をする私にとって、名古屋古代史研究会の存在は大きかった。初めて名古屋古代史研究会に参加したのは、学部三年生の時であったが、翌年の卒業論文発表会から、自分の研究を発表させてもらうようになり、多くのご意見を頂戴することができた。本書に収めた各論考も同研究会で発表した内容が含まれている。

ただ、東海地方には、日本古代史を専攻する大学院生が少なかったので、関東や関西で開かれる学会・研究会に積極的に参加することも心がけた。そのおかげか、東海圏以外で活躍する同世代の人にも仲良くしてもらい、お世話になった。特に、上村正裕さん、土居嗣和さん、里舘翔大君、渡部敦寛君とは、有志の勉強会を開くなどして多くのことを議論し、自身の考えにも忌憚ないご意見をもらうことができ、研究をブラッシュアップすることができた。

大学院修了後の二年間は、名古屋市立大学大学院の研究員として研究を続けた。この時期に、院生の頃から気になっていた宮内庁書陵部図書寮文庫所蔵『除目申文之抄』の研究を進めた。この時の研究をもとにまとめたのが第二部付論1「花山院と藤原実資」（二〇二三年、『民衆史研究』一〇四号に発表）と付論2「『除目申文之抄』と藤原伊通の除目書『九抄』」（二〇二二年、『古文書研究』九四号に発表）となっている。『除目申文之抄』の文章が『魚魯愚抄』が孫引きする「九抄」逸文と同じであることに気付いた時は、史料研究の楽しさを再確認したとともに、何とも言えない高揚感があったのを覚えている。なお、「あとがき」を執筆中、吉村武彦ほか編『シリーズ古代史をひらくⅡ　摂関政治』（岩波書店、二〇二四年）収録の告井幸男氏の論考「中世政治としての摂関政治」に接し、拙稿「花山院と藤原実資」は参照されていないものの、花山院と実資の関係や実資による花山院の年給の利用について、私見と同じ理解・評価をされていることを知った。告井氏の独自の考察結果が私見と一致したということで、大変心強く感じている。

二〇二一年四月からは、松薗先生に受入研究者になっていただき、日本学術振興会特別研究員PDとして愛知学院大学にお世話になった。幸運なことに、翌年から現職場である同朋大学に着任することが決まり、愛知学院大学を一年で去ることになったが、個別研究室をご用意くださるなど多大な配慮をいただき、研究を進めることができた。

そして二〇二二年四月から同朋大学に奉職し、今に至る。同朋大学では、同僚の先生方、職員の方々のおかげで、大変だが、充実した日々を送ることができている。この間、名古屋古代史研究会、歴史学研究会、古代地域社会史研究会、三田古代史研究会などで発表の機会をいただき、本籍地回避の原則や平安後期の年官について考えることができた。そこでいただいたご意見を踏まえてまとめたのが、第一部第一章「受領の地方支配と本籍地回避」と第二部第三章「平安後期における年官の変容」である。

以上のように、卒業論文から始まった私の年官研究は、吉田一彦先生をはじめ、多くの先生方、同世代の研究仲間たち、研究環境を用意してくださった名古屋市立大学・愛知学院大学・同朋大学の方々に支えられてきた。改めてこの場を借りて感謝申し上げたい。また、日本歴史学会賞の御縁から本書の刊行をご快諾いただいた吉川弘文館、刊行に至るまでご尽力いただいた編集部の長谷川裕美さん、岡庭由佳さんにも感謝申し上げたい。

最後に、私が五歳の時に父を亡くして以降、女手一つで私と弟を育ててくれた母和美、私生活を支えてくれている妻の朱里、私の人生をより豊かにしてくれている愛娘に感謝しつつ、本書を、父康の仏壇に供えたいと思う。

なお、本書の内容は、科研費特別研究員奨励費（17J00680、二〇一七〜二〇一八年度）、公益財団法人髙梨学術奨励基金若手研究助成（二〇一九年度）、科研費研究活動スタート支援（19K23111、二〇一九〜二〇二〇年度）、科研費特別研究員奨励費（21J00388、二〇二一年度）、科研費若手研究（23K12280、二〇二三〜二〇二六年度）による研究成果の主要な部分をまとめたものである。また、『除目申文之抄』の写真掲載をご許可いただいた宮内庁書陵部図書寮文庫にも御礼申し上げたい。

二〇二四年十二月

手嶋大侑

索　　引

Ⅰ　事　　項

あ行

愛智郡（尾張国）　75
赤坂郡（備前国）　113
県犬養氏　121, 128
安芸権大介　216
安芸権介　220
安芸少目　200, 207
安芸少掾　207
安芸掾　217
安芸介　221
安芸大目　200
安芸大掾　207, 209, 214, 217
赤穂郡（播磨国）　216, 217
預　66
軽我孫氏　121
厚見郡（美濃国）　75
海部郡（尾張国）　75
在田郡（紀伊国）　75, 160～163
味蜂郡（美濃国）　75, 127
荒城氏　94, 101
或秘抄　242
綾　氏　119
淡路少目　207
淡路掾　213
淡路大掾　203, 208
阿波守　106, 123
阿波権少目　231, 232
阿波目　196, 201, 208, 231, 232
阿波掾　106, 203
阿波少目　201, 203, 205
阿波少掾　182, 203, 208
阿波大目　196, 205, 231, 232
安祥寺　220
安祥寺資材帳　100
伊賀権掾　196
伊賀掾　196, 197, 211, 212
壱岐掾　212
意見十二箇条　51, 52
不知山氏　127
位　子　33
石垣上庄　161, 164, 255
石垣下庄　161, 164, 255
石手庄　160
石野氏　113
石山寺　109
和泉少目　203
出雲目　192, 199, 213, 214
出雲少目　200, 206
出雲少掾　211
出雲掾　109, 203, 211, 215
出雲介　210, 215
伊勢権介　210
伊勢目　57
伊勢少掾　57
伊勢介　210
伊勢大目　135
伊勢大掾　108, 214
伊治城　49
伊豆掾　213
磯部氏　75
壱志郡（伊勢国）　75
壱志氏　75
一乗妙行悉地菩薩性空上人伝　115, 126
一代要記　88, 89, 99
一切経田　86, 93, 94
一分召　263
位　田　4, 19
医　道　250, 251
怡土郡（筑前国）　217
因幡少目　207, 208
因幡少掾　206

因幡掾　199
因幡介　209, 237
因幡大掾　200
猪隈関白記　188, 263
五百井氏　110
五百木部氏　121, 128
位禄分　258, 259
伊予守　62, 131, 132
伊予権少目　57, 60
伊予権大掾　201
伊予少目　206
伊予掾　61, 120, 193, 196～202, 209
伊予大目　61, 211
伊予大掾　61, 200～202, 205～207, 209, 210
石寸氏　107
石見守　52
石見介　52
石見掾　52, 203, 212
院御書（除秘抄）　79, 183, 193
院　宮　1, 2, 11, 12, 255, 257～260, 262
院宮王臣家　10, 11, 15, 33, 59, 62, 64, 73, 81, 82, 95～97, 101, 262
院宮給　1, 5, 79
院　司　9, 16, 258, 259
院　分　258, 259
右衛門督　171
右近衛大将　133, 135
右近衛将監　157, 167
宇陀郡（大和国）　212
右大臣　2, 82
宇智郡（大和国）　213
内舎人　64, 65, 70～72, 78, 79, 158, 182
有年庄　158, 167
産　養　141
厩　司　141
右馬允　182
右馬少允　182
右勇士督　48
栄花物語　144
栄　爵　6, 128, 129, 131, 132
愛智郡（近江国）　75
依智庄検田帳　100
依智秦氏　119
越後守　215
越後目　199
越後少掾　209
越後掾　199, 225
越後介　216
越後大掾　207
越前員外掾　48
越前目　197
越前少目　206
越前少掾　182, 198, 202
越前掾　198, 202, 203, 225
越前大目　197, 205
越中員外介　48
越中少目　207, 208
越中掾　213, 216, 225
越中介　200
江沼郡（加賀国）　75, 218
江沼氏　75
延喜格　27
延喜式　173, 174
延喜斎宮式　29
延喜式部格　48
延喜式部式　27, 28, 75, 124
延喜太政官式　65
円融院御灌頂記　167
王朝国家論（王朝国家体制論）　10, 261, 264
御馬所　218
近江守　109, 157, 158
近江権医師　32
近江国検非違使　34
近江権少目　57
近江権少掾　197, 229
近江権介　216
近江権大掾　35, 120
近江目　197, 198
近江介　35
近江掾　109, 196, 198
近江少掾　193, 196, 202, 208
近江少目　197
近江大目　48, 77, 120, 171, 197
近江大掾　202, 206
大歌所　66, 250
大江御厨　175, 176
大蔵卿　62, 153
大隅権大掾　216～219, 221
大隅目　218, 220
大隅掾　76, 106, 166, 217, 219

大隅大掾　220
大舎人寮　65
大　間　70, 71, 79, 227, 228, 233, 236
大間成文抄　1, 18, 58, 60, 66, 67, 76～79, 113, 118, 119, 121, 123, 126, 134, 140, 165～167, 171～174, 177, 182, 193, 211, 229, 236, 242, 252
大山庄　164, 214
岡前庄　181
越智郡（伊予国）　75
越智氏　59, 60, 75～78, 121
小野宮家　146, 165
尾張氏　75, 157
（尾張）権介（在庁職）　219
尾張医師　32
尾張権大目　58
尾張目　197
尾張介　58
（尾張）介（在庁職）　219
尾張掾　57
（尾張）掾（在庁職）　219
尾張少目　182, 203, 205, 207
尾張大目　198
（尾張）大目（在庁職）　219
陰陽寮　249～251

か行

甲斐権掾　196
甲斐権少目　196
甲斐介　180, 215
甲斐掾　77, 196
甲斐少掾　182
加　階　1, 139, 164, 258
加賀権守　217
加賀権掾　57, 140
加賀権介　227
加賀目　207
加賀少掾　203
加賀掾　202, 203, 218
加賀大目　207, 209～211
加賀大掾　183, 202, 203, 209, 211
各務郡（美濃国）　75
各務氏　75
加　冠　143
学館院　66, 249
春部郡（尾張国）　75
上総権少掾　199
上総大掾　199
葛木郡大嶋郷（下総国）　107
葛下郡（大和国）　192, 212
合　爵　5
葛野郡（山城国）　191, 212～214
葛野郡山田郷（山城国）　192
嘉麻南郷（筑前国）　214
上毛野氏　75
上道氏　110
上召使　64, 65, 70, 78, 79, 225, 251
賀茂郡（播磨国）　75
賀茂斎院　81, 90
掃部頭　178
河内国検非違使　34
河内権介　48, 120
河内権大目　135, 196
河内介　175, 176, 215
河内大掾　209
勧学院　66, 70, 152, 153, 156, 249
菅家文草　17, 19
勘　籍　44, 53, 54
観世音寺　81～83, 85, 86, 92～96, 99～101
観音寺文書（観世音寺文書）　81, 96, 97, 100
関　白　71, 76
寛平御遺誡　3, 35
官　物　161
紀伊郡（山城国）　172, 212, 213
紀伊守　52
紀伊国造　52, 219
紀伊権守　218
紀伊権掾　208, 209
紀伊権少目　212
紀伊権大目　57, 177, 196
紀伊少掾　209
紀伊掾　52, 169
紀伊介　203, 210
（紀伊）介（在庁職）　218
紀伊大目　57, 159, 160, 163, 164, 198, 255
杵島郡（肥前国）　217
既多寺知識経　75
紀伝道　66, 78, 231, 249, 250
擬任郡司　33, 49, 75
紀　氏　75, 160
格前之庄　160～162

九　抄　16, 211, 223, 224, 229, 231〜233, 236, 237, 240〜242
九　暦　127
行　事　110, 212, 214
行事所　66, 67
校書殿（文殿）　65, 71
魚書秘伝別抄　178, 192, 237, 238, 243, 252
魚魯愚抄　58, 60, 61, 66, 76〜78, 118, 119, 121, 166, 171, 183, 211, 230〜233, 236, 241〜243, 252
魚魯愚別録　58, 76, 77, 119, 121, 165〜167, 171, 211, 252
宮　司　9, 16, 258, 259
公　廨　4, 12, 18, 62
公　卿　1, 3, 12, 55, 70, 71, 77, 78, 154, 228, 255, 257, 258, 262
公卿給　1, 5, 17, 70〜72, 79
公　験　83, 84
百済王氏　90
国医師　18, 25〜28, 30〜33, 35〜38, 42, 43, 47, 49〜51
国　替　3, 5, 79, 119, 181〜183, 226, 250
国検田使　160〜162, 168
国検非違使　18, 34, 36, 38, 51, 190
国除目　184
国博士　18, 25〜28, 30〜33, 35〜38, 42, 43, 47, 49〜51
熊野御幸　136, 149
競　馬　157, 158
内蔵頭　98
内蔵寮　82〜84, 91, 95, 98, 101
内蔵寮牒　82〜84
車　副　187
蔵　人　120, 149
蔵人所　250, 265
蔵人頭　120, 123, 130, 137, 153
郡　使　192, 213
郡　司　38〜40, 47, 52, 53, 83, 107, 126, 160〜163, 172, 181, 212〜214, 216, 219
郡司層　32, 33, 38, 43, 253
郡司任用の儀　109
郡摂使　163
郡務使　213
軍防令・給事力条　49
家　司　11, 105, 107, 115, 120, 122, 124, 126, 131, 138〜142, 259
外　記　58, 62, 71, 72, 79, 116, 141, 142, 226
外記宣旨　23, 58, 75
家　人　11, 33, 120, 122, 131, 138, 139, 142, 146, 257, 259, 260
検非違使　157
検非違使所　265
検非違使別当　149, 194
検　校　86, 87, 91, 92, 95〜97, 99, 175, 176, 217
検交替使　113
兼　参　143
検　田　161, 162, 168
検田所　161, 218
検田目録　168
現刀禰　180
元　服　143
権　門　11, 118, 122, 258
権門体制　9, 258
後　院　120
後期律令国家　261
江　記　178, 187, 192
江家次第　1, 17, 76, 77, 79, 157, 158
郷　司　217
上野守　158
上野権大掾　57
上野掾　175, 176, 180, 192, 213, 215
上野少目　182
上野少掾　206
皇太后　183
皇太神宮儀式帳　75
交替丁　29〜31, 36, 49, 50
江談抄　157
公　田　160, 161
興福寺　108
御　禊　67, 153
更　任　5, 171, 211, 227
功　物　29, 30
後河庄　215
古　記　25, 26, 47
国　擬　33
御給所　133
国　使　108, 110, 214, 216, 218, 220
国　請　51, 64, 66, 67, 69, 78, 79
国　掌　34, 36, 38, 40, 47, 190

国　図　86, 92
戸婚律　25, 47
古事類苑　5～9
御書所　66
五節舞姫　3, 62, 63, 136, 149
小舎人所　188
小舎人所長　214
互用の罪　93
権　記　105, 108, 109, 111, 115, 123, 124, 127, 136, 145, 146, 148, 152, 156, 167
今昔物語集　157
権検校　216
権大納言　133
権中納言　171, 188

さ行

西宮記　58, 70, 72, 133, 242
在国司職　185, 194, 217, 220～222
斎　宮　67, 182
税　所　212, 214
税所氏　76
税　長　39
在庁官人　184, 191, 215～222
在庁職　184, 185
佐伯氏　75, 119
左衛門府　250
相模権介　210
相模少目　210
相模少掾　206
相模介　213
相模大目　209
相楽郡（山城国）　214
防　人　29, 30
左　京　212～216
作物所　66, 67
左近衛大将　188
雀居遺跡　101
左大臣　2, 61, 68, 137, 181
左大弁　62, 159
薩摩守　141, 149
（薩摩）掾（在庁職）　218
佐渡掾　197
讃岐権大目　58, 120
讃岐権掾　120
讃岐目　200, 201, 210
讃岐少目　57, 205～207
讃岐少掾　201, 205
讃岐掾　105, 106, 205, 216
讃岐大目　58, 120, 123, 197, 200
讃岐大掾　183, 202, 208, 216, 219
侍所長　141, 147
山槐記　243
参　議　2, 3, 62, 63, 71, 77, 177, 230, 231
三局史生　64, 65, 70, 79
三省史生　64, 65, 225
算　道　66, 249
三宝絵詞　120
侍　医　48
強木御庄　181
飾磨郡（播磨国）　75
地火爐次　141
式部卿　2
式部省　31, 47, 51, 250
式部大輔　177
地　子　86, 94
四所籍　64, 65, 70～72, 77, 79
子息二合　3, 77, 248, 249
尻　付　147, 153, 227, 228, 231, 232
実検所　220
信濃権介　199
信濃介　199, 210, 214, 215
信濃目　180, 212
信濃少掾　206
信濃掾　198, 199, 214
時範記　184
紫微少弼　48
治部卿　62, 194
志摩目　201
除　目　58, 69～72, 79, 91, 133, 135, 147, 149, 151, 179, 181～185, 194, 223, 226, 240
除目次第　79, 182, 193
除目申文抄　58, 59, 119, 121, 153, 171, 211, 236, 252
除目申文之抄　16, 60, 76～78, 114, 118, 119, 121, 126, 132, 140, 167, 171, 183, 211, 223～226, 228, 229, 231, 233, 236～238, 240, 241
下月隈C遺跡　97, 101
下野権医師　32
下野権介　209
下野権大目　200

下野庄　161, 164, 255
下野掾　212
下野少掾　205
下野介　50, 61, 213
下野大掾　199
下総守　107, 124
下総権介　218, 220
下総介　215
下総大目　199
下総大掾　107
受　業　31, 32, 47
准三宮　5, 19
執　筆　71, 79, 181, 228, 229, 233〜235, 240
巡　給　3, 57, 77, 79, 172, 183, 226, 245〜250
貞観交替式　49
貞観民部格　49
諸院挙　66, 70, 79, 225
叙位除目執筆抄　234
奨学院　66, 70, 249
小記目録　136, 146, 150
成　功　6, 67, 78
上　日　65, 67, 68
小右記　71, 72, 106, 115, 123, 124, 126〜129, 131, 132, 136, 137, 141, 143〜148, 150, 154, 156, 165〜167, 172, 236
少　領　75
諸衛舎人　33
初期権門政治（初期権門体制）　10, 11, 261
続日本紀　47, 50, 75, 113
続日本後紀　52, 97, 99, 128
諸国史生（史生）　1, 3, 13, 18, 26, 28, 29, 34〜38, 41, 43, 49, 51, 55, 253, 254, 256, 263
諸司奏　64, 66, 79, 225
叙除拾要（行成抄, 行成卿除目子葉子）　1, 3, 17, 18, 77, 134, 135, 145
叙　爵　1, 138, 164, 258
書写山　115
書　生　34, 40, 108, 160〜162, 217
諸　請　64, 225
尚　膳　88
庄　田　82, 94
諸道課試及第勘文　224, 242, 251
庄　預　86, 87, 94, 97
浄妙寺　150
諸道挙　66, 70, 79, 225
叙料（爵料）　8, 10, 123, 129, 144, 149
事　力　31, 36, 49, 50
親　王　1〜3, 55, 70, 71
親王賜田　101
親王給　1, 17, 79
進物所　65, 71, 226
周防権掾　207
周防目　198, 202
周防少掾　202, 210
周防掾　180, 182, 200〜202, 205, 207, 215
周防大目　210
周防大掾　202, 203, 210
図　師　217
相撲人　106, 166
受　領　11, 15, 23, 33〜36, 38, 59, 62, 64, 67, 73, 76, 103, 107〜110, 112, 113, 115, 118〜122, 124, 127, 128, 153, 155, 169, 170, 190, 191, 195, 253〜255, 258, 259, 261, 262
駿河権介　209
駿河少掾　199, 202
駿河介　214
駿河大目　196
駿河大掾　211
政事要略　18, 49, 62, 176
勢多郡（上野国）　75
摂　政　179
摂関賀茂詣　154
摂関家　119, 122, 153, 155, 156, 158, 167, 168, 236, 254
摂津権介　210
摂津目　198, 211
摂津少目　205, 211
摂津掾　213
摂津介　203
摂津権少目　196
摂津大目　196〜198
千載和歌集　146
宣　旨　176
選叙令・国博士条　25, 47, 51
専　当　86, 91〜93, 95, 97, 100
専当国司　49
惣　官　153, 155, 156, 158, 159, 164, 165
添上郡（大和国）　213
造宮卿　48
惣検校　214

喪葬令・官人従征条　25
総検校　158, 165, 167, 216
雑　色　188, 263
雑色人　112, 125, 190
雑色人郡司　190
雑　任　11, 33, 41, 53, 126, 257, 260
相　博　225
相馬郡（下総国）　218, 220
曽我部氏　117
帥　記　178
曽禰庄　108
尊卑分脈　126, 144, 153

た行

大学寮　65
太皇太后　117, 147, 165, 166
太皇太后宮職　141
太皇太后宮大夫　124, 166, 227
大書吏　139, 146
台明寺　222
大　領　52, 214
高子内親王家　15, 81〜85, 87, 91, 92, 95
高子内親王家庄牒案　82〜85
高田郡（安芸国）　214, 216
高田牧　165
高庭庄　96
多紀郡（丹波国）　216
滝野庄　16, 152, 153, 155, 156, 158, 159, 164, 167, 254
高市郡（大和国）　216
大宰府　109
大宰帥　49
大宰少監　51
大宰大監　67, 194
大宰大弐　51, 67
但馬介　197
但馬目　196
但馬掾　199, 211
但馬少掾　182, 207
但馬大目　196
太政大臣　113
田　堵　213, 215, 220
多度郡（讃岐国）　75
田　所　110, 213, 215, 218
玉瀧杣　214, 220
民　氏　75
丹波権少目　205, 208
丹波権掾　200
丹波少掾　206
丹波掾　196, 197, 201, 209, 211, 213〜215
丹波大目　201
丹波大掾　206
丹後権介　210
丹後目　199
丹後掾　109, 211, 213, 215, 225
丹後介　210
丹後大目　206
丹後大掾　210, 211
弾正尹　48
筑後権介　209
筑後掾　39, 52, 191, 212
筑後少目　39, 52
筑後大目　198
筑前守　87
筑前国牒案　82, 83, 91, 99
筑前権掾　214
筑前権介　219
筑前権大掾　216, 217
筑前権大目　57
筑前少掾　206
筑前介　87, 91, 92, 95, 96, 99, 101
仲介料　104〜106, 118, 121, 122
中　宮　116, 117, 120, 123, 153, 182
中宮権大進　117
中宮大夫　120, 171
中納言　135
中右記　76, 157
庁直抄符史生（預抄符史生）　65
長徳二年大間書　58, 76, 119, 126, 127, 159, 167, 183
朝集使　109〜111, 124
重　任　127
朝野群載　76, 113, 119, 125, 127, 158
勅旨田　101
追補使　213
調　氏　75
対馬掾　183, 203, 220
対馬大掾　220
坪附帳　83
帝王編年記　88

出羽介　　210, 215
出羽掾　　212, 216
殿上人　　154
殿上分　　11, 259
転　任　　153
殿　暦　　79, 181, 182, 195
田令・在外諸司職分田条　　49
典薬属　　147
典薬寮　　251
春宮（東宮）　　57
春宮員外大進　　48
春宮学士　　120
春宮権大進　　115
春宮亮　　115, 120
春宮少進　　139
東大寺　　100, 108, 213
当年給　　61, 70〜72, 79, 140, 147, 177, 182〜184, 187, 188, 228, 243〜246
十市郡（大和国）　　75
十市氏　　75, 121
遠江掾　　198
遠江少目　　196, 230
遠江少掾　　182
遠江介　　198, 213
（遠江）介（在庁職）　　218, 221
遠江大掾　　203
所々奏　　64, 66, 67, 70, 78, 79, 225
土佐守　　117
土佐権介　　77, 116, 117
土佐権少目　　123, 197, 200
土佐権掾　　196
土佐目　　202
土佐少目　　202
土佐少掾　　202, 205
土佐掾　　192, 196, 200, 209, 212
土佐大目　　202, 203
土佐大掾　　200, 205, 208, 209
弩　師　　18
土人（土民）　　22〜27, 29〜32, 37, 43, 44, 47〜49, 51, 53, 54, 56, 58, 73, 75, 169, 253, 254
刀　禰　　180, 192, 193, 212〜215, 217

な行

内　給　　1, 2, 5, 17, 57〜60, 68, 70, 77, 153, 155, 179, 183, 195, 228, 244, 245, 251
内給所　　179, 192
内　豎　　110
内豎所　　65, 66, 71, 226
尚　侍　　1〜3, 18, 70
典　侍　　2, 88
掌　侍　　2
内親王　　55
内大臣　　193
内　覧　　137, 181
直　物　　234
名　替　　3, 5, 59〜61, 70, 76, 79, 119, 140, 147, 153, 171, 181〜183, 211, 226, 246〜251
那賀郡（紀伊国）　　159, 163, 218
中嶋郡（尾張国）　　75
中務卿　　172
中務省　　65
中務丞　　225
長門少目　　199
永原氏　　88〜90
中山抄　　230, 233, 242
名草郡（紀伊国）　　162
名国替　　3, 76, 79, 134, 181, 183, 226, 247〜249, 263
成　文　　70, 229, 233〜236
二　合　　2, 3, 5, 57, 61〜63, 70, 72, 77, 79, 172, 178, 182〜184, 188, 226, 228, 244〜250
日本紀略　　89
日本高僧伝要文抄　　17
日本後紀　　49〜51, 75, 88, 89
日本三代実録　　16, 17, 19, 26, 30, 32, 34, 47, 49〜52, 75, 87, 88, 97, 99, 100, 128, 169
日本霊異記　　75
女　御　　1〜3, 18, 55, 70, 183
女御給　　1, 5, 17
任国例　　77
任　符　　76, 175, 176, 194, 227
任符奉行の儀　　172
任符返上　　3, 60, 71, 79, 247, 248
任用国司　　2, 13〜15, 19, 20, 22〜24, 34〜38, 40〜46, 51〜53, 55, 56, 59, 61, 63, 64, 67, 69, 73, 78, 80, 107〜112, 125, 127, 151, 152, 170, 172, 175〜177, 179〜181, 183〜186, 191, 193, 195, 212, 253〜256, 258
任　料　　5, 7, 8, 10, 12, 55, 68, 105〜107, 121, 123, 124, 166, 178

禰寝院　216, 217, 219
ネットワーク　11, 14～16, 74, 101, 143, 155, 159, 164, 187, 190, 255, 257～260
年　官　1～19, 44, 55, 56, 58～60, 62～64, 68～74, 76～79, 104～107, 112, 113, 117～119, 121～123, 126, 139, 144, 147, 151～153, 155, 156, 159, 160, 163, 164, 166～173, 175, 177, 178, 181～187, 190, 191, 194, 225, 226, 253～260, 262, 263
年官申文　23, 24, 58, 71, 72, 76, 79, 115, 132～137, 140, 149, 171, 173, 177, 181, 182, 187, 188, 226
年　給　1, 5, 8, 11, 19, 58, 62, 63, 129, 133, 139
年　爵　1, 2, 4～11, 16, 19, 60, 120, 121, 123, 128～131, 138, 139, 142, 144, 148, 150, 164, 165, 169, 258, 259
年　労　9, 65～68, 73
能登目　206
能登少掾　194

は行

売　位　6, 8, 9, 11,
売　官　5～12, 55
博太庄　83, 84
博太庄牒案　85
白紙券文　84
端　書　227～229
長谷部氏　75
春除目抄　79, 242
馬上帳　162, 168
針間国造　75
播磨守　115, 127, 167
播磨権守　230
播磨権少目　167
播磨権少掾　62, 77, 153
播磨権掾　205, 207
播磨目　199, 208
播磨氏　59, 75, 77, 119, 157, 158, 164, 167, 254
播磨少目　202
播磨少掾　57, 59, 60, 115, 120, 126, 153, 155, 165, 167, 196, 209, 211
播磨掾　60, 78, 158, 165, 167, 183, 184, 197, 199, 202, 207～211, 213, 214, 216
播磨大目　120, 198, 208, 210
播磨大掾　60, 114, 115, 126, 155, 166, 183, 184, 197, 200～202, 208, 211, 214, 216
班田収授　265
肥後権守　219
（肥後）権介（在庁職）　219
肥後掾　214
肥後介　214
非　時　115, 120, 126
非受業　26, 27, 32, 47, 50
備前守　48, 109, 111, 113, 114
備前権介　114, 126
備前目　198, 207
備前少目　203
備前少掾　210
備前掾　109～111, 183, 213
（肥前）権介（在庁職）　218～220
肥前権大目　218
肥前権大掾　217, 218
肥前掾　217
肥前介　110, 217, 218
（肥前）介（在庁職）　221
備前介　77, 113, 114, 126, 197, 199
備前大目　183, 201, 207
備前大掾　206, 208, 211
常陸大掾氏　130
常陸介　128, 129, 132, 144
常陸掾　198
常陸大掾　198
飛驒掾　214
備中権博士　32
備中目　199, 201, 202
備中少目　198, 205, 208
備中少掾　205, 210, 211
備中掾　199, 201, 206
備中大目　208
備中大掾　201, 203, 206, 207, 209
百　姓　108
弘田庄　159
（日向）権介（在庁職）　218～220
日向介　210
日吉神社　217
兵部省　250
備後権守　62
備後権掾　205
備後目　199
備後少目　207

備後少掾　182
備後掾　194, 198, 200, 201, 207, 214, 215, 219
備後大掾　207
封　戸　5, 144
富豪層　10, 59, 95, 105, 262
富豪浪人　32, 33, 38, 43
豊前守　109
豊前権介　209
豊前掾　109, 118, 212, 213
豊前介　209, 212
扶桑略記　144
不輸祖田　160～162
豊後権掾　110, 215
豊後権大掾　110, 215
豊後介　210
豊後大掾　217
藤野郡（備前国）　113
分付受領　113, 114
平群郡（大和国）　180, 212, 213, 215
別　当　66, 79, 82, 86, 88, 93～95, 98, 100, 120, 121, 123, 128, 131～139, 141～144, 148, 156, 158, 162, 163, 167, 214, 216
別巡給　79, 226, 244, 250
弁済使　45, 54
判官代　110, 117, 129, 131, 132, 135, 144, 149, 190, 195, 213, 259
伯耆掾　211
伯耆大目　182, 200
伯耆大掾　210, 220
北山抄　23, 24, 58, 69, 70, 72, 75, 79, 145, 188, 191, 194
法華三十講　115, 120, 126
本籍地（本貫地）　24, 25, 37, 49, 53, 54, 58
本籍地回避　15, 22, 23, 25～28, 36～38, 42～46, 52～54, 59, 62, 64, 73, 169, 253, 254, 262
本朝世紀　124, 127, 156

ま行

政　所　189, 217
参河守　127
参河権大目　196
参河権掾　172, 196
参河少掾　208
参河掾　196, 205, 214
参河介　127
参河大掾　205, 209
未　給　3, 5, 60, 61, 72, 77, 79, 106, 107, 124, 133, 134, 139, 159, 166, 181, 182, 226, 228～230, 245, 246
御　厨　162, 163
御厨子所　66, 250
三松家系図　99
御堂関白記　108, 124, 126, 127, 139, 167
水無瀬庄　215, 216
美濃権目　203
美濃権史生　58
美濃目　68, 196
美濃少目　200
美濃少掾　48, 57, 152, 206, 207, 212
美濃庄　151
美濃介　57, 58, 120, 127, 152, 197, 215, 216
美濃掾　196, 198, 209, 214
美濃大目　206
美濃大掾　206, 212
美作目　198, 200, 210
美作少目　205
美作少掾　208
美作掾　196, 201, 208, 220
美作大目　197, 200
美作大掾　202, 209
名　簿　149
京都郡（豊前国）　109, 118
明経道　249, 250
明法道　249
民部卿　61, 227
武蔵守　48
武蔵権大掾　213
武蔵権介　199
武蔵介　48, 198, 199, 211, 227
武蔵大掾　192, 214
席田郡（筑前国）　81, 97
席田郡司（筑前国）　83
陸奥員外介　48
陸奥権少掾　77
陸奥権大掾　109
陸奥少掾　48
陸奥大掾　48
宗像郡（筑前国）　75
宗像郡荒城郷（筑前国）　95
宗像（宗形）氏　75

召　継　187
明経道　66
明法道　66
主水司　250
目　代　213～216, 220
本簀郡（美濃国）　75, 127, 128
文章生　64, 65, 70～72, 78, 79, 224, 225, 241, 251, 252
文章得業生　224, 251, 252

や行

山城権大目　196
山城目　68, 196, 198, 226
山城掾　226
山城介　226
山田郡（讃岐国）　75
大和守　108, 111
大和権守　177
大和権大掾　110, 111, 212, 213
大和権少掾　111
大和権大目　196, 198
大和介　48, 111, 212, 214, 215
大和掾　197, 212, 213
大和少目　111
大和少掾　111, 182
大和大目　196, 212
大和大掾　48, 108, 110, 125, 207, 212
譲　225
揚名官　13, 172
揚名国司　13, 172, 173, 176, 177, 180, 181, 183, 185, 255, 256
揚名介　176, 237～239, 248
揚名介事計歴事勘文　175, 176, 178

ら・わ行

立　荘　260
令集解　25, 49
良　吏　35, 52
臨時給　2, 57, 68, 77, 113, 127, 167, 182, 247～250
臨時内給　59, 115, 155, 248
類聚国史　75
類聚三代格　27, 28, 35, 47, 48, 50, 51, 53, 100
類聚符宣抄　153
留　省　33
留守官人　111
留守所　216, 220, 221
歴　名　65, 224, 241, 242, 251
連　奏　225
労　帳　65, 78
郎　等　45, 110～112, 190, 213
浪人（浮浪人）　23, 29, 31, 32, 35, 36, 38, 40～43, 49, 51, 52
若江郡（河内国）　192, 213
若狭目　214
若狭少目　182
若狭掾　196, 201

Ⅱ　人　　名

あ行

県犬養子成　128
県犬養為貴　120
県貞生　198
昭登親王　143
章子内親王（二条院）　182, 183, 199, 202, 204, 244～248
暲子内親王（八条院）　8, 133, 210
昭平親王　199, 248, 249
顕仁親王　207
朝原末遠　202
飛鳥部是貞　208
飛鳥部弘真　198
足羽忠信　146, 147
足羽千平　139～141, 146, 147
篤子内親王　182
敦成親王　120
敦良親王　120
敦平親王　247, 250
敦文親王　201, 244
敦康親王　197, 198, 245, 247
穴太季保　127
軽我孫継人　128

軽我孫広吉　128
軽我孫理行　120
我孫吉友　205
軽我孫吉長　128
阿比留忠好　183, 203
安倍菊武　199
安倍国久　210
安倍惟良　211
安倍貞行　39
安倍重成　207
安倍時道　201
安倍俊助　199
安倍安国　182, 204
安倍安仁　35
安倍頼武　199
綾兼則　120
綾貞材　199
綾真保　219
綾致貞　183, 202
漢人季頼　203
漢部近光　200
綾部力里　206
荒城長人　86, 93〜96, 100
荒城岑主　86, 92〜94
荒田礒藤　207
有明親王　153, 154
在原連枝　39, 52
飯高国基　201
生江兼平　135, 196
石野行信　77, 113〜115, 126, 199
不知山長松　118
不知山師松　118
伊勢春富　82
磯部貞扶　57
壱志元秀　57
一条天皇　57, 58, 77, 120, 149, 150, 196
伊福部安道　52
伊部元連　135
犬上春吉　34
五百井一蔭　108, 110, 125, 212
五百木部阿当　120, 198
居貞親王　115, 196, 197, 245
石寸厚時　107, 121
石寸部比米都売　107
忌部氏正　198
宇治有吉　200
宇多天皇　1, 17, 55
依智秦武兼　77, 120, 171, 197
依智秦正頼　196
江沼忠純　57
江沼富基　196
江沼久方　183, 203
榎本春武　206
円融天皇（上皇・法皇）　57, 59, 120, 130, 137, 148, 153〜155, 196
大江景理　109
大江時永　209
大江匡房　77, 79, 203
大神長光　197
大春日恒俊　198
大蔵末利　200
大蔵信正　197
大蔵宗吉　203
大栗延末　207
凡貞義　203
大忍国里　206
大田部包貞　204
大伴員清　206
大中臣有武　203
大中臣兼利　202
大中臣国利　201
大中臣助則　209
大中臣行重　201
大野安雄　52
大秦石常　202
大秦宗吉　39, 52
大原武国　205
大原正則　209
小治田助忠　213, 214
大前道助　218
大宅近直　39, 52
大宅宗永　39, 52
大宅守友　208
置始房平　212
刑部時久　199, 227
刑部峯松　205
他田重晴　147
他戸弘材　197
忍海山下氏則　52
小田忠季　203

小田延武　202
越智国秀　61
越智貞吉　61
越智助時　60, 61, 198
越智隆盛　61, 76, 77
越智為時　131, 132
越智時任　61
越智友近　61, 120
越智安材　57, 60
小槻兼国　201
緒継女王　88
小野有連　196
小野則貞　205
小治田助忠　192
於保公親　77
尾張正茂　58

か行

馨子内親王　120, 200
各務隆成　57, 152
各務為信　57, 152
各務村秀長　58
覚行親王　203
覚法法親王　206, 208
雅　慶　214
笠貞正　197
花山院（天皇・法皇）　16, 57, 115, 121, 123, 128〜146, 148〜150, 196, 197, 245, 248
春日石国　207
春日弥高　198
春日重武　200
金保頼　202
上毛野氏永　52
上毛野公平　57
上毛野助国　208
上毛野延国　205
上毛野久友　205
上道国次　211
上道実忠　109〜111
上道斐太都（正道）　48, 49
上道之真　183
神人氏岳
賀茂忠任　197, 239
賀茂忠信　237, 238
賀茂恒沢　208
賀茂光頼　214
賀陽真宗　32
河内三立麻呂　48
川原近友　201
紀有貞　209
紀石常　200
紀糸主　214
紀高継　52
紀国沢　207
紀国任　194
紀是成　197
紀是信　198
紀貞清　208, 209
紀重守　199
紀末高　213
紀末成　204
紀武末　203
紀為真（貞）　206
紀時経　204
紀利廉　57, 159, 160, 163, 164, 255
紀利兼　57
紀利任　160
紀利永　169
紀利延　160
紀信安　210
紀成長　203
紀光近　200
紀光延　188, 189, 263
紀満信　198
紀盛沢　209
紀安重　182, 204
紀良佐　218
城戸真立　48
妍子内親王　208
清科重友　210
清原石末　66
清原今武　206
清原兼平　220
清原是孝　200
清原是光　200
清原清光　177, 196
清原清方　196
清原国末　207
清原重枝　200
清原重方　196

清原重房　201
清原武末　187, 189
清原経光　211
清原常安　182, 204
清原利藤　39, 52
清原成沂　206
清原延影　207
清原延友　201
清原花行　210
清原正末　202
清原真孝　199
清原正忠　196
清原光景　197
清原守忠　203
清原守近　210
清原安光　202
清仁親王　136, 143
行信法親王　205
日下部石国　203
草部末光　210
日下部尚盛　185, 218
日下部久貞　217
日下部広君　39, 52
日下部盛平　185, 220, 221
草部松久　209
九条良経　79
楠貞理　156
葛原忠国　202
百済王永慶　88～90
百済王教俊　88
百済王慶命　89, 90
百済王慶世　90
百済王寛命　89
百済年吉　206
邦　真　184
久米萩方　208
久米岑雄　52
内蔵有満　188, 189
内蔵利国　207
内蔵成友　182
内蔵正道　202
内蔵吉国　206
倉橋部公兼　196
車持牛貞　209
蔵人方房　192, 213, 214
来澄胤　197
娟子内親王　61, 120
孝謙（称徳）天皇　49
後一条天皇　198
氷有光　212
後三条天皇　79, 201
巨勢懐節　109
巨勢夏井　51
後鳥羽天皇　211
近衛天皇　236
小長谷利興　196, 230
小長谷永宗　182, 204
高麗石麻呂　48
高麗福信　48, 49
後冷泉天皇　200
惟宗貴重　107, 124
惟宗忠久　209
惟宗俊元　210
惟宗成俊　210
惟宗真康　209

さ行

佐伯有延　198
佐伯公平　57
佐伯為茂　203
佐伯時重　184, 208
佐伯扶尚　58, 120
佐伯真重　199
佐伯安里　205
佐伯良方　213
佐伯吉武　201
佐伯良忠　227
三枝成義　77
三枝部助延　108, 124, 214
嵯峨天皇　89, 90
坂上国松　201
坂上武光　200
坂上久延　203
櫻井為通　202
桜島兼重　182, 204
酒人久末　206
酒人久頼　199
禎子内親王　120, 244, 247
貞仁親王　200, 243
聡子内親王　207

実仁親王　201, 245
佐波元親　198
算部清親　198
繁　近　156, 158
嶋田種忠　68, 196
甚目冬雄　32
下毛野御安　32
白河天皇（上皇・法皇・院）　60, 182, 183, 187, 201, 204, 205
守覚法親王　211
淳和天皇　88～90
聖恵法親王　208
深　覚　144
深　観　144
禛子内親王　182, 204, 209
季　宗　219
菅野得国　204
菅野正統　62
菅原輔正　177, 196
勝久永　208
資子内親王　199, 247～249
助　貞　184
朱雀上皇　57
崇徳天皇（上皇）　208, 236
清　台　106, 166
曽我部如光　77, 116, 117

た行

平公誠　149
平惟仲　16, 57, 154, 159～164, 254
平維叙　121, 123, 129, 138, 144, 149, 157, 158
平維幹　121, 123, 128, 129, 131, 132, 138, 139, 144, 149
平貞盛　144
平貞度　225
平繁盛　144
平祐之女　136
平忠信　212
平経繁（重）　218
平常胤　220
平徳子　209, 210
平盛子　209
高倉天皇　209, 210
高子内親王　81～84, 86, 88～92, 96, 98, 101
高階成章　120
鷹司冬嗣　178
高橋武里　207
高橋行国　209
高向国明　213
高向国廉　210
高安満雅　175, 176
建部清貞　219
建部貞道　39, 52
健部忠信　196
建部親助　217, 218
建部頼清　217
建部頼高　219
多治秋友　213
多治石長　198
多治末国　205
多治良利　123, 197
多治礼茂　198
忠　親　111
橘兼光　210
橘末重　205
立花近方　201
橘時夏　111
立花得武　201
橘仲俊　241, 251
立花春重　199
橘正盛　182
橘光時　217
橘良基　51
田使安光　200
民利明　167, 168
民友成　193
民全成　57
多米国平　105, 106, 123
為平親王　196, 246
為　頼　166, 263
善仁親王　202, 244
丹波国光　182, 204
丹波忠康　251
丹波則行　211
近　依　219
長　仁　180
稙子内親王　198
調光平　57
調家主　48
調時輔　198

津守成光　207
連理（近江掾）　109, 110
角国武　198
禎　果　180
寺清正　198
洞院公賢　178, 237
十市明理　58, 75, 120, 121, 127, 128
十市春宗　127
十市部首刀自売　127
十市部古売　127
十市部牧売　127
十市部三田須　127
十市部身麻呂　127
言仁親王　210, 211
俊子内親王　182
敏子内親王　197, 247
利波志留志　48, 49
鳥羽天皇　205～207
具平親王　57, 146, 172, 196, 235
伴秋範　192, 212
伴河雄　50
伴貞資　199
伴龍男　52
伴恒元　206
伴利里　211
伴知光　204
豊原有廉　205
豊原国沢　208

な行

中臣武友　206
中野徳太　197, 229
中原明俊　225
中原有継　209
中原清正　208
中原国弘　210
中原重安　208
中原近国　210
中原月里　202
中原俊清　210
中原利宗　220
中原広重　208
永原子伊〻比　88
永原恵子　88
永原忠通　88, 99
永原利行　88, 99
永原穀子　88, 99
永原岑胤　88, 99
永原原姫　88～90, 99
永原永岑　87, 91, 92, 95, 96, 99, 101
永原良蔭　88, 99
丹生光行　209
錦末国　211
仁明天皇　81, 82, 84, 88, 90, 101
額田部成友　231, 232
漆安光　202
昇子内親王　211
選子内親王　196～198, 244, 246, 248～250
令子内親王　182, 205
徳子内親王　250

は行

土師利兼　198
丈部真枝　197
長谷部是真　58
秦有末　211
秦今重　202
秦牛経　207
秦乙右　205
秦乙方　209
秦兼平　191, 212
秦兼信　213
秦清任　207
秦公真　196
秦国里　208
秦熊吉　205
秦定宗　208
秦重国　205
秦末延　205
秦末正　211
秦武末　203
秦武元　205
秦忠辰　67
秦為辰　217
秦千世寿　209
秦恒里　211
秦恒末　208
秦利光　204
秦徳山　214
秦富吉　206

秦長里　203
秦成元　201
秦延国　205
秦久行　203
秦光行　203
秦守末　201
秦吉高　106, 166
秦安永　201
八多久吉岑　39
八田頼弘　200
祝部成房　217
播磨興昌　158
播磨香名　158
播磨兼重　78
播万貞成　214
播磨貞理　156～158, 167
播磨重通　231, 232
播磨武仲　157
播磨傳野　158, 165, 167
播磨時任　60, 183
播磨利明　57, 59, 76, 120, 127, 152, 153, 155, 156, 159, 164, 165, 167, 169
播磨利行　152, 153, 156, 159, 164
播磨成信　60
播磨延昌　126
播磨延行　57, 59, 60, 114, 115, 126, 155, 164, 196, 197
播磨安高　167
播磨保信　157, 167
播磨頼成　126
春花福長　86, 91, 93, 99, 100
林並人　52
林松方　211
日置広光　199
久　次　220
久　経　184
蝮部為範　109
藤井秋霧　207
藤井秋次　208
藤井有次　207
藤井牛安　207
藤井牛方　211
藤井梅行　206
藤井兼次　203
藤井兼直　210
藤井清重　203
藤井国次　206, 208
藤井是信　200
藤井是光　199
藤井酒吉　205
藤井貞友　210
藤井里安　205
藤井重任　202
藤井末友　210
藤井武方　205
藤井武国　202
藤井武里　207
藤井武末　204
藤井武安　201
藤井武吉　202
藤井恒国　204
藤井友国　201
藤井富方　205
藤井成清　210
藤井成武　200
藤井成吉　208
藤井延末　202
藤井久友　211
藤井久直　209
藤井正恒　210
藤井満安　211
藤井通松　209
藤井光末　203
藤井守秋　200
藤井盛沢　210
藤井守次　182, 204
藤井諸武　207
藤井安吉　215
藤井行里　206
藤井吉国　206
藤井吉末　207
藤井吉武　201
藤井吉正　202
藤原詮子（東三条院）　57, 120, 131, 132, 144, 152, 154, 196, 197, 199, 227, 237, 246～249
藤原彰子（上東門院）　117, 120, 123, 149, 165, 197～199, 246
藤原暁子　154
藤原顕光　167, 198, 248
藤原朝光　146, 147, 154, 198, 246

藤原挙直　127
藤原篤孝　76
藤原篤拵　221
藤原有佐　225
藤原有信　225
藤原家実　188, 263
藤原家忠　182, 204～207
藤原弟雄　35
藤原懐子　148
藤原懐忠　247
藤原景斉　113, 114, 141
藤原景真　67
藤原兼家　154, 155
藤原兼貞　61
藤原兼実　209～211
藤原兼輔　191
藤原兼隆　247, 249
藤原兼経　71
藤原兼長　209
藤原兼雅　211
藤原懐平　154, 230, 231
藤原兼通　153
藤原兼頼　200
藤原清隆　208
藤原妍子　198, 199
藤原聖子（皇嘉門院）　210, 235, 236
藤原公季　246～248
藤原公任　149, 158, 188, 189, 194, 196, 246
藤原公成　71, 72
藤原公通　194
藤原公保　210
藤原邦恒　120
藤原国正　225
藤原伊周　148, 154
藤原伊祐　139, 146
藤原伊房　202, 233, 235, 242
藤原惟憲　120, 126
藤原惟光　197
藤原維光　237～239
藤原伊通　16, 208, 209, 223, 233～236, 240, 241, 243
藤原定実　235
藤原定長　211
藤原定能　211
藤原実定　210
藤原実資　16, 71, 72, 106, 107, 122～124, 128～139, 141～146, 148, 149, 165, 166, 196, 233, 234, 236, 246, 249, 263
藤原実隆　207
藤原実成　247, 250
藤原実衡　208
藤原実房　211
藤原実行　205, 207～209
藤原実能　209
藤原重通　234, 235
藤原呈子　235, 236
藤原季任　117
藤原季長　210
藤原季致　201
藤原季随　115
藤原隆家　148
藤原尊子　235
藤原高遠　150
藤原武岡　39, 52
藤原威子　77, 116, 117, 120
藤原多子　209
藤原忠家　201, 244
藤原忠邦　141, 147
藤原忠実　79, 181, 182, 184, 203～205, 208, 235, 236
藤原忠輔　198, 246
藤原忠親　210, 243
藤原忠信　220
藤原忠教　205
藤原忠雅　209
藤原忠通　205～209, 235, 236
藤原斉敏　62, 63
藤原斉信　77, 120, 149, 197, 246, 247, 250
藤原多美子　17
藤原為長　200
藤原為通　209, 234, 235
藤原為元　129, 132, 144
藤原為頼　139, 146
藤原近成　39
藤原経季　199, 201, 244
藤原経遠　205
藤原連延　196
藤原時姫　115, 154, 155
藤原時光　198
藤原得子（美福門院）　8, 133

藤原俊家　199, 200, 223, 233～235, 244
藤原知章　109, 110, 120
藤原智泉　40
藤原近成　39, 52
藤原婉子　60, 61, 198, 244
藤原媓子　153
藤原常行　98
藤原時末　208
藤原共政　153
藤原長方　210
藤原仲実　182, 204
藤原仲平　154
藤原中正　154
藤原仲麻呂　49
藤原仲盛　208
藤原成周　144, 148
藤原成通　234, 235
藤原遵子　57, 163, 197, 245
藤原信長　193, 201, 244
藤原信通　206, 207
藤原陳政　115, 127
藤原範俊　210
藤原教通　198, 201, 233, 234, 244, 248, 249
藤原則経　182
藤原寛子　200, 205, 245
藤原広業　120, 198, 244
藤原文範　62
藤原真庭　87
藤原雅長　211
藤原正光　197
藤原全子　235, 236
藤原道兼　154
藤原道隆　144, 154, 155
藤原道子　183, 202, 206
藤原通季　206, 207
藤原道綱　135, 137, 138
藤原通俊　202, 203, 245
藤原道長　68, 76, 77, 105, 111, 113～115, 120, 126, 137, 146, 150, 154, 155, 157, 196, 197, 199, 233～236, 247, 248
藤原宗忠　79, 206～208
藤原宗俊　202, 203
藤原宗通　206, 223, 235
藤原宗輔　208
藤原宗扶　39
藤原宗子　208, 235, 236
藤原琮子　211
藤原元子　198, 246
藤原基連　212
藤原綏子　196
藤原盛隆　209
藤原守満　214
藤原師長　210
藤原師実　201, 202, 233～235, 244
藤原師通　202, 203, 235, 236
藤原保相　117
藤原保輔　146, 147
藤原安親　154
藤原保昌　146
藤原泰通　126
藤原行経　199
藤原行成　105, 109, 123, 131, 132, 134, 136, 158
藤原義懐　136
藤原歓子　60, 183, 200～202, 244, 250
藤原能実　203, 206
藤原能長　201, 244
藤原能信　200
藤原好蔭　212
藤原義子　246, 249
藤原良房　17, 19, 265
藤原良相　98
藤原良通　211
藤原頼方　216
藤原頼貞　216
藤原頼忠　57
藤原頼長　209
藤原頼通　120, 200, 235, 236, 248
藤原頼宗　233, 235
布勢時枝　172, 196
船木馬養　48, 49
船則恒　204
文清信　200
文室興茂　197
文室信通　199
平群重光　207
平群高則　199
品治是利　199
品治吉末　61
堀河天皇　183, 203, 204

ま行

真上元重　217
昌子内親王　61, 106, 107, 124, 140, 166, 197, 247
正躬王　51
三尾屋有末　204
道嶋三山　48, 49
光輔（豊前守）　109, 118
身人部瀧式　203
御船傳説　58
源明子　235
源顕房　201, 203, 244
源顕雅　182, 204
源顕通　207
源国挙　120
源　定　89, 90
源兼資　131, 132
源兼相　131, 132
源懐信　142
源兼業　141, 142, 147～149
源兼盛　209
源国次　182
源重信　246, 249
源重光　198
源隆国　200
源高雅　120
源　訪　176, 192, 213
源孝道　111
源忠清　154
源国信　203
源惟正女　141, 142
源重資　206
源重光　246, 248, 249
源資綱　200
源資通　200
源済政　126
源為利　209
源為憲　120
源経相　113, 114, 126
源経長　200
源経成　200
源経信　61, 178, 201, 244
源遠古　141
源時中　57, 58, 120, 196
源俊賢　227
源俊房　61, 181, 202, 206, 208, 233～235
源倫子　235
源長兼　182
源乗方　120
源則忠　157
源正清　120, 153, 154
源雅定　207～209
源雅実　182, 204
源雅俊　182, 204, 205
源雅信　233, 234
源政職　108
源　多　40
源基子　204, 206, 244
源基綱　206
源基平　199, 200, 246
源師房　201, 235
源師頼　234, 235
源泰清　120, 153～155, 167, 169
源奉職　120
源行任　120
源能俊　205～208
美努包光　206
美努兼倫　213
美努公胤　213
美弩吉邦　203
三野光常　183, 201
未彦守正　109
壬生助貴　198
壬生友兼　133
壬生弘重　196
三宅武重　182, 204
都御酉　39, 52
宮道則経　200
三善清行　51
禖子内親王　183, 200, 202, 203, 245
六人部茂興　196
六人部常貞　182, 204
宗岡利武　200
宗岡成武　201
宗形夫正　57
宗形信遠　165
統子内親王（上西門院）　210
宗子内親王　246
致平親王　197, 246, 248

村上天皇 57
村国嶋主 48, 49
无礼成昌 197
母止理部奈波 113
物部清武 197
物部是友 207
物部重武 200
物部友末 206
物部延武 199
物部延頼 216
物部久武 211
師明親王 199～201, 248
師貞親王 57

や行

家部大水 113
康子内親王 57
安岑高村 212
八戸野守 34
矢田部久恒 208
矢田部宗包 211
山田久光 214
山信国 187, 189
山信光 206
山吉武 200
山背師光 196
大和礒永 182, 204
和忠興 212
大和西麻呂 48
大和当世 197
大和水間安頼 197
山村上 213
山村兼滋 213
弓削氏実（貫） 199
弓削武松 207
佳子内親王 201, 203, 205, 206
善子内親王 182, 204, 205
良子内親王 200, 201, 244
吉 友 213
義 宗 218

ら・わ行

冷泉上皇 58, 120, 127, 149, 196, 197, 229～231, 245～247
和邇部宅継 47
丸部信方 66

Ⅲ 研 究 者

あ行

浅香年木 100
阿部猛 50, 100
荒牧宏行 97
有富純也 44, 54
飯沼賢司 54, 195
石井進 145
石母田正 260
泉谷康夫 13, 19, 20, 22, 47, 50, 51～53
市大樹 49
井上光貞 19
今井源衛 130, 144～146
磐下徹 79, 242
上島享 261, 264
梅村喬 39, 52, 98, 161, 164, 168, 169
大石直正 54, 122, 161, 168, 195
大津透 12, 20, 54, 261, 264, 265
大塚章 152, 166
岡野範子 120, 123, 126
小口雅史 100
尾上陽介 9, 16, 18, 19, 74, 77, 123, 146, 147, 169, 192, 195, 263
朧谷寿 130, 145

か行

笠松宏至 93, 100
勝山清次 54
加藤友康 98, 123, 166
加納重文 130, 145
川上多助 18
川尻秋生 262, 265
河音能平 194
菊池紳一 263
北林春々香 47
木本好信 194

日下力　241, 242
久保田和彦　54, 195
黒板勝美　18
黒板伸夫　78, 123, 145
小原嘉記　13, 14, 20, 74, 76, 105, 122〜125, 191, 194, 195
小中村清矩　4, 6, 18

さ行

佐伯有清　88, 99, 127
坂上康俊　100, 101
坂本賞三　20, 264
佐古愛己　10, 20, 145, 165, 169
佐々木恵介　68, 79
佐藤堅一　120, 123, 126
佐藤早樹子　123
佐藤泰弘　20, 54, 83, 98, 122, 168, 195, 261, 264
繁田信一　145, 146
柴崎謙信　65, 78
清水潔　75
下向井龍彦　76, 131, 145, 264
末松剛　154, 167
杉田建斗　148
須田春子　8, 19
関眞規子　121, 124, 146
関幸彦　194
曽我良成　241

た行

高田義人　75
高橋秀樹　194
竹内理三　6, 19
田島公　193
玉井力　11, 20, 77, 78, 242
田村憲美　193
告井幸男　121, 145, 146, 148, 169
角田文衞　99
寺内浩　53, 54, 128
時野谷滋　1, 6〜9, 12, 16〜19, 63, 74, 77, 123, 145, 169, 170, 191, 194, 243, 256, 263
戸田芳実　20, 51, 264
富田正弘　125
虎尾俊哉　48

な行

直木孝次郎　52
永井晋　8, 19, 74, 123, 133, 145, 147
中沢巷一　47
永野弘明　264
中原俊章　195
永山修一　123, 166
丹生谷哲一　193
西本昌弘　17, 77, 145
西山良平　98
野々村ゆかり　121
野村忠夫　53

は行

服部英雄　169
濱口重国　47
早川庄八　47
春名宏昭　148
福原栄太郎　48
藤本孝一　99
古尾谷知浩　98
古川淳一　78
北條秀樹　50
細谷勘資　192, 223, 241, 243
堀部猛　53

ま行

正木喜三郎　97
槇野廣造　147, 223
宮崎康充　120, 167, 223
村井章介　261, 264
桃裕行　147, 148
森公章　50, 52, 75, 125, 126, 169
森哲也　100
森田悌　98
守田逸人　264

や行

八代国治　4, 6, 18
山口英男　50, 195
山下信一郎　263
山本信吉　126
吉川真司　10, 11, 14, 20, 76, 81, 95, 97, 98, 100, 130, 148, 261, 263〜265

吉田一彦　93, 100
吉田早苗　79, 148, 193, 242
吉村茂樹　18, 98
米田雄介　50

ら・わ行

利光三津夫　47
和田英松　241
渡辺育子　47
渡辺滋　13, 14, 20, 22, 25, 26, 46～48, 51, 53, 55, 73～76, 78, 79, 116, 123～127, 151, 152, 165, 166, 168, 181, 189, 191～195, 223, 237, 238, 241, 243, 263
渡辺直彦　34, 51, 120, 124, 146～148

著者略歴

一九九二年　三重県生まれ
二〇一九年　名古屋市立大学大学院人間文化研究科博士後期課程修了、博士（人間文化）
現在　同朋大学文学部専任講師

〔主要論文〕

「平安・鎌倉時代における任官情報伝達文書とその公験的機能」（『年報中世史研究』四八、二〇二三年）

「荘園制成立史研究と摂関期の荘園研究」（有富純也他編『摂関・院政期研究を読みなおす』思文閣出版、二〇二三年）

平安時代の年官と地方社会
都と諸国の人的ネットワーク

二〇二五年（令和七）三月十日　第一刷発行

著者　手《て》嶋《しま》大《だい》侑《すけ》
発行者　吉川道郎
発行所　株式会社 吉川弘文館
郵便番号一一三―〇〇三三
東京都文京区本郷七丁目二番八号
電話〇三―三八一三―九一五一〈代〉
振替口座〇〇一〇〇―五―二四四番
https://www.yoshikawa-k.co.jp/

印刷＝株式会社 理想社
製本＝誠製本株式会社
装幀＝山崎　登

ISBN978-4-642-04687-9